TESTAMENTO DA PRESENÇA DE
PAULO FREIRE,
O EDUCADOR DO BRASIL

ORGANIZAÇÃO
ANA MARIA ARAÚJO FREIRE

TESTAMENTO DA PRESENÇA DE
PAULO FREIRE,
O EDUCADOR DO BRASIL:
TESTEMUNHOS E DEPOIMENTOS

1ª edição

Paz & Terra

Rio de Janeiro
2021

© Villa das Letras, 2021

Direitos de edição da obra em língua portuguesa no Brasil adquiridos pela EDITORA PAZ E TERRA. Todos os direitos reservados. Nenhuma parte desta obra pode ser apropriada e estocada em sistema de bancos de dados ou processo similar, em qualquer forma ou meio, seja eletrônico, de fotocópia, gravação etc., sem permissão do detentor do copyright.

EDITORA PAZ E TERRA
Rua Argentina, 171 — Rio de Janeiro, RJ — 20921-380
Tel.: (21) 2585-2000.

Seja um leitor preferencial Record.
Cadastre-se no site www.record.com.br e receba informações sobre nossos lançamentos e nossas promoções.

Atendimento e venda direta ao leitor:
sac@record.com.br

CIP-BRASIL. CATALOGAÇÃO NA PUBLICAÇÃO
SINDICATO NACIONAL DOS EDITORES DE LIVROS, RJ

T326

    Testamento da presença de Paulo Freire, o educador do Brasil : testemunhos e depoimentos / organização Ana Maria Araújo Freire. – 1. ed. – São Paulo : Paz e Terra, 2021.

    ISBN 978-65-5548-035-1

    1. Freire, Paulo, 1921-1997. 2. Educadores – Biografia – Brasil. I. Freire, Ana Maria Araújo.

21-72754   CDD: 923.70981
                                                       CDU: 929:37(81)

Camila Donis Hartmann – Bibliotecária – CRB-7/6472

Impresso no Brasil
2021

SUMÁRIO

Nota da editora • 9

Prefácio • 13
Cardeal Michael Czerny S.J.

Paulo Freire e o Partido dos Trabalhadores: um sonho original de país • 15
Aloizio Mercadante

Paulo Freire: desde o Recife • 25
Ana Mae Barbosa

Paulo Freire: presente! • 45
Antonia Darder

Freire esquecido • 71
Balduino Antonio Andreola

Freire, o revolucionário • 85
Celso Amorim

Conscientização como um antídoto para a educação bancária • 95
Donaldo Macedo

Esperançar para ganhar a liberdade real para todas as pessoas • 125
Eduardo Matarazzo Suplicy

Paulo Freire hoje • 137
Emir Sader

A atualidade de Paulo Freire em tempos pandêmicos • 143
Fátima Bezerra

Paulo Freire, mestre dos mestres, referência permanente • 149
Federico Mayor Zaragoza

Paulo Freire e o Programa Escola Digna: palavras para o nosso tempo • 155
Flávio Dino e Felipe Camarão

Fala de Frei Betto no evento "A contribuição de Paulo Freire para o pensamento educacional brasileiro" • 165
Frei Betto

Paulo Freire e a promessa de uma pedagogia crítica em tempos sombrios • 177
Henry A. Giroux

O encontro de Paulo Freire com o MST • 201
João Pedro Stedile e Isabela Camini

Dois testemunhos: uma verdade • 237
José Eduardo Cardozo e Mayra Cardozo

Direitos humanos e educação libertadora em Paulo Freire • 251
José Geraldo de Sousa Junior

Paulo Freire: um justo entre as nações • 267
Leonardo Boff

Carta a Paulo Freire • 275
Luiz Inácio Lula da Silva

Os 100 anos de Paulo Freire • 281
Luiza Erundina

O encontro de papa Francisco com Paulo Freire • 295
Marcelo Barros

O legado e a dívida • 301
Marcos Guerra

Paulo Freire: história decisiva, merecida reverência! • 337
Mario Sergio Cortella

Paulo Freire e o Relógio do Apocalipse • 345
Noam Chomsky

Paulo Freire, o homem atemporal: reflexões sobre verdade e sentido • 359
Peter McLaren

Rousseau, Paulo Freire e a democracia • 385
Renato Janine Ribeiro

Paulo Freire: referência da educação no mundo • 405
Silke Weber

Paulo Freire e seu método • 413
Tarso Genro

Comunicação libertadora • 421
Venício A. de Lima

Sobre os autores • 439

Encarte especial de Claudius Ceccon

NOTA DA EDITORA

O centenário de nascimento de Paulo Freire, o Patrono da Educação Brasileira, é motivo de celebrações e homenagens a ele, que é um dos pensadores mais importantes do mundo. Para fazer jus às comemorações, a Editora Paz e Terra orgulhosamente disponibiliza a extensa obra de Paulo Freire, dezenas de títulos, em novas e cuidadosas edições. Além disso, *Pedagogia da autonomia* e *Pedagogia do oprimido*, pedras angulares do pensamento freireano, são agora relançadas em edições especiais com apuro gráfico e novas contribuições críticas.

Ainda assim, as homenagens rendidas a Paulo Freire parecem ser insuficientes para celebrar o tamanho de sua inteligência. Seus marcos são magnânimos e representativos. Ele é o terceiro autor de ciências humanas mais citado por universitários de língua inglesa, segundo levantamento feito no Google Scholar. A referência incontornável das pedagogias de Paulo Freire levaram-no a receber o Prêmio Educação pela Paz, da Unesco, em 1986, além de 51 titulações de doutor *honoris causa* concedidas pelas mais relevantes universidades no Brasil e no exterior (cinco dos quais serão entregues em 2021, à sua viúva, Ana Maria Araújo Freire).

A festa de aniversário de 100 anos não estaria completa sem este livro que você oportunamente tem em mãos. Aqui, a organizadora – a educadora Ana Maria Araújo Freire – reúne convidados especiais que nos ajudam a reconstituir o convívio com o grande professor. Podemos nos imaginar dentro dessa festa ouvindo o que eles nos contam. Intelectuais renomados como Noam Chomsky ajudam a dimensionar a obra freireana e sua influência planetária. Políticos influentes como o ex-presidente Luiz Inácio Lula da Silva mostram como o pensamento de Paulo Freire é fundamental para a construção de nossa democracia. E educadores como Luiza Erundina recuperam as lições que receberam dos profissionais que se dedicaram (e se dedicam) à educação pública com amor e luta.

As mil e uma atividades de Paulo Freire tornaram-no uma lenda ainda em vida. Ele foi um teórico rigoroso que ousou criar e implementar um programa de alfabetização de adultos em 40 horas. Foi um professor de ensino médio que se exilou no Chile para não ser encontrado pelos gorilas da ditadura militar. Foi um acadêmico, professor universitário, que trabalhou na reconstrução da Guiné-Bissau recém-independente. Foi um gestor, secretário de Educação da cidade de São Paulo, que palestrou incontáveis vezes nos Estados Unidos. Sua trajetória é rica em histórias e ensinamentos. E seu legado não

NOTA DA EDITORA

pode ser totalmente compreendido sem os relatos das pessoas que viveram junto com ele.

No entanto, o centenário de Paulo Freire chega num momento especialmente difícil para o Brasil. Nos últimos anos, os orçamentos públicos para educação estão deixando de ser vistos como investimento necessário para superação da desigualdade social. A pandemia em curso e nossa indisposição em controlá-la ceifou vidas e prejudicou milhões de pessoas a seguirem acreditando no futuro. Como se não bastasse isso, Paulo Freire tem sido alvo preferencial das ondas reacionárias que tentam retirá-lo do lugar de destaque que ocupa em seu próprio país.

Celebrar seu legado, diante desse cenário, tem a força de nos reanimar para encarar os desafios da educação brasileira de frente — da alfabetização ao ensino superior. Assim, a figura de Paulo Freire se agiganta. Mostra-se permanente como um rochedo. Um sinal que nunca perde a capacidade de transmissão da esperança. Ele nos dá o exemplo para alcançar as mudanças que desejamos, um trabalho que requer estudo, solidariedade, prática e práxis.

PREFÁCIO
Cardeal Michael Czerny S.J.

A nosso querido Paulo Freire,

Paulo Freire, como grande educador, é um homem do qual todos, especialmente os latino-americanos e os brasileiros, se orgulham. Ele nos ensinou a alta dignidade dos pobres. Suas obras são inesquecíveis, em particular *Pedagogia do oprimido*, *Educação como prática de liberdade* e *Pedagogia da esperança*.

Freire sempre reafirmou o mesmo que o papa Francisco sustenta em seus encontros com os Movimentos Populares: a verdadeira transformação não vem de cima, mas sim com a participação e o protagonismo do povo. Como não lembrar seu sábio legado? A educação não transforma o mundo, a educação muda pessoas. Pessoas transformam o mundo. Os pobres são os poetas do novo.

Paulo Freire apresentou seu processo educativo como encontro e diálogo. Diálogo permanente com a realidade daqueles que são mais oprimidos, aberto a todos, como afirma o papa Francisco na carta encíclica Fratelli Tutti: "O diálogo entre as gerações, o diálogo no povo, porque todos somos povo, [com] a capacidade de dar e de receber." E sempre entendendo a educação como um ato de amor, como o mesmo documento destaca: o amor é como um dinamismo universal, que "pode construir um mundo novo".

Em seu atualíssimo livro *Educação e mudança*, escreve: "Não há educação sem amor [...]. Quem não ama não compreende o próximo, não o respeita." A amorosidade é um tema seminal em sua compreensão da educação. Isso se alinha maravilhosamente com uma política da ternura e da amabilidade "para que cada ser humano possa ser artífice do seu destino" (Fratelli Tutti).

Alegra-nos lembrar que Paulo Freire foi um cristão de profunda fé, que a viveu como espiritualidade de compromisso com a libertação dos oprimidos perante o encontro, o diálogo e o amor. Tomara que possamos, todos unidos, contribuir para a realização do sonho de "uma sociedade menos malvada, menos injusta, pouco a pouco mais decente, mais humana". Uma educação humana e de amor, de encontro fraterno, de diálogo aberto, de liberdade e de esperança, proposta pelo mestre Paulo Freire, nos fará criar, com a ajuda de Deus, essa sociedade de bem-aventurança.

Cidade do Vaticano, 19 de fevereiro de 2021

PAULO FREIRE
E O PARTIDO DOS TRABALHADORES: UM SONHO ORIGINAL DE PAÍS

Aloizio Mercadante

O Partido dos Trabalhadores (PT) nasceu do acúmulo político das lutas contra a ditadura militar: sua criação foi resultado do desaguadouro das lutas dos estudantes e dos docentes, dos movimentos populares do campo e da cidade, das organizações de esquerda que resistiram na clandestinidade, de militantes que atuavam nas comunidades eclesiais de base e da militância de lideranças sindicais que emergiram das grandes greves operárias, entre elas em especial a de Lula. Mas o PT nasceu também na fronteira do conhecimento, reunindo o pensamento crítico e criativo de intelectuais que estavam no exílio ou resistindo aqui no Brasil contra a opressão da ditadura, como Antônio Candido, Sérgio Buarque de Holanda, Paulo Singer, Florestan Fernandes e Paulo Freire, para mencionar alguns de reconhecida e ampla envergadura intelectual. Paulo Freire voltou do exílio quando eu era professor e presidente da Associação de Professores da Pontifícia Universidade Católica (PUC). Sua primeira atividade pública no retorno foi uma palestra no TUCA — teatro da PUC — que marcou para sempre os que lá estiveram. Era um privilégio poder escutar alguém que sempre tinha uma atitude educadora, provocativa, com uma linguagem inesperada e criativa. Para nós tantos que estávamos fundando o PT, é um orgulho poder dizer que um dos educadores de maior renome e reconhecimento internacional foi um dos fundadores do Partido.

Além disso, o PT foi o único partido ao qual Paulo Freire esteve filiado durante toda a sua vida. A decisão pela filiação veio de sua visita ao Brasil em 1979, quando viu seus próprios ideais coadunando-se com os objetivos do partido que então se formava: a necessidade de organização popular. Nesse momento, "sentiu que o PT seria o partido ao qual gostaria e precisava pertencer".[1] Mesmo não estando no país no momento de registro do Partido devido ao exílio que sofrera,[2] deixou registrado, por meio de Moacir Gadotti, sua assinatura na Ata de Fundação do Partido dos Trabalhadores.[3] Ao justificar sua adesão e opção pelo PT, foi resoluto e não hesitou em dizer: "Eu acho que o PT tem um sonho original neste país". O sonho de Freire é o de todos nós, um país que traga justiça aos trabalhadores e trabalhadoras, onde todas e todos possam ser sujeitos de sua própria história. Nessa perspectiva é que se forja a importância de um partido como o PT, composto de homens e mulheres que, por meio da luta e do aprendizado da luta, se engajam no processo de transformação e formação da classe trabalhadora, confiando no papel da política e do partido de massas para o Brasil, confiando no PT enquanto

---

[1] Ver depoimento de Ana Maria de Araújo Freire, *Paulo Freire: uma história de vida*, São Paulo: Paz e Terra, 2018.
[2] Paulo Freire exilou-se no Chile, em 1964, em função da ditadura militar brasileira. Com passagem em diversos países, permaneceu no exílio até 1980. Foi preso em junho de 1964 devido à perseguição política, acusado de "subversivo e ignorante". Em 1964, Freire desenvolvera o Programa Nacional de Alfabetização (PNA), implantado em 21 de janeiro de 1964 e extinto na sequência do golpe militar, em 14 de abril de 1964.
[3] A Ata de Fundação do Partido dos Trabalhadores está sob a guarda do centro de memória da Fundação Perseu Abramo, Centro Sérgio Buarque de Holanda.

um partido com potencial de mudança social. Essa era a concepção de Freire e que, quarenta anos depois, continua atual. As contribuições de Paulo Freire como militante político do PT são extensas e profícuas. Na vida institucional do Partido, logo de início, integrou a Comissão de Educação do PT, foi presidente da extinta Fundação Wilson Pinheiro, hoje Fundação Perseu Abramo, articulou atividades de formação para simpatizantes, deputados e militantes. Tínhamos uma comissão de Programa para Lula Governador em 1982, na qual estavam Paulo Freire, Florestam Fernandes, Paulo Singer, Ladislau Dowbor, para mencionar alguns. Era um espaço criativo na formulação de propostas para uma campanha engessada pela Lei Falcão, que reprimia o debate de ideias e propostas nas campanhas eleitorais, mas foi plantada uma semente que germinaria ao longo dos anos. Como membro da Comissão de Educação, Freire produziu materiais para reflexão política, tal como o brilhante "O partido como educador-educando", texto para discussão que visava contribuir para a construção de um Plano Nacional de Educação, o qual foi destinado para debate dentro e fora do Partido dos Trabalhadores, junto à sociedade civil.

Nesse texto, Freire sintetiza e expõe sua concepção sobre o papel do Partido no conjunto da sociedade. É por meio dele que se luta para a transformação social, o *locus* do "educador que educa as massas".[4] Mas não só, a transformação e educação das massas e da classe trabalhadora não se dá por via única, como algo que vem de cima para baixo. A relação é mú-

---

[4] Paulo Freire, "O partido como educador-educando", *Revista Proposta*, [s.l.], n. 113, (1992) 1988. Disponível em: http://acervo.paulofreire.org:8080/jspui/handle/7891/3316?mode=full.

tua, o partido tem o papel e função exposta já no título: o de *educador-educando*. Isso porque, para ele, "é tão impossível negar a natureza política do processo educativo quanto negar o caráter educativo do ato político",[5] ou seja, assim como não há a possibilidade de existência de uma educação neutra, que se diz a serviço da humanidade, também não é possível que haja uma prática política sem significado educativo. É nessa relação na qual o partido político ganha vida e corpo que Freire concebia, por meio do PT, a militância pela educação no Brasil. Dessa maneira, ao crer no poder do partido enquanto *educador-educando*, apresentava e investia sua militância nas ações políticas do PT: "Vejo o papel pedagógico nosso enquanto militantes do PT e, ao sermos militantes do PT, somos também militantes pedagógicos, quer dizer, somos militantes políticos e por isso somos educadores também".[6]

Movido por esse entusiasmo e por sua imperiosa formulação enquanto pensador e intelectual no campo da educação, bem como importante quadro no interior do PT, em 1989, Paulo Freire foi escolhido e empossado como secretário de Educação do Município de São Paulo na gestão petista, recém-eleita. O trabalho de Freire e o do PT foram inestimáveis e de resultados concretos. Por meio da Secretaria, durante a gestão petista, inaugurou 31 escolas municipais, reformulou o currículo escolar e criou o programa de capacitação para professores. Além disso, teve pioneirismo na formulação e aplicação do Movimento de Alfabetização de Jovens e Adultos (Mova), que procurava enfrentar a grave situação de anal-

---

[5] *Ibidem*.
[6] José Carlos Duarte, "Entrevista com Paulo Freire: o partido político como pedagogo", *Revista Brasileira de Educação de Jovens e Adultos*, vol. 5, n. 9, 2017.

fabetismo na cidade de São Paulo. Instituiu o ensino noturno, dialogou com diversos movimentos sociais e a sociedade civil para que se concretizasse o direito básico à educação pública e popular. E, mais que isso, apostou nos atores da sociedade civil o próprio pilar de alfabetização. Só no primeiro ano foram implementados 626 núcleos de alfabetização que estabeleceram parcerias com 56 instâncias de movimentos populares pela cidade.[7] Precursor, os ideais do Mova inspiraram outras políticas públicas ao redor do Brasil acumulando experiências e fortalecendo a Rede Mova-Brasil. Freire delineou e implementou, enquanto secretário de Educação na gestão petista, o papel do Estado como formado e formador de políticas públicas em articulação com a população civil, apontando para a eficácia da ação coletiva na realização de práticas sociais. Ainda no ano de 1989, tivemos a primeira campanha presidencial desde a ditadura. A campanha de Lula foi uma campanha heroica, militante, com muita garra e criatividade. Eu assessorava Lula nas viagens e no debate econômico e programático. Quando ele retornou a Garanhuns pela primeira vez, desde que partira em um pau de arara, Paulo Freire foi conosco. Visitamos o terreno onde era a casa de Lula, embora já não houvesse mais vestígios da construção. Foi uma viagem igualmente marcante para todos, e a presença de Paulo Freire e Aziz Ab'Saber era uma fonte permanente de conversas marcadas por uma sólida cultura e paixão pelo Brasil profundo. Foi inesquecível. Paulo Freire chegou a discursar no comício

---

[7] Para maiores informações sobre o Movimento de Alfabetização de Jovens e Adultos, ver Moacir Gadotti (org.), *Mova-Brasil 10 anos: Movimento de Alfabetização de Jovens e Adultos*, São Paulo: Instituto Paulo Freire, 2013.

no centro da cidade, o que não era muito o seu estilo, mas foi também para ele uma experiência nova.

É notório, portanto, que a concepção de militância e a de prática educativa não ficaram restritas ao mundo das ideias e do discurso. De maneira totalmente inovadora, Freire ousou realizar o I Congresso dos Alfabetizandos, em São Paulo, em 16 de dezembro de 1990. Iniciativa *sui generis* e transformadora, primeira na história da educação municipal. Tal intento partia da ideia de que, para Freire, os alfabetizandos deveriam discutir a educação como sujeitos históricos, tomando em suas mãos o papel ativo na construção do saber, e não como cidadãos passivos que são alvos daqueles que determinam as políticas públicas e sonegam o saber. Nesse encontro, realizado enquanto era secretário de Educação na gestão petista, Paulo Freire demonstrou que a função de governar é garantir a ação coletiva na formação e formulação de políticas educacionais: apresentando, de um lado, o poder público como formado e formador da classe trabalhadora e, de outro, a classe trabalhadora como protagonista no processo de aprendizagem.

Os ideais que nortearam Paulo Freire a militar e a acreditar em um partido de massas para as massas continuam atuais. Suas representações informam, inspiram e dão forças para que o PT continue lutando por educação para todos como um sonho original de país. Certamente, ele estaria orgulhoso da vasta contribuição nos processos políticos do PT, dos quais foi parte integrante, em uma história que levou os trabalhadores ao poder, bem como sua permanência durante dezesseis anos consecutivos no Governo Federal. O PT, desde suas raízes, assim como Freire, acreditou e confia no poder transformador da educação. Desde os primórdios até os dias atuais, o Partido insistiu nos planos de educação, e os números comprovam. Investindo em educação e formação, fundou dezoito novas universidades federais, 173 campi universitários e mais de 360 unidades dos institutos federais por todo país, destinando, assim, volumosos recursos à educação e ao incentivo à pesquisa, além de criar projetos emancipadores como o Programa Ciências sem Fronteiras.[8] O governo do PT permitiu, por meio da expansão universitária e da Lei de Cotas, que a classe trabalhadora e seus filhos e filhas, oriundos das escolas públicas, de famílias de baixa renda, além de famílias negras e indígenas, ingressassem no ensino superior. Um dos momentos importantes que vivi como ministro da Educação foi receber do Chile os originais da *Pedagogia do oprimido*, uma das principais obras de Paulo Freire, escritas do exílio. Na introdução, ele fala da saudade das cores, sabores, cheiros e paisagens de Recife, com uma delicadeza e profundidade que ficam para sempre. Essa transformação social, na qual um governo atua para emancipação da classe trabalhadora ao mesmo tempo que é formado por ela, tem embasamento no projeto de partido sonhado por Freire, não perdendo de vista "a favor de quem e do que" se constroem políticas e processos educativos.[9] Seguramente, seu compromisso de vida com a educação, que vem desde as reformas de base do início dos anos 1970 e sua longa permanência no exílio sedimentaram um caminho inovador para o desenvol-

---

[8] Para saber mais e localizar todas as universidades, campus e institutos federais inaugurados pelo Partido dos Trabalhadores, acesse: http://pt.org.br/confira-as-universidades-e-institutos-federais-criados-pelo-pt/.
[9] Paulo Freire, "O partido como educador-educando", [19--], *op. cit.*

vimento da educação, em especial a alfabetização dos adultos, que foi uma contribuição que esteve sempre presente nas gestões do PT na educação.

Por fim, o PT nasceu sob esses ideais e ainda luta pela transformação social, crê na formação educacional como elemento crucial para desenvolvimento da cidadania. É por meio dela que os indivíduos se tornam conhecedores dos processos sociais e sujeitos de sua própria história. Insistimos nessa luta, em memória de Paulo Freire e firme em nossos propósitos, pois "Paulo morreu acreditando, como dizia, que o PT tem as possibilidades de traduzir os sonhos, as utopias pelas quais lutei toda a minha vida e sofri quase 16 anos no exílio. A utopia de fazer um Brasil mais sério, mais bonito e mais justo, verdadeiramente democrático".[10] Com esse fôlego, tomamos parte da história da classe trabalhadora e seguiremos acreditando. Encerramos com mais uma premissa do grande e exemplar companheiro e pensador Paulo Freire, que de forma equilibrada e amistosa dizia: "Meus amigos e minhas amigas, quando a massa popular toma em suas mãos a sua história, aí ela toma a educação, a saúde, a cultura, a arte, a política, o sonho, a medicina, ela toma tudo, porque fundamentalmente é a história que dá o resto". As organizações são apenas um meio, o PT continua como via nesse processo de um sonho original de país vislumbrado por Freire e realizado por meio da prática política de nossa incrível e resistente militância.

---

[10] Conforme depoimento de sua companheira em: Ana Maria de Araújo Freire, *Paulo Freire: uma história de vida*, 2018, op. cit.

PAULO FREIRE:
DESDE O RECIFE

Ana Mae Barbosa

A educação é um ato de amor, por isso, um ato de coragem. Não pode temer o debate. A análise da realidade. Não pode fugir à discussão criadora, sob pena de ser uma farsa.

PAULO FREIRE

Sou hoje uma das poucas pessoas ainda vivas que teve o privilégio de despertar para o mundo intelectual através das aulas de Português de Paulo Freire, nas quais aprendi as noções de gramática para passar num exame de ingresso à carreira de magistério primário e, ao mesmo tempo, descobri a mim mesma e as minhas circunstâncias históricas.

Eu tinha 18 anos e vivia no Recife quando fui aluna de Freire durante um curso intensivo em 1955, no qual ele ministrava não só de aulas de Português, mas também de Teoria da Educação. Simultaneamente a esse curso, eu estudava para prestar o vestibular para o curso de Direito, apesar da oposição de minha avó. Como fiquei órfã muito cedo, foi ela quem me criou e era contra a presença de mulheres na universidade. Sou de uma família tradicional e conservadora, cujo poder econômico já era decadente quando eu nasci. Perderam o dinheiro, mas não a pose e o conservadorismo.

Paulo Freire mudou minha vida, como mudou a de milhares de pessoas neste Brasil, nos possibilitando a compreensão das ordens sociais que nos oprimiam e assim nos ajudando a desenvolver a capacidade de agir em direção à realização de nossos ideais.

Na primeira aula do curso de preparação para o Concurso de Professores Primários de Quarta Instância, Paulo Freire, já iniciando no Serviço Social da Indústria (SESI) de Recife suas pesquisas sobre o ensino baseado no universo do aluno, propôs uma redação sobre as razões que nos motivavam a ser professoras. Respondi explicando que, na verdade, não queria ser professora, mas que este era o único trabalho que minha família admitia como digno para uma mulher. Ele não me devolveu a redação e pediu que eu chegasse mais cedo no dia seguinte para conversarmos. Foi uma longa conversa, na qual me convenceu que Educação não era repressão, mas um processo de problematização, libertação e conscientização social.

A partir desse momento, Paulo Freire influiu não só nas minhas ideias e escolhas, como também na minha vida.

No curso organizado por Paulo Freire e Elza Freire, eu, que sempre odiei as aulas de Desenho Geométrico, conheci as teorias modernistas do ensino da Arte através de Noêmia Varela, e mais uma vez me surpreendi com a educação errada que eu tivera — em um colégio de freiras, uma vez uma das professoras rasgou um desenho meu na frente de toda a classe, porque eu não havia copiado exatamente o que ela desenhara na lousa. Tendo passado no concurso para professora, alfabetizei crianças dos alagados do Recife por dois anos com a orientação de Paulo Freire e fiz estágio na Escolinha de Arte do Recife, da qual ele era presidente, passando logo depois a ser professora efetiva.

A diretora da escola era Noêmia Varela, e frequentemente ela e Paulo Freire se falavam por telefone sobre os projetos educacionais. Algumas vezes ele ia à Escolinha conversar com dona Noêmia, mas, com aquele jeito só dele, também conversava com as professoras. Seus filhos foram alunos dessa instituição — que ainda existe. As Escolinhas fizeram parte de um grande movimento em prol da Arte Educação no Brasil que se iniciou em 1948. Tivemos 144 Escolinhas no Brasil, uma no Paraguai, duas na Argentina e uma em Portugal. Eu cheguei a São Paulo mais ou menos no mesmo período em que Madalena, filha de Freire, chegou e começamos a trabalhar juntas em uma filial da rede entre os anos de 1968 e 1971, a qual organizei com a ajuda de José Mindlin. Paulo Freire nos ajudava muito enviando livros e fazendo comentários sobre nosso trabalho em cartas. Madalena e eu ficamos muito amigas. Eu a admiro muitíssimo.

Há um problema para quem pesquisa a atuação de Paulo Freire em relação à Arte: apesar de ter sido um grande defensor das Artes em todas as instituições nas quais trabalhou, Freire não escreveu sobre Arte na Educação. Entretanto, suas ações foram um manifesto em favor das Artes e não podemos esquecer que foi professor da Escola de Belas-Artes do Recife — que hoje integra a Universidade Federal de Pernambuco (UFPE).

Ele e sua primeira mulher, Elza Freire, iniciaram em Recife, junto com a professora Miriam Didier, um projeto de alfabetização através da Arte com crianças de uma escola pública da qual Elza Freire era diretora. Os dois e Raquel Crasto, grande educadora, tiveram uma escola que continua funcionando e que até hoje prioriza a Arte, o Instituto Capibaribe.

Há um livro que liga Paulo Freire à Arte através do *diálogo*. Trata-se de *Dialogues in Public Art* [Diálogos na arte pública] de Tom Finkelpearl, publicado há vinte e um anos pela editora universitária MIT Press. O autor dedica a obra com uma singela frase: "Este livro é dedicado a Paulo Freire (1921-1997), teórico e praticante do diálogo".

Em *Dialogues in Public Art*, há uma entrevista do autor com Freire em que compara as ideias freireanas sobre a relação professor-aluno com ideias de vários teóricos, entre eles Rosalind Krauss, Johanne Lamoureaux, Mikhail Bakhtin, bell hooks, Miwon Kwon, que defendem a Arte como comunicação. Finkelpearl usa os textos de Freire para demonstrar que também a relação arte-público não é uma comunicação de mão única. Tanto o aluno quanto o público não são meros repositórios. O objetivo do diálogo na epistemologia de Paulo Freire — e nos depoimentos dos outros 25 autores de artigos e artistas entrevistados neste livro, como Mel Chin (um dos meus artistas preferidos), Maya Lin, Vito Acconci, Douglas Crimp, Elisabeth Sisc e Krzysztof Wodiczko — não é persuadir alguém sobre um determinado assunto ou ideia, mas sim desenvolver a capacidade crítica. Sem essa capacidade, ninguém transforma informação em conhecimento e ninguém estabelece relações entre conhecimentos de diferentes áreas.

Paulo Freire pensou a educação dos oprimidos, mas nunca foi um populista. Neste livro, Freire afirma[1] que para se

---

[1] Tom Finkelpearl (org.), *Dialogues in Public Art*, Cambridge: MIT Press, 1999, p. 282.

trabalhar com comunidades não é necessário ver a comunidade como proprietária da verdade e da virtude, basta apenas respeitar os membros desse espaço. Ele dizia que o erro dos sectários dos programas em comunidades não era a crítica, a negação ou a rejeição de intelectuais acadêmicos arrogantes, mas desconsiderar a teoria, a necessidade de rigor e seriedade intelectual.

Fui duas vezes a Genebra visitá-lo no exílio. A primeira vez fui sozinha e fiquei hospedada com Paulo e dona Elza, e Fátima, sua filha, me ajudou a explorar a cidade. Da segunda vez, fui visitá-los com a minha família, e até hoje meus filhos não esquecem as noites em que jantamos juntos saboreando aquele tipo de conversa da qual nos lembramos para sempre. A tristeza que sentíamos por Freire não poder retornar ao Brasil era amenizada pela mágica de dona Elza em conseguir ingredientes para preparar comidas brasileiras (até mesmo tapioca) e pelo frio, do qual ele gostava. Lembro que era inverno e comecei a sentir frio na sala, perguntei a Paulo se não havia aquecimento, ele respondeu que sim, mas gostava de manter pelo menos uma janela aberta para usufruir do clima.

Em 1980, ano em que Paulo Freire voltou do exílio, convidei-o para abrir a Semana de Arte e Ensino na Escola de Comunicações e Artes da Universidade de São Paulo (USP), um congresso que foi um dos primeiros movimentos de redemocratização do país, talvez seja o maior evento de Arte-Educação até os dias atuais. Sua palestra foi dada no auditório da Faculdade de Arquitetura, o maior da USP, e assistida por 3.000 arte-educadores. Ainda assim, foi necessário convocar o auxílio da TV Cultura para filmar e projetar o vídeo em um telão fora do auditório, em um lugar que chamavam de Salão Caramelo.

O nome de Freire não fora divulgado como participante nem no pré-programa nem na imprensa de modo a não parecer que o estávamos usando como chamariz para o evento. Sua primeira aparição em público já havia sido uma apoteose, e ele ovacionado pelos presentes que lotavam o Teatro da Pontifícia Universidade Católica de São Paulo (TUCA) e suas vizinhanças.

No Programa da Semana de Arte e Ensino, entregue aos participantes no dia da abertura, assim justifiquei a ausência de seu nome na publicidade do evento:

> Todas as decisões, inclusive o temário dos debates, foram submetidas à aprovação em reuniões gerais abertas ao público e convocadas por jornais.
>
> Decidiu quem quis e quem pode participar.
>
> Só uma coisa foi mantida em segredo: a participação de Paulo Freire como conferencista.
>
> Meu enorme respeito por ele e pelos arte-educadores me fez temer que a divulgação de sua participação pudesse parecer uma forma de atrair participantes para a Semana de Arte e Ensino. Ele estará falando aos arte--educadores não porque é o maior educador brasileiro mas porque desde os velhos tempos do Recife ele e dona Elza sempre mantiveram estreita ligação e influência na Arte-Educação.
>
> O tema de sua palestra é um mote que, à moda nordestina, lancei a ele como desafio. Um dia depois de um intrigante bate-papo na Escola da Vila disse a ele:

— Você diz que os pais aprendem com os filhos e os professores com os alunos. Então, você, que tem dois filhos arte-educadores e um estudante de Arte (Joaquim), o que aprendeu com eles sobre arte-educação?

Ele aceitou o desafio de responder à pergunta para todos nós durante essa Semana e aceitou também que outra pessoa desse o título para este desafio. Foi Haroldo de Campos quem, conversando comigo sobre o Programa, batizou a conferência de "O retrato do pai pelos jovens artistas".

Naquele dia, Freire estava meio tonto, em função da labirintite, mas ficou feliz ao rever amigos e conterrâneos como Noêmia Varela e Aloisio Magalhães e conhecer gente nova como Mário Barata, Yan Michalski, Hans Joachim Koellreutter e Walter Zanini, também convidados a falar e que assistiram à conferência de abertura.

Os originais dos anais da Semana de Arte e Ensino foram perdidos na fase de revisão para publicação, na editora da Escola de Comunicação e Artes (ECA) da USP, um fato estranho.

Fui sujeito da pedagogia em favor do oprimido de todas as classes sociais, todos os gêneros e todas as origens, praticada por Paulo Freire, e mais tarde testemunha da influência que esta pedagogia transformada em teoria operou nas universidades americanas, africanas, inglesas e europeias em geral.

Quando ingressei em 1977, com uma carta de apresentação de Paulo Freire, no programa de doutorado da Faculdade de

Educação da Universidade de Boston, um curso sobre a Pedagogia do Oprimido estava sendo ministrado. Foi inimaginável a minha aventura emocional e cognitiva ao ter como objeto de estudo o próprio processo libertador que me havia resgatado dos modelos bancários de operação mental. Nunca fui tão bem-tratada e tão ouvida em uma universidade como fui na de Boston. Graças a este tratamento muito especial, consegui cumprir todas as exigências do programa em um ano e voltei seis meses depois para defender a tese, poupando-me de ficar separada de minha família.

Paulo Freire, Jonathan Kozol e Ivan Illich eram os grandes heróis da educação naquela época. Os outros foram esquecidos, mas Paulo Freire continua, principalmente através da *Pedagogia do oprimido*, a servir de base para os dois movimentos mais significantes na teoria da Educação hoje, a Pedagogia Crítica e a Pedagogia Cultural, inspiradas em seu conceito de Conscientização e no conceito de Experiência de John Dewey, parentes epistemológicos. Aliás, o primeiro livro de Dewey que li, *Meu credo pedagógico*, me foi dado por Paulo Freire ainda no Recife.

Pedagogia do oprimido, livro publicado em 1970, um período de acerba crítica educacional, foi a resposta convincente para os movimentos reivindicatórios dos estudantes do mundo desenvolvido operando-se uma curiosa contradição: o educador do mundo subdesenvolvido, com suas teorias construídas na prática da pobreza do terceiro mundo, tornou-se válvula propulsora da libertação do mundo desenvolvido. *Pedagogia do oprimido* é a epistemologia que responde à Revolução Estudantil de 1968 na França. É uma pedagogia do reconhecimento cultural e, principalmente, é a pedagogia do pensamento crítico contextualizado.

Foram estas bases fenomenológicas que vigoraram no curso de Pós-Graduação "Arte-Educação e Ação Cultural", que Paulo Freire ministrou em 1987 na ECA/USP, a meu convite. Freire estava relutante em aceitar, mas dona Elza me ajudou a convencê-lo. A verba que consegui do Conselho Nacional de Desenvolvimento Científico Tecnológico (CNPq) para pagá-lo era modestíssima. Tivemos 120 estudantes no curso, de todas as áreas da USP, do Direito à Engenharia. Muitos eram apenas ouvintes, outros, alunos especiais, mas havia muitos mestrandos e doutorandos regulares, o que resultou em uma enorme quantidade de trabalhos para ler e avaliar, atividade que assumi consultando-o frequentemente. Freire deu nove aulas neste curso e eu apenas três para substituí-lo quando esteve viajando. Foi a aventura cognitiva mais importante de minha vida e hoje é um marco histórico, pois foi o único curso regular que Paulo Freire deu na USP. Esse curso foi gravado em áudio e transcrito pela professora Maria Helena Rennó, mas o arquivo, estranhamente, também foi perdido na Editora da ECA.

Tenho medo de ir ao Instituto de Estudos Avançados (IEA) da USP para procurar a gravação de uma outra palestra que Paulo Freire deu nesse local. Logo depois que assumi a direção do Museu de Arte Contemporânea (MAC) da USP, organizei um grupo de estudos sobre museus no IEA. Freire foi convidado para participar de um encontro do grupo e nos deu um conselho valioso que segui: consultar os sindicatos de trabalhadores para saber o que suas famílias entendiam como Arte, quais eram os seus hábitos culturais e como foram construídos, de modo que pudéssemos nos planejar para estender o museu até a classe trabalhadora. Essa palestra foi gravada e confiei os arquivos ao IEA. Mais tarde, o MAC pode colaborar, a pedido de Paulo Freire, com seu trabalho na Secretaria de Educação do Município de São Paulo.

Quando foi secretário de Educação da Prefeitura de São Paulo por dois anos, Freire colocou os estudos de Arte no mesmo nível de importância de todas as outras disciplinas. Isso só aconteceu antes no Brasil em dois outros projetos, o de Rui Barbosa em 1882-1883, o qual nunca foi implementado integralmente, e o de Fernando de Azevedo, no Distrito Federal, durante os anos de 1927-1930. Mas apenas no currículo de Paulo Freire havia Artes Visuais, Música, Dança e Teatro. Nos currículos de Rui Barbosa e Fernando de Azevedo a disciplina chamava-se Desenho, ainda com grande inflexão técnica.

Coordenei o grupo de estudos de reestruturação curricular das Artes, na era Paulo Freire, com professores universitários e professores da rede escolar por mais ou menos um ano. Por fim, minha orientanda e arte-educadora do MAC naquela época, Maria Christina de Souza Rizzi, assumiu a coordenação desse grupo que Paulo Freire dizia ser o mais numeroso da Secretaria, pois enfocava todas as Artes, inclusive o Cinema. Ao fim do mandato de Mário Sérgio Cortella, que sucedeu Freire brilhantemente, todos os professores de Artes se atualizaram de acordo com os novos currículos que construímos juntos. O melhor ensino de Arte em uma rede de educação pública no Brasil continuou ainda a ser o de São Paulo durante muitos anos depois do fim do mandato de Paulo Freire.

Algumas das pessoas que, como eu, trabalharam com Freire estão reunindo memórias do tempo da Secretaria. Devemos reavivar nossa memória em homenagem a esse educador que possuía uma memória aguçadíssima. Quando fiz livre-docência na USP (1992), Paulo Freire participou da minha banca. Minha tese foi publicada como o livro *A imagem no ensino da arte*, o primeiro no Brasil a defender a entrada da imagem em geral e da Arte em particular na sala de aula, para desenvolver a capacidade de ler imagens e desenvolver a função crítica. Minha postura escandalizou meio mundo da linha modernista expressionista. Paulo Freire, então, me lembrou de que quando eu estava no terceiro ano de Direito fui conversar com ele sobre abandonar a faculdade por causa do machismo da época, e ele me aconselhou a persistir dizendo que o Direito desenvolvia a capacidade hermenêutica, a qual eu poderia aplicar em qualquer área em que fosse trabalhar. Freire pontuou, então, que eu estava incluindo a hermenêutica nas aulas de Artes Visuais. Nunca mais reclamei do tempo perdido estudando Direito.

Até esse ponto de meu texto, comentei principalmente as influências de Paulo Freire em minha construção pessoal, mas sua influência em minhas pesquisas profissionais foi ainda mais definitiva e notável. Primeiro, o meu apego à pesquisa histórica em Arte-Educação para poder entender as mudanças de objetivos e métodos adotados através das determinantes sociais dos tempos, e, em segundo lugar, o esforço experimental em sistematizar abordagens metodológicas que associassem criação, crítica e outras circunstâncias.

Foi assim que durante nove anos (1983-1992) pesquisei o que hoje chamamos em Arte-Educação de Abordagem

Triangular, tema que passou por várias fases, denominações e circunstâncias de experimentações educacionais, além de diferentes modelos institucionais e pelo menos duas mídias visuais: a imagem em movimento do vídeo e a imagem fixa das Artes e Culturas Visuais.

Primeiro, experimentamos no MAC/USP com as obras de Arte. Depois na Fundação Iochpe e na Universidade Federal do Rio Grande do Sul (UFRGS) com imagens de vídeo nas escolas públicas e privadas. E por fim, na escola pública da rede municipal de educação de São Paulo, quando Paulo Freire e Cortella eram secretários, através de reproduções de obras de Arte, Design, Moda, Fotografias, entre outras expressões artísticas, associando ou não a idas a museus de Arte.

A Abordagem Triangular supõe metodologias que correspondam aos processos mentais de *fazer* Arte, materializando uma ideia; *ler/ver* imagens, o campo de sentido ou obras de Arte; e *contextualizar*.

Os processos de *ver, ler* e *contextualizar* não seguem uma sequência determinada. O professor pode escolher sua metodologia de leitura (semiótica, *gestalt*, iconologia, estética empírica, entre outras) e a natureza da contextualização que a obra pede (histórica, social, fenomenológica, política, científica, entre outras) ou que a imagem pede para ser entendida amplamente.

A ideia de basear o ensino da Arte no fazer e no ver é o cerne de todas as manifestações pós-modernas da Arte-Educação em todo o mundo.

A triangulação com a *contextualização* foi o que distinguiu e problematizou socialmente a proposta brasileira e torna a

Abordagem Triangular herdeira do pensamento freireano. Essa etapa é talvez a mais pervasiva no processo deflagrado pela Abordagem Triangular, pois está referenciando a leitura da obra, ou do campo de sentido da Arte, ao fazer. Todas as disciplinas, todo o conhecimento humano categorizado pode ser movimentado no processo de contextualização, desde a Matemática, as Ciências, a Antropologia, a História, a Sociologia, entre outros campos do saber. Enfim, a obra convida o espaço ao redor, as circunstâncias de várias naturezas e a curiosidade do sujeito para colaborar no entendimento da imagem que analisa e na imagem que produz. A *contextualização* é a porta aberta para a interdisciplinaridade e para a leitura do social. Entretanto, a Base Nacional Curricular Comum (BNCC) que rege a educação em nosso país, desde o golpe político em 2016 contra a presidente eleita pelo povo Dilma Rousseff, é produto da condução ideológica da direita inteligente, mas mal-intencionada. Esse grupo, reunido em instituições privadas aliadas ao Ministério de Educação e Cultura, intenciona fazer da escola pública lugar de formação de trabalhadores tecnicistas e defensores do *status quo*, ainda que mal pagos. Ardilosamente, retiraram da proposta da BNCC para as Artes a *contextualização* para evitar o envolvimento com as temáticas sociais, de modo que os educadores sejam impedidos de despertar as consciências para as desigualdades sociais e, assim, a população brasileira permaneça alienada e em defesa dos interesses dos ricos e poderosos de sempre. Eliminaram a *contextualização* no ensino das Artes e mantiveram o *fazer* Arte e a *leitura* da obra de Arte, ou da imagem que agora passa se chamar *apreciação* ou *fruição*, igual a "deleite-se, mas não pense". Hoje as Artes na

Educação enfrentam o perigo de voltarem a ser apenas uma hora de descanso nas escolas.

Para terminar estas reminiscências, devo confessar que meu livro preferido continua sendo a *Pedagogia do oprimido*, que é filosofia, sociologia, educação e acima de tudo é um tratado de epistemologia.

É um livro nascido da luta empreendida por seu autor para dar aos indivíduos de todas as classes sociais o direito de serem sujeitos de seu próprio processo de conhecimento e para despertar nesses indivíduos o interesse, a agudeza e a coragem necessários para participar do processo de transformação de suas sociedades.

A consciência da prática gerou a teoria que permeia a *Pedagogia do oprimido*, a preocupação de Paulo Freire era aliar a clareza de conteúdos aos meios que possibilitavam seu aluno "dizer suas próprias palavras para nomear o mundo".

Hoje, sobrevivendo com dificuldades, à epidemia de Covid-19, especialmente trágica no Brasil, infelicitado por um desgoverno do ódio que administra a morte como fonte de riqueza, posso dizer que a análise de Paulo Freire da sociedade brasileira dos anos 1960 no livro *Educação como prática da liberdade* é muito atual, principalmente porque milhares de pessoas estão morrendo em nosso país por razões políticas extremistas.

Dizia Freire sobre o binômio radicalismo *versus* sectarismo:

A radicalização, que implica o enraizamento que o homem faz na opção que fez, é positiva, porque preponderantemente crítica. Porque crítica e amorosa, humilde e comunicativa. O homem radical na sua opção não nega o direito ao outro de optar. Não pretende impor a sua opção. Dialoga sobre ela. Está convencido de seu acerto, mas respeita no outro o direito de também julgar-se certo. Tenta convencer e converter, e não esmagar o seu oponente. Tem o dever, contudo, por uma questão mesma de amor, de reagir à violência dos que lhe pretendam impor silêncio.[2]

Paulo Freire opõe ao radicalismo dialogal o sectarismo irracional, continuando:

> [O radical] não pode acomodar-se passivamente diante do poder exacerbado de alguns que leva à desumanização de todos, inclusive dos poderosos. O grande mal, porém, estava [aqui, leia-se o verbo no presente, e teremos a análise da política genocida dos anos 2020 e 2021] despreparado para a captação crítica do desafio, jogado pela força das contradições, o homem brasileiro e até as suas elites, vinham descambando para a sectarização e não para as soluções radicais. E a sectarização tem uma matriz preponderantemente emocional e acrítica. É arrogante, antidialogal e por isso anticomunicativa. É reacionária, seja assumida por direitista, que para nós é um sectário de "nascença", ou esquerdista [...]. Daí o seu gosto [do sectário] pela sloganização, que dificilmente ultrapassa a esfera

---

[2] Paulo Freire, *Educação como prática da liberdade*. Rio de Janeiro: Paz e Terra, 1999, pp. 49-50.

dos mitos e, por isso mesmo, morrendo nas meias verdades, nutre-se do puramente "relativo a que atribui valor absoluto" [...].

Na redução do povo à massa. O povo não conta nem pesa para o sectário, a não ser como suporte para seus fins.

Se tiverem dúvidas sobre a importância de Paulo Freire no *mundo* ou sobre sua atualidade, consultem o livro *A pedagogia da libertação em Paulo Freire*, organizado por Ana Maria Araújo Freire, também conhecida como Nita Freire, sua segunda esposa, que comprovou ao Brasil que Freire é referência máxima no pensamento de grandes filósofos e educadores como Henry Giroux, Joachim Schroeder, Joe Kincheloe, Maxine Greene, Shirley Steinberg, Arantxa Ugartetxea, Donaldo Macedo, Joachim Dabisch, Arve Brunvoll — todos contribuíram nesse livro. E Nita tem bravamente defendido a memória de seu marido contra a demolição que a ultradireita tem promovido no Brasil diante de qualquer ideia progressista.

Concluo este texto como comecei, falando sobre amizade, aconchego e afeto. A minha relação com a família Freire era tão intensa que não foi interrompida sequer pela diáspora promovida pela ditadura militar, que jogou sua família em países estrangeiros e retirou a minha do Recife para Brasília e, posteriormente, para São Paulo.

Fui aluna de Paulo Freire, Madalena minha aluna informal, Ana Amália, minha filha, aluna de Madalena, e minha filha Ana Amália professora de Carolina, filha de Madalena na escola primária.

Referências bibliográficas

Barbosa, Ana Mae e Cunha, Fernanda Pereira (orgs.). *Abordagem Triangular no ensino das artes e culturas visuais*. São Paulo: Cortez, 2010.

ECA-USP. Programa da Semana de Arte e Ensino, setembro, 15/19 de 1980.

Finkelpearl, Tom (org.). *Dialogues in Public Art*. Cambridge: MIT Press, 1999.

Freire, Ana Maria Araújo (org.). *A pedagogia da libertação em Paulo Freire*. São Paulo: Editora Unesp, 2001.

Freire, Paulo. *Educação como prática da liberdade*. ed. 23. Rio de Janeiro: Paz e Terra, 1999.

PAULO FREIRE: PRESENTE!*

Antonia Darder

---
* Tradução de Amaro Bartolomeu.

> *Não existem Palavras suficientemente boas para evocar tudo o que aprendi com Paulo. Nosso encontro teve aquela qualidade de doçura que perdura, que dura a vida inteira; mesmo que você nunca mais fale com a pessoa, veja seu rosto, você sempre pode retornar em seu coração àquele momento em que vocês estavam juntos para serem renovados — isso é uma solidariedade profunda.*
>
> BELL HOOKS[1]

Inicio esta breve reflexão em tributo a Paulo Freire afirmando, como qualquer feminista do meu tempo, que o pessoal é sempre político. Nesse sentido, Paulo, um brasileiro nascido no início do século XX, estava realmente à frente de seu tempo. Ele entendeu de maneira profunda e concreta que a luta social e o conhecimento transformador só podem ser construídos por meio de nosso envolvimento pessoal na luta política coletiva com os outros. Isso sempre começou para Paulo com uma abertura para o mundo ao seu redor e por meio de diálogos apoiados nas experiências de seu cotidiano. Portanto, Paulo era um homem que observava de perto e es-

---

[1] bel books, *Teaching to Transgress: Education for the Practice of Freedom*, New York: Routledge, 1994, p. 58.

tava atento à natureza e ao próximo, saboreando o próprio ato de estar vivo. Essa característica central de sua sensibilidade pedagógica é essencial para compreender por que tanto sua obra quanto sua presença tiveram um sentimento tão duradouro de amor e solidariedade para com aqueles de nós que o conhecemos. É também fundamental para entender por que Paulo, um intelectual revolucionário consumado, também se tornou tão amado em um âmbito internacional, além de estimado pessoal, pedagógica e politicamente.

Encontrando meu pai na luta

Para Antonia, porque você também é como minha filha!

PAULO FREIRE[2]

Costumo refletir sobre a providência de encontrar esse homem extraordinário do Recife. Na vida, se tivermos sorte, podemos experimentar pelo menos um momento maravilhoso; um momento que muitas vezes passa antes que percebamos, como uma estrela cadente no céu escuro da noite. Em 1987, tive a sorte de vivenciar um desses raros momentos. Eu estava participando de uma conferência[3] em Irvine, Califórnia, que contou com a obra de Paulo Freire. Eu era doutoranda em educação e

---

[2] Dedicatória de Paulo Freire em meu primeiro exemplar de *Pedagogia do oprimido*.

[3] A conferência na California State University Irvine foi organizada por Tom Wilson, um querido companheiro de Paulo. Estiveram presentes as filhas de Paulo, Cristina e Madalena, bem como os estudiosos críticos Henry Giroux, Peter McLaren, Donaldo Macedo e outros.

mãe solteira de três filhos adolescentes, vivia com recursos muito modestos, lecionava em uma pequena faculdade Quaker e estava concluindo minha tese. Cheguei atrasada para a abertura da conferência e procurei um lugar para sentar. O único assento disponível era ao lado de uma mulher animada, que me deu as boas-vindas quando passei por ela e me sentei. Não percebi então que aquele momento mudaria absolutamente minha vida e transformaria a direção de minha carreira acadêmica.

O nome da mulher era Cristina e nós duas rapidamente iniciamos uma conversa e trocamos comentários sobre os palestrantes, como se fôssemos amigas de longa data. Na hora do almoço, ela me convidou para almoçar com sua família. Saímos juntas do prédio em direção a um pequeno grupo de pessoas. Entre eles estava Paulo Freire, que por acaso era o pai de Cristina. Fiquei surpresa e maravilhada ao me encontrar na companhia de Paulo Freire! Ele era o autor de *Pedagogia do oprimido*, o livro que mais acendeu o fogo pela justiça social em minha alma. Ler o livro de Paulo me trouxe à comunhão com uma força política profunda, como eu nunca tinha experimentado antes. Pela primeira vez, eu literalmente senti o poder interno do despertar consciente dentro de mim e o início de uma compreensão mais fundamentada e amorosa do mundo. Em essência, aqueles dias na conferência, com Paulo e outros que também buscaram transformar as condições injustas da educação e do mundo, despertaram de forma inesperada em mim um novo sentido para minha existência como um sujeito político da história e, surpreendentemente, abriu novas possibilidades para minha futura contribuição como ativista, professora e intelectual público.

A partir daí, eu me esforçava para estar presente em qualquer momento que pudesse compartilhar com Paulo. Fiel à inscrição que ele fez em meu livro, me senti abraçada por ele como uma de suas filhas. Ele diria que Cristina e eu éramos muito parecidas, porque éramos rápidas e ríamos com facilidade. Paulo era um homem caloroso, calmo e compassivo. Tinha a capacidade de fazer o mundo desacelerar, para que pudéssemos conversar, desfrutar de uma refeição, um passeio de carro ou uma caminhada juntos. Era um contador de histórias maravilhoso e meu grande carinho por ele só correspondia ao profundo respeito que sentia por sua pessoa. Paulo falava gentilmente com o garçom de um restaurante, fazendo contato visual, sorrindo e falando de maneira familiar. Não temia a companhia dos outros e, na sua presença, a reticência das pessoas em falar parecia desaparecer, fazendo com que se sentissem articuladas, inteligentes e respeitadas. Todos nos sentíamos assim, porque era assim que Paulo tratava as pessoas que cruzavam o seu caminho.

Portanto, não é de estranhar que o encontro com Paulo fique gravado na minha memória como uma das experiências mais bonitas da minha vida e um dos momentos mais afirmativos da minha formação intelectual quando jovem. Digo isso porque não estava acostumada a me sentir compreendida ou a ter a força de minhas ideias reconhecida em contextos acadêmicos dominados por homens — contextos que muitas vezes eram bastante hostis à classe trabalhadora, às mulheres de cor que falavam muito alto ou que se expressavam com muita paixão ou que também facilmente choravam no meio de uma palestra pública. Com frequência, eu facilmente me vi sendo difamada como muito sensível ou muito subjetiva em minha maneira de falar ou muito fervorosa no modo como me engajava nesses fóruns intelectuais.

Em contraste, Paulo argumentou que não podemos conceber objetividade sem subjetividade, na medida em que estas são inextricáveis para nossa humanidade. Seu conforto com as vulnerabilidades humanas, junto com sua sensibilidade subjetiva, sabedoria e tremenda generosidade de espírito permitiu-lhe ver nas pessoas nascidas da opressão uma capacidade real para lutar, que ele acreditava que precisava ser cultivada e nutrida no processo de nos tornarmos o que Antonio Gramsci chamou de intelectuais orgânicos.[4] Foi como se as adversidades, angústias e sofrimentos que Paulo suportou na infância, na prisão ou no exílio aprofundassem nele uma habilidade humanizadora de reconhecer e valorizar a dor dos outros. Paulo entendeu, na carne, que era justamente pela força da nossa dor e da nossa fúria que a luta pela libertação poderia ser construída.

Compromisso a uma tolerância amorosa

> *O radical, comprometido com a libertação dos homens, não se deixa prender em "círculos de segurança", nos quais aprisione também a realidade. Tão mais radical quanto mais se inscreve nesta realidade para, conhecendo-a melhor, melhor poder transformá-la.*
>
> **PAULO FREIRE**[5]

Uma das coisas mais surpreendentes de Paulo foi a maneira como viveu de forma genuína sua pedagogia e sua política, com um compromisso com a tolerância amorosa. Nesse sentido,

---

[4] Antonio Gramsci, *Selections from Prison Notebooks*, New York: International Publications, 1971.
[5] Paulo Freire, *Pedagogia do oprimido*. Rio de Janeiro: Paz e Terra, 2020, p. 37.

sua sabedoria e teorias baseavam-se tanto em leituras quanto em suas próprias experiências com os outros e com o mundo. Ele não teve medo de entrar, ouvir ou confrontar o mundo e o revelar. No entanto, para fazer isso, é necessário grande humildade e um forte compromisso de respeitar a própria humanidade e a humanidade dos outros, bem como as qualidades sensíveis do mundo natural. Essa sensibilidade orgânica permitiu a Paulo entrar com facilidade e ternura no mundo de outras pessoas, dizer o que sentiu e pensou numa conversa e, ao mesmo tempo, permanecer dialeticamente fundado em si mesmo, com clareza política e coerência. Não importa o que esteja acontecendo, Paulo pode ver além das circunstâncias materiais óbvias do momento, a fim de acessar as conexões entre as condições históricas e contemporâneas que informaram o presente. Essa é uma qualidade que ficou evidente ao ouvi-lo falar ou ler sobre seu envolvimento com o mundo em seus livros; particularmente no que ele chamou de livros falados, onde procurou expressar e ilustrar o poder do diálogo. Seu livro com Ira Shor, *Freire for the Classromm* [Freire para as salas de aula], Antonio Faundez, *Por uma pedagogia da pergunta*; e Miles Horton, *O caminho se faz caminhando* são exemplos maravilhosos. A tolerância de amor de Paulo também foi reforçada por seu empenho em expressar sua mente e seu coração, sem astúcia, de forma aberta, honesta e direta. Seus princípios pedagógicos e ideias não eram conceitos abstratos a serem movidos para entreter ou impressionar o público. Ele viveu sua pedagogia do amor de maneiras simples e extraordinárias.

Em uma ocasião, eu estava em um simpósio de pedagogia crítica em Boston, sentindo-me muito perturbada com uma conversa que acontecia entre um colega bem estabelecido e uma acadêmica que havia criticado seu trabalho. A natureza perturbadora desse diálogo despertou o melhor de mim. Aquilo estava me deixando um pouco frustrada e, impetuosamente, contrariei o que estava sendo dito de uma maneira que causou nele alguma raiva, logo encerrei a conversa. Mais tarde, no jantar com Paulo e Nita, ele falou comigo com muita franqueza. Disse que via em mim um profundo senso de compromisso com a luta pela justiça social, mas que eu precisava aceitar que, ao fazer esse trabalho tão difícil, torna-se necessário cumprir certo nível de tolerância fundada no amor, principalmente com pessoas que são camaradas e aliadas na luta. Ele percebeu minha surpresa e dificuldade em aceitar sua posição, já que me recusei a acreditar que a tolerância a qualquer forma de injustiça fosse a resposta. Então, olhou diretamente nos meus olhos e disse: "Antonia, você será uma grande intelectual algum dia, mas deve ser mais tolerante em suas respostas". Nesse ponto, a conversa mudou e suas palavras ficaram para sempre pairando no ar, para nunca serem revisadas. Para uma jovem de classe trabalhadora colonizada, mulher *boricua* que lutou toda a minha vida para se sentir valiosa, eu mal conseguia entender o que ele queria dizer. Só agora, depois de quase quatro décadas de ensino e engajamento em árduas questões de luta política e formação emancipatória, posso reconhecer e valorizar mais plenamente o dom de amor que Paulo me deu naquele dia.

Enquanto escrevo isto, lembro-me do amor e do corajoso compromisso de Paulo com a formação pessoal e política dos outros, não apenas na sala de aula, mas na arena mais ampla do dia a dia. A preocupação de Paulo com a tolerância amorosa foi indispensável para a representação desse amor revolucionário e do compromisso com os outros. Na verdade, muitas vezes ele falou da tolerância como uma qualidade indispensável de professores e ativistas, sem ela, experiências autênticas de vida democrática são impossíveis nas escolas, ou nas ruas. Para Paulo, tolerância "não significava aquiescer ao intolerável; não significa encobrir desrespeito; não significa mimar o agressor ou disfarçar a agressão".[6] Tão pouco é tolerância para jogar, ou estender um gesto civilizado de hipocrisia, ou uma coexistência com o insuportável. Em vez disso, a expressão crítica de tolerância de Paulo foi baseada em princípios humanos básicos de respeito, disciplina, dignidade, coerência e responsabilidade ética. Mais importante ainda, seu apelo por tolerância abrangeu uma compreensão crítica do amor como uma força motivacional para luta política — uma força que poderia servir como um poderoso ímpeto de resistência à opressão, em face de nossa desumanização.

Amor como uma força política

Ao lutar pela restauração de nossa humanidade, estaremos tentando restaurar a verdadeira generosidade. E essa luta, pelo propósito que lhe foi dado, na verdade constituirá um ato de amor.

PAULO FREIRE[7]

A questão do amor como força política é essencial para a compreensão da visão revolucionária de Paulo sobre consciência

---

[6] Paulo Freire, *Teachers and Cultural Workers: Letters to Those who Dare to Teach*, Boulder: Westview Press, 1998, p. 43.
[7] Paulo Freire. *Pedagogy of the Oppressed*. Nova York: Continuum, p. 45. [Tradução livre.]

e transformação. A inseparabilidade com que ele teorizou o significado político do amor na evolução da consciência e do empoderamento político é a chave para compreender com precisão a profundidade de seu significado. Paulo sentiu uma afinidade com a tese de Eric Fromm em *A arte de amar*. Como tal, o amor não era uma mera troca sentimental entre as pessoas, mas, conforme ele entendia, o amor constituía um ato espiritual intencional de consciência, que emerge e amadurece por meio da convivência, do aprendizado e do trabalho conjunto. Em todos os livros de Paulo é encontrada uma visão bela e poderosa do amor, muitas vezes encoberta pelas mesmas pessoas que mais precisam compreender profundamente sua intenção humanizadora. Como Che Guevara afirmou antes dele, Paulo sustentava que uma política revolucionária do amor deveria ser a força subjacente de qualquer projeto político, o que nos obriga a combater a opressão diariamente enquanto, simultaneamente, buscamos novas possibilidades de transformação social e material.

Como sempre, Paulo engajou-se em uma política de amor ao destacar o poder pedagógico de suas trocas pessoais e comunitárias, o que considerava importante para a construção de uma relação emancipatória entre professores e alunos. Em particular, ele enfatizou o poder de uma pedagogia corporificada e política, através da qual poderíamos cultivar uma maior intimidade entre nós, os outros, e o mundo. Paulo acreditava que "viver com [a democracia] e aprofundá-la para que tenha um significado real na vida cotidiana das pessoas"[8] deve ser uma preocupação política central em nossa luta pela li-

---
[8] M. Foreword Carnoy, *Pedagogy of the Heart*, by *Paulo Freire*. New York: Continuum, 1987, p. 12.

bertação. Aqui, a democracia e a solidariedade necessárias à sua evolução são possibilitadas por uma pedagogia fortalecida pelo respeito universal pela dignidade e pela igualdade de todas as pessoas, independentemente das diferenças ou circunstâncias. A visão de Paulo do amor como uma força dialética, que simultaneamente envolve unidade e diferença, nos acena em direção a um conhecimento radical que engloba emoção e razão (ou mente e coração), ao longo de um parentesco para toda a vida. Para Paulo, essa sensibilidade revolucionária constitui um imperativo socialista, se quisermos efetivamente transformar as condições de desigualdade e desfiliação que são marcas do capitalismo avançado.

Não há dúvida de que a vida de Paulo sinalizou um amor gerado por seu profundo senso de graça política nascido da consciência coletiva e uma curiosidade, criatividade e imaginação compartilhadas, que deram um significado fundamentado às suas visões sobre resistência e práxis revolucionária. Além disso, Paulo acreditava que afirmar todos os seres humanos como livres e não fazer nada para promulgar essa liberdade é uma farsa. Como tal, argumentou que é apenas através de nosso compromisso de amar e trabalhar juntos por um mundo mais justo que as relações de solidariedade podem ser nutridas e os sonhos políticos de liberdade podem ser proclamados e construídos. A pedagogia do amor de Paulo também nos lembra que nós, como seres humanos, devemos nos unir ao mundo e aos outros no processo de cocriação social e política — assim, por meio da participação compartilhada no trabalho de luta, o processo comunitário pode alimentar e reforçar um senso mais profundo de nossa autodeterminação e nossa existência como seres históricos. Portanto, Paulo Freire aponta para um amor que nasce e emerge diretamente de nossa participação corporificada e comprometimento político inabalável com a transformação da história, para que possamos reivindicar nosso lugar como sujeitos livres e com poder, ao invés de permanecermos objetos de dominação.

Em seus escritos e discursos, Paulo muitas vezes tocou na essência do amor como indissociável de nosso trabalho como educadores e cidadãos democráticos do mundo. Ele de todo o coração coincidiu com a visão de Fromm: "Alguém ama aquilo pelo qual trabalha e trabalha por aquilo que ama".[9] Isso também ressoa, inegavelmente, com a medida em que Paulo, ele mesmo, amou o mundo de forma íntima e apaixonada — uma característica significativa de sua pedagogia e modo de ser pessoal. Com isso em mente, podemos avaliar melhor a preocupação de Paulo com as forças desumanizadoras tão prevalentes nas escolas e na sociedade. Ele foi inflexível quanto à necessidade política de desvendar ideologias, pedagogias e práticas autoritárias que restringem o prazer da vida e amortecem nossa capacidade de amar, gerando em todos nós um sentimento de alienação e estranhamento de si mesmo e do mundo. Em contraste, defendeu projetos educacionais e políticos que pudessem cultivar e nutrir nossa imaginação política, curiosidade epistemológica e a alegria necessária para aprender a forjar nossa luta contra a racialização e a destruição neoliberal.

---

[9] Erich Fromm, *The Art of Loving*. New York; Harper & Row, 1956, p. 26.

Análise crítica de Paulo sobre o neoliberalismo

> *Precisamos dizer não ao fatalismo neoliberal que testemunhamos nesse final de século XX, criado pela ética do mercado, uma ética em que uma minoria prospera principalmente ao prejudicar a vida da maioria. Em outras palavras, quem não consegue competir, morre. Essa é uma ética perversa que, na verdade, carece de ética. Insisto em dizer que continuo a ser humano... E aceitaria ser o último educador da história, se isso aumenta-se a possibilidade de desmistificarmos o mal deste perverso fatalismo que caracteriza o discurso neoliberal nesse final de século.*
>
> PAULO FREIRE[10]

Apesar de seus críticos de esquerda, o trabalho de Paulo foi intransigentemente fundamentado em uma visão socialista humanizadora. Sem dúvida, quando Freire falou da "classe dominante" ou dos "opressores", ele estava se referindo às distinções de classe históricas e ao conflito de classes dentro da estrutura da sociedade capitalista. Para Paulo, o capitalismo era a raiz da dominação. Sua análise teórica foi rigorosamente fundamentada em questões de formação de classe, em particular no que diz respeito às economias políticas nacionais que relegam a grande maioria dos trabalhadores a uma classe explorada, colonizada e racializada. No entanto, para Paulo, a luta contra a dominação econômica não poderia ser travada de forma efetiva sem uma práxis humanizadora; uma que poderia envolver o fenômeno complexo da luta de classes e de

---

[10] Paulo Freire e Donaldo Macedo, *Ideology Matters*. Boulder: Rowman & Littlefield, 2002.

fato promover condições para uma agência social crítica em todas as nossas diferenças e entre as massas. Portanto, não é de se surpreender que Paulo fosse um crítico acerbo do neoliberalismo e, como tal, teria falado abertamente sobre as condições que enfrentamos no mundo hoje. E, assim como previu, as políticas desdenhosas do neoliberalismo, nas últimas quatro décadas, levaram a uma especulação econômica implacável e a uma extração desprezível de recursos naturais e humanos, deixando a maioria da população mundial lutando por migalhas. No meio da construção de um império global, o sofrimento humano enfrenta desprezo da classe dominante. Sua lógica de mercado e etos neoliberal envolvem noções de autossuficiência e responsabilidade individual, competição acirrada e doutrina de "estado mínimo" para promover as glórias da privatização e defender seus esquemas de lucro global.

Em *Direitos humanos e educação libertadora*, Paulo se manifestou contra a impunidade carta branca dos conservadores neoliberais que buscavam diminuir os recursos públicos da saúde, os gastos com educação e as proteções trabalhistas, ao mesmo tempo que se movia ferozmente para privatizar a saúde e a educação, além de bloquear a influência das organizações sindicais. É irônico que essa negligência intencional do bem-estar público tenha resultado na lamentável falha dos governos conservadores em responder rapidamente a uma pandemia que resultou em mais de 100 milhões de casos em todo o mundo, com 2,3 milhões de mortes em um ano,[11]

---

[11] Disponível em https://ecdc.europa.eu/en/geographical-distribution-2019-ncov-cases.

mais mortes do que todas as guerras no século XX combinado ou qualquer outra pandemia da história.[12] A expansão global da Covid-19 deveu-se em grande parte ao desdém das atividades neoliberais, que privilegiaram as necessidades do capital em detrimento das necessidades das pessoas. O resultado é o crescimento galopante da desigualdade extrema. As condições crônicas de injustiça econômica não apenas desencadearam uma crise de saúde global, juntamente com seu impacto devastador sobre a educação e as condições dos trabalhadores, mas também destacaram as clivagens crescentes nas desigualdades políticas, econômicas e racializadas nas diferentes sociedades. Perdas de empregos, despejos, insegurança alimentar estão no auge. Globalmente, a diferença de riqueza racializada hoje é maior do que era na década de 1960[13] e a desigualdade global entre os países é similar a dos anos 1800.[14]

Em *Pedagogia da esperança*, Paulo critica veementemente a maneira como os defensores da excelência neoliberal em todo o mundo coexistem impetuosamente e são indiferentes a mais de um bilhão de habitantes do mundo em desenvolvimento que vivem na pobreza. Avançando para 2021, as condições dos pobres apenas pioraram. De acordo com a Oxfam,[15,16] oito homens possuem mais riqueza do que 3,6 bi-

---

[12] Disponível em https://time.com/5815367/coronavirus-deaths-comparison/.
[13] Disponível em https://pbs.org/newshour/nation/todays-racial-wealth-gap-is-wider-than-in-the-1960s.
[14] Disponível em https://ourworldindata.org/global-economic-inequality.
[15] Disponível em https://oxfam.org/en/5-shocking-facts-about-extreme-global-inequality-and-how-even-it.
[16] Disponível em http://oxfam.org/en/press-releases/just-8-men-own-same--wealth-half-world.

lhões de pessoas. O 1% mais rico tem mais do que o dobro da riqueza de 6,9 bilhões de pessoas, enquanto quase metade da humanidade sobrevive com 5,50 dólares por dia. Não é surpresa, então, que negros, latinos, asiáticos, indígenas e outras populações racializadas em todo o mundo estejam enfrentando consequências negativas e esmagadoras associadas à Covid-19 e suas variantes em nossas comunidades, onde as estatísticas mostram disparidades surpreendentes nas taxas de infecção e taxas de mortalidade de até quatro vezes maior, em comparação com nossas contrapartes brancas.[17] Além disso, para pessoas com dificuldades de aprendizagem, que sempre foram consideradas problemáticas para a acumulação capitalista, as taxas de mortalidade foram relatadas como seis vezes maiores.[18] A partir de uma perspectiva freireana, não é possível compreender esses fatos a não ser como uma crise da humanidade.

Além disso, Paulo entendeu de modo inequívoco que não há conserto para o capitalismo global. O "modelo de ordem social que sucedeu o Estado de bem-estar social celebra o livre mercado como o meio mais eficaz de alcançar o crescimento econômico e o bem-estar público"[19] está sem dúvidas falido para qualquer visão de igualdade ou justiça antes, durante ou depois da pandemia. O vergonhoso manuseio incorreto da crise da Covid-19 deflagrou essa falência, em especial no desastre em torno da falta de equi-

---

[17] R. & C. Bar Booth, "Black People Four Times more likely to Die from Covid-19, ONS finds", The Guardian, 7 mai. 2020.
[18] Disponível em www.bbc.co.uk/news/health-54924121.
[19] K. & Green, J. Bell, "On the perils of invoking neoliberalism in public health critique". Critical Public Health 26, 2016, pp. 239-243.

pamentos de segurança no trabalho para profissionais de saúde e da insuficiência de respiradores. No entanto, a mesma lógica de mercado agora está conduzindo o desenvolvimento e distribuição de vacinas. Em vez de se unirem em solidariedade global como uma comunidade internacional preocupada com o bem-estar da vida humana em todo o mundo, o raciocínio de mercado competitivo persiste entre os participantes da vacina contra a Covid-19, que dividirão 100 bilhões de dólares em vendas e 40 bilhões e dólares em lucros.[20] E, como seria de se esperar, os países mais ricos prontamente garantiram a maioria das vacinas disponíveis, enquanto as populações mais necessitadas continuam com menos acesso.[21] Além do acesso, o custo da vacina para diferentes países é preocupante. A África do Sul, o país mais atingido no continente, está sendo cobrado 2,5 vezes mais do que os países europeus pelas doses da vacina Oxford-AstraZeneca contra a Covid-19.[22] Assim, mesmo com um tratamento potencial à vista, nossa sociedade está fadada a emergir mais desigual do que nunca deste capítulo terrível da história, a menos que, como Paulo propôs, as pessoas em todo o mundo se levantem coletivamente para se opor às políticas globais e modos de vida que, em última análise, roubam nossa humanidade.

---

[20] Disponível em https://bbc.co.uk/news/business-55170756.
[21] Disponível em https://aa.com.tr/en/analysis/analysis-the-consequences-of-global-Covid-vaccine-inequality/2131116.
[22] Helen Sullivan, "South Africa Paying more than Double EU Prices for Oxford Vaccine", *The Guardian*, 22 jan. 2021.

A indispensabilidade da esperança

Sem um mínimo de esperança não podemos sequer começar o embate.

PAULO FREIRE[23]

Para Paulo, a esperança era essencial para a luta política. Apesar de suas críticas estridentes ao sistema opressor, ele se recusou a se render ao desespero ou a vacilar em sua fé nas pessoas para transformar o curso da história. Ele reconheceu o poder que uma pedagogia da esperança traz para a luta por mudanças sociais radicais, sejam as lutas nas salas de aula ou nas ruas. Além disso, a esperança é necessária se quisermos combater radicalmente, nas escolas ou na sociedade, as forças do patriarcado, da opressão material e do racismo intensificadas sob o domínio neoliberal. Para Paulo, a práxis educacional não ocorre no vácuo. É um esforço político de libertação, no qual revelamos criticamente as condições que moldam a vida de professores, alunos e suas comunidades, à medida que buscamos caminhos para a reinvenção social e material.

Paulo também reconheceu que o poder da esperança é ainda mais essencial para as lutas políticas contra a tirania econômica global, nas quais as desigualdades gritantes são politicamente explosivas e, na medida em que o sistema é incapaz e não deseja revertê-las, ele se transforma em formas cada vez mais violentas de contenção. O aumento do controle do Estado sobre a vida das pessoas, portanto, necessariamente se reflete sobre a realidade global capitalista

---

[23] Paulo Freire, *Pedagogia da esperança: um reencontro com a Pedagogia do oprimido*. São Paulo: Paz e Terra, 2019, p. 15.

de nosso tempo, em particular quando os governos procuram impedir de modo mais feroz os movimentos de massa e protestos de pessoas nas ruas. Com isso em mente, o trabalho de Paulo envolveu um apelo radical à ação, se quisermos mesmo sonhar com um mundo mais justo e igual. Ele defendeu com veemência uma educação que afirme a vida, na qual os alunos de todos os lugares experimentem as condições democráticas para desenvolver suas habilidades críticas como cidadãos democráticos do mundo, sejam preparados para engajar livremente suas histórias vividas com autodeterminação e possam abraçar uma promessa duradoura de justiça global, assumindo o compromisso de trabalhar juntos como lutadores pela liberdade e arquitetos amorosos de um mundo mais justo.

Paulo sempre falou de suas memórias do líder revolucionário africano, Amílcar Cabral, que acreditava firmemente que todas as lutas políticas pela libertação começam com a coragem de sonhar com um mundo que ainda não existe. É esse ardente espírito de esperança e fé na possibilidade de os seres humanos transformarem o mundo que foi refletido, de maneira esmagadora, na pedagogia do amor de Paulo e nas imagens, histórias, protestos e gritos de milhões de pessoas que colocam suas vidas em risco para um sonho coletivo. Somente no ano de 2020, pessoas em todo o mundo foram às ruas em apoio aos protestos do Black Lives Matter contra o assassinato covarde de George Floyd, um homem negro desarmado, pela polícia de Mineápolis. A força desses protestos não apenas intensificou os debates nacionais nos Estados Unidos, mas também gerou debates internacionais muito necessários sobre o antirracismo. A influência de longo alcance do Movimento Black Lives Matter destacou a crescente resistência multinacional ao racismo sancionado pelo Estado, particularmente contra negros e negras em todo o mundo.

Após anos de níveis sem precedentes de medidas de austeridade, repressão estatal e violações dos direitos humanos no Chile, o povo travou uma luta de resistência em massa contra o atual governo. A partir de 2019, centenas de milhares de pessoas lançaram uma efetiva revolta social em setores da população em oposição ao governo de Piñera. Em protestos de rua, cantando *El pueblo unido jamás será vencido!* [O povo unido jamais será vencido], as massas permaneceram firmes em sua demanda não apenas por mudanças na constituição nacional, mas pelo fim da repressão estatal. Eles demandaram a incorporação explícita na constituição dos direitos sociais a educação, saúde pública, moradia, empregabilidade e reforma penitenciária, em um esforço para acabar com o legado de dor da ditadura de Pinochet. Em outubro de 2020, após um ano exaustivo de luta política nacional, 78% do povo chileno votou democraticamente pela aprovação da reescrita da constituição chilena.

Em resposta às leis de inspiração neoliberal, os agricultores da Índia travaram uma das maiores greves políticas da história mundial. Apesar da repressão policial, em 26 de novembro de 2020, 250 milhões de pessoas marcharam em direção a Délhi para se juntar a uma greve geral em oposição à recusa do governo Modi em rescindir as iniciativas destinadas a um programa de "modernização" agrária que resultaria na tomada da produção agrícola do país por grandes corporações transnacionais, destruindo a subsistência de pequenos agricultores, que representam 56% da força de trabalho da Índia. O nível surpreendente de solidariedade e comprometimento organizacional do agricultor foi alcançado por meio de sua profunda fé no poder coletivo dos trabalhadores unidos, a despeito da falta de recursos econômicos. Paulo teria defendido esses exemplos inspiradores de lutas políticas contemporâneas, na medida em que ilustram de forma precisa como o poder coletivo da esperança das pessoas pode mover montanhas. No entanto, através da perspectiva de Paulo, também podemos supor que os ataques neoliberais de longa data pelo capital global racializado contra os esforços democráticos para construir uma ordem social humanizadora e justa já estão posicionados para gerar uma feroz guerra de classes global entre o opressor e o oprimido, entre os que possuem e os desvalidos. Contudo, como a ideologia desumana do capital continua a falhar com as pessoas ao redor do mundo, é apenas uma questão de tempo antes que as oscilações do pêndulo e as lutas políticas — de sindicalistas, ativistas da mudança climática, mulheres em luta, grupos de paz e outras organizações revolucionárias em todo o mundo — se unirão, com botas no chão, para lutar contra a desumanidade fabricada pelo capitalismo global. Portanto, não é de se surpreender que Paulo tenha argumentado até a morte que a sobrevivência humana e a do planeta dependem de nada menos do que movimentos políticos mundiais para acabar com a barbárie do domínio do capital. Isso exige não apenas a reinvenção de um novo significado de educação, mas a reimaginação de uma existência global afirmativa, justa e amorosa — um mundo onde a vida é extremamente mais preciosa do que as margens de lucro dos ricos.

Paulo Freire: para sempre presente!

Qual a herança que posso deixar? Exatamente uma. Penso que poderá ser dito quando já não esteja no mundo: Paulo Freire foi um homem que amou. Ele não podia compreender a vida e a existência humana sem amor e sem busca de conhecimento.

PAULO FREIRE[24]

Vou concluir aqui reafirmando o lugar muito especial do Paulo no meu coração, como meu pai na luta. Ainda hoje, fico maravilhada com a maneira única como os olhos de Paulo brilhavam quando falava e a sua maneira profundamente afetuosa. Ele fez as pessoas se sentirem fortes, inteligentes, apreciadas e bonitas. Essa qualidade, tão raramente encontrada em acadêmicos ou intelectuais, tornou-se para mim um exemplo brilhante e uma bússola moral para minha própria vida e prática revolucionária no mundo. Paulo fez o gesto de abrir o coração parecer simples e fácil, mas com o tempo, percebi a enorme força e autodeterminação necessárias para uma pessoa, qualquer pessoa, apresentar o amor à humanidade como um modo de vida e ainda manter a coerência e a relevância política para a luta pela nossa libertação. Ao longo dos anos, a pedagogia do amor de Paulo permaneceu comigo, mesmo nos momentos mais sombrios da minha vida, pois também tenho procurado ser uma mãe, filha, companheira, amiga e camarada justa e amorosa, além de ativista, professora, trabalhadora cultural e intelectual.

---

[24] Paulo Freire, *A educação na cidade*. São Paulo: Cortez, 2001. p. 140.

A herança de Paulo foi de fato o que ele viveu e amou, no sentido mais profundo. Como tal, minhas palavras simplesmente não podem expressar o amor que experimentei em comunhão com ele. Minhas memórias de Paulo também ecoam profundamente as memórias de Paulo em bell hooks. Sua memória sobrevive dentro de mim, rodeada por uma ternura tão doce — uma ternura que continua a nutrir minha alma até hoje. O mais surpreendente de tudo isso é que nunca passei muito tempo com Paulo, visto que ele morava no Brasil e eu nos Estados Unidos. Ainda assim, consigo acessar facilmente aquele sentimento avassalador de solidariedade que experimentei com Paulo, durante aqueles poucos doces momentos da vida que passei na sua companhia. Portanto, apesar de estar morto há mais de vinte anos, a beleza de sua humanidade, a paixão de seu compromisso e a coerência de sua política continuam para sempre comigo e com tantos outros, inspirando-nos a viver e trabalhar com esperança e fé em nosso poder coletivo de realizar um sonho socialista justo e duradouro.

Que possamos parar para ouvir o amor ecoado
Na voz silenciosa de suas memórias,
A risada infantil dos seus olhos
E doce entoação de sua paixão.

Que possamos nos encontrar caminhando diariamente
Em sintonia com a visão revolucionária
Isso deu coragem à sua vida e
Esperança para aqueles que lutam para sonhar.

Que o nosso ensino nunca se encontre
Longe demais da fonte de sua alegria e ternura
Mesmo quando as palavras podem doer
Ou a tarefa de luta pareça intransponível.

Que possamos encontrar coragem para abraçar forte
A sabedoria silenciosa de sua doce humildade,
Enquanto dançamos, em solidariedade, com as canções

Isso vai quebrar as muralhas de Jericó.[25]

Referências bibliográficas

Freire, Paulo. *Pedagogy of the City*. New York: Continuum, 1993. [Ed. bras.: *A educação na cidade*. São Paulo: Cortez, 2001.]

_____. *Pedagogy of Hope: Reliving Pedagogy of the Oppressed*. New York: Continuum, 2002. [Ed. bras.: *Pedagogia da esperança: reencontro com a Pedagogia do oprimido*. Rio de Janeiro: Paz e Terra, ed. 29, 2021.]

---

[25] "May we stop to hear the love echoed / In the still voice of your memories, / The childlike laugher of your eyes / And sweet intonation of your passion. // May we find ourselves walking daily / In step with the revolutionary vision / That gave courage to your life and / Hope to those who struggle to dream. // May our teaching never find itself too far / From the fountain of your joy and tenderness / Even when words may sting or the / Task of struggle appears insurmountable. // May we find courage to embrace strong / The quiet wisdom of your sweet humility, / As we dance on, in solidarity, to songs / That will shatter the walls of Jericho." Poema traduzido de Antonia Darder que foi publicado em *Reinventing Paulo Freire: A Pedagogy of Love* (2004).

_____. *Pedagogy of the Oppressed.* New York, Continuum, 1970. [Ed. bras.: *Pedagogia do oprimido.* Rio de Janeiro: Paz e Terra, ed. especial de centenário, 2021.]

_____. *Teachers and Cultural Workers: Letters to Those who Dare to Teach.* Boulder: Westview Press, 1998. [Ed. bras.: *Professora sim, tia não: Cartas a quem ousa ensinar.* Rio de Janeiro: Paz e Terra, ed. 33, 2021.]

_____; Faundez, Antonio. *Learning to Question: A Pedagogy of Liberation.* Trans. Tony Coates, New York: Continuum, 1989. [Ed. bras.: *Por uma pedagogia da pergunta.* Rio de Janeiro: Paz e Terra, ed. 11, 2021.]

_____; Macedo, Donaldo. *Ideology Matters.* Boulder: Rowman & Littlefield, 2002.

FREIRE ESQUECIDO

Balduino Antonio Andreola

Ao prefaciar um dos livros de Anísio Teixeira, o exímio intelectual brasileiro Afrânio Coutinho denuncia uma síndrome nefasta, muito frequente entre nós brasileiros, de condenar ao esquecimento grandes personalidades da nossa história em diferentes campos da ciência e da cultura. Por esse motivo, Coutinho louvava a publicação das obras de Anísio Teixeira de modo a impedir que esse intelectual também fosse condenado ao esquecimento.

O insigne professor de Filosofia da Universidade Federal do Rio Grande do Sul João Carlos Brum Torres fez a mesma denúncia em 1992, por ocasião do lançamento do segundo volume das obras do filósofo Ernani M. Fiori, que foi expurgado do Brasil em 1964 pelo regime militar. Brum Torres deu a esta síndrome verberada por Afrânio Coutinho o nome de iconoclastia e defendeu que tal forma de esquecimento seria igualmente evitado com a publicação das obras do egrégio filósofo Ernani Fiori.

Hoje esta ameaça de iconoclastia estaria sendo articulada — inutilmente — por alguns jornalistas e professores universitários brasileiros, além do próprio Presidente da República, contra Paulo Freire, considerado por Roger Garaudy, no seu livro *Por um diálogo das civilizações*, como o maior pedagogo do século XX. Usei o termo "inutilmente", porque a grande variedade e importância das comemorações do Centenário de nascimento de Paulo Freire, promovidas no Brasil e no mundo, revelam que a memória de Freire e de sua obra já se tornou perene. Ao afirmar que escreveria sobre "Paulo Freire esquecido", refiro-me a outras formas reais de "esquecimento", como a daqueles que não reconhecem ou desconhecem a dimensão de universalidade do pensamento de Paulo Freire. Citarei duas provas desta universalidade que foi adquirida especialmente durante os quinze anos de exílio desse educador. A primeira é o reconhecimento que o próprio Paulo Freire faz desta universalidade como resultado de seu exílio. Numa famosa entrevista publicada no jornal *O Pasquim* em 1978, Claudius Ceccon, um dos companheiros de Freire no Instituto de Ação Cultural (IDAC), interpela Paulo Freire em Genebra: "De Recife para o mundo". E ele responde:

> [...] Mas é preciso que se explique isso, porque parece muita falta de modéstia, um treco profundamente cabotino, falar de minha universalidade, como se eu fosse aqui um cara que se pensa um homem do mundo. No sentido que se dá quando se diz isso. Não, o quero dizer que eu sou, existencialmente, um bicho universal. Mas só sou porque sou profundamente recifense, profundamente brasileiro. E por isso comecei a ser profundamente latino-americano e depois mundial.[1]

E a prova indiscutível de sua universalidade é a afirmação: "Eu sou capaz de querer bem enormemente a qualquer povo".

Confirmando a dimensão de Universalidade do Paulo Freire, citarei uma Tese de Doutorado que orientei na Escola

---
[1] Paulo Freire, "Paulo Freire, no exílio, ficou mais brasileiro ainda". Entrevista com Claudius Ceccon e Miguel Darcy de Oliveira. In: *Pasquim*, nº 462, 1978, p. 7.

Superior de Teologia de São Leopoldo, no Rio Grande do Sul, cujo autor é o pastor metodista Mario Bueno Ribeiro. A tese intitula-se *Andarilhagens pelo Mundo: Paulo Freire no Conselho Mundial de Igrejas* — CMI. O autor, que fez um estágio de três meses no Conselho Mundial, em Genebra, anexou à sua tese fotocópia do "Cronograma de Viagens" de Paulo Freire, durante os dez anos de sua atuação no Conselho Mundial. O Cronograma documenta 150 viagens internacionais para diferentes países dos cinco continentes. Entre elas, não há qualquer viagem de turismo ou de lazer.

Aqueles que desejam que Paulo Freire seja esquecido precisarão apagar sua memória viva no mundo inteiro e ainda mais revitalizada, neste ano, através de dezenas ou centenas de eventos comemorativos do Centenário de seu nascimento.

Paulo Freire é esquecido numa leitura omissa de sua atuação antes da ditadura militar, quando foi convocado para o Ministério da Educação, sob o Governo do Presidente Jango, para promover aquele histórico Programa de Alfabetização de Adultos, violentamente interrompido pelo golpe de 64. Tenho a impressão de que a maioria dos estudiosos da obra de Freire parecem acreditar que sua atuação, acompanhada por uma competente equipe interdisciplinar, se limitaria ao Programa de Alfabetização, ignorando ou não dando importância ao que ele escreveu no livro *Educação como prática da liberdade*:

> É claro que não podemos nos satisfazer, e já o dissemos, com a alfabetização apenas, ainda que não puramente mecânica. Pensávamos assim, nas etapas posteriores à alfabetização, dentro do mesmo espírito de uma pedagogia

da Comunicação. Etapas que variariam somente quanto à formação curricular.²

Logo em seguida, Paulo Freire explicita o que já estava sendo iniciado, numa pesquisa ampla da temática do povo brasileiro. Depois de apresentar a organização metodológica dos temas desenvolvidos durante aquela pesquisa, ele esclarece:

> [...] poríamos à disposição dos colégios e universidades, poderíamos ampliar o raio de ação das experiências e contribuir para a indispensável identificação de nossa escola com a realidade.³

A interdição autoritária promovida pela ditadura militar continua a ser praticada institucionalmente pela maioria de nossas universidades, que consideram a obra de Paulo Freire importante apenas para os cursos de Pedagogia, enquanto em países como a Alemanha, sua obra é considerada em todas as áreas como fonte de reformulação, e tais experiências alemães estão repercutindo na Europa inteira. O representante da *Paulo Freire Kooperation* (Oodelburg/Alemanha), Joachim Dabisch, em carta a Ana Maria Araújo Freire, conclui: "De fato só pode ser vantajoso a todo o mundo se a Pedagogia de Paulo Freire for socializada para o empoderamento internacional".⁴ Quem sabe o Centenário de Paulo Freire inspire mais universidades brasileiras, a imitar a iniciativa

---

[2] Paulo Freire, *Educação como prática da liberdade*, São Paulo. Paz e Terra, 1999. p. 128.
[3] *Ibidem*. p. 128-129.
[4] Ana Maria Araújo Freire, *Paulo Freire: uma história de vida*. São Paulo: Villa das Letras, 2006, p. 469.

pioneira da Pontifícia Universidade Católica (PUC) de São Paulo e da Universidade Federal do Recife (UFPE), responsáveis pela criação das Cátedra Paulo Freire.

Essa citação de *Educação como prática da liberdade* rebate inclusive a acusação de que Paulo Freire se teria preocupado exclusivamente com a alfabetização de adultos. Esta acusação, ou melhor, este preconceito, pode ser considerada como um dos "esquecimentos" promovidos por alguns setores da nossa sociedade, contudo esse esquecimento foi desacreditado academicamente em 2020 com a publicação de um admirável livro intitulado de forma precisa como *Paulo Freire e a educação das crianças*. Tive a honra de ser convidado para escrever o prefácio desse livro e iniciei meu texto afirmando como premissa que, ao promover a alfabetização de adultos, Freire não esqueceu as crianças, mas, na verdade, priorizou uma multidão de mulheres e de homens brasileiros privados da oportunidade de frequentar a escola durante a infância e, assim, impedidos de aprender a ler e a escrever por conta de dolorosas condições sociais de exclusão.

Irei ainda me deter sobre "Paulo Freire esquecido" naquilo que é essencial, decisivo e radical na obra desse educador. Como provocação inicial, me arrisco a afirmar que *Pedagogia do oprimido* não é um livro de pedagogia. Além disso, ao falar de *Pedagogia do oprimido*, entendo referir-me não apenas a uma obra — certamente a maior — lembrada por este título, mas, hermeneuticamente, considero que todos os livros são antecipações ou explicitações de diferentes aspectos e temas da mesma e única *Pedagogia do oprimido*. Esta visão unitária das obras de Freire é afirmada magistralmente por Frei Josaphat, um dos mais famosos estudiosos de sua obra:

Suas boas dezenas de escritos, sem forçar demais a tendência a classificar, se caracterizam pelo empenho de desdobrar a síntese primordial, cuja expressão acabada e magistral é a *Pedagogia do oprimido*, e mostrar os diferentes aspectos ou as grandes qualidades dessa pedagogia.[5]

Considero, assim, que estaríamos traindo o sentido histórico radical de *Pedagogia do oprimido*, lendo-o apenas como um dos seus livros, entre os mais importantes da nossa era. *Pedagogia do oprimido* significa, na intencionalidade radical de Freire, um projeto utópico revolucionário de transformação, visando a construção histórica de uma civilização solidária, contra todas as dolorosas formas de opressão, exclusão e desumanização que marcam a decadente civilização ocidental.

Esta concepção de uma Pedagogia do oprimido como projeto revolucionário de transformação é igualmente afirmada por Frei Josaphat, o autor anteriormente citado, nos seguintes termos:

> Em *Pedagogia do oprimido* [...] Paulo Freire lança ao seu país e à humanidade um manifesto mais radical e mais bem arrazoado do que o *Manifesto Comunista*, fundado na luta de classes.[6]

O que Freire propõe não se assemelha minimamente às diferentes revoluções acontecidas através da história. Eu ousaria

---

[5] Frei Carlos Josaphat, *Thomás de Aquino e Paulo Freire*. Prefácio de Ana Maria Araújo Freire. São Paulo: Paulus, 2016, p. 123.
[6] *Ibidem*, p. 125.

dizer que todas elas, se visaram a luta contra regimes autoritários, marcados pela injustiça e pela opressão, significaram a substituição dos opressores pelos vitoriosos, que, assim, se transformaram nos novos opressores. O projeto de transformação de Freire no sentido essencial de *Pedagogia do oprimido* é radicalmente outro:

> A violência dos opressores, que os faz também desumanizados, não instaura uma outra vocação — a do ser menos. Como distorção do ser mais, o ser menos leva os oprimidos a lutar contra quem os fez menos. E esta luta somente tem sentido quando os oprimidos, ao buscarem recuperar sua humanidade, como uma forma de recriá-la, não se sentem idealisticamente opressores, nem se tornam, de fato, opressores dos opressores, mas restauradores da humanidade de ambos. E aí está a grande tarefa humanista e histórica dos oprimidos — libertar-se a si e aos opressores.[7]

Pode-se indagar as a quem caberia esta vocação libertadora. Nesse caso, Freire é igualmente explícito:

> Estes, que oprimem, exploram e violentam, em razão de seu poder, não podem ter, neste poder, a força de libertação dos oprimidos nem de si mesmos. Só o poder que nasça da debilidade dos oprimidos será suficientemente forte para libertar a ambos.[8]

---

[7] Paulo Freire, *Pedagogia do oprimido*. São Paulo, Paz e Terra, 2007, pp. 32-33.
[8] *Ibidem*, p. 33.

Esta ideia de um poder "que nasça da debilidade dos oprimidos" se relaciona profundamente com a obra de Albert Tévoédjrè, intitulada *A pobreza, riqueza dos povos: a transformação pela solidariedade*, livro prefaciado, na 1ª edição brasileira, por Dom Hélder Câmara, e na 3ª edição, por Dom José Ivo Lorscheiter, o profeta da Esperança, com a criação, em Santa Maria, da Economia Solidária.

Paulo Freire nunca pregou o ódio. Sua afirmação, já citada, na entrevista do Pasquim: "Sou capaz de querer bem, enormemente, a qualquer povo" — é confirmada, com indizível eloquência, na última frase da mesma entrevista: "A Revolução é um ato de amor".[9]

É também nessa dimensão do amor que se propõe a Revolução Neozapatista de Chiapas. Nas palavras do Subcomandante Marcos, o que a Revolução visa é: "[...] un mundo donde quepan muchos mundos" [um mundo onde se encaixem muitos mundos].[10] Podemos nos perguntar se é isso possível. Temos uma resposta histórica no exemplo dado por Nelson Mandela, que propôs como mudança na África do Sul um processo de "reconciliação nacional, baseado no perdão". Paul Ricoeur, na sua monumental obra *A memória, a história, o esquecimento*, acrescentou um epílogo de mais de sessenta páginas, intitulado "O perdão difícil", no qual celebra a Revolução da África do Sul como o exemplo histórico único

---

[9] Paulo Freire, "Paulo Freire, no exílio, ficou mais brasileiro ainda". Entrevista com Claudius Ceccon e Miguel Darcy de Oliveira, In: *Pasquim*, nº 462, 1978, p. 11.
[10] Afonso Ibañez, *Utopias y Emancipaciones desde Nuestra América*. San José, Costa Rica, DEI, 2010, p. 129.

de que a "Revolução do Amor" só é possível através do perdão, da reconciliação.

Na minha carta-prefácio ao primeiro livro póstumo de Paulo Freire *Pedagogia da indignação*, escrevi:

> Paulo, simpatizo com a ideia de pensar o teu projeto pedagógico-político na constelação do que denomino Pedagogia das grandes convergências. Eu lembro alguns dos grandes mestres da humanidade que no século findo lutaram e dedicaram suas vidas por um projeto mais humano, fraterno e solidário.[11]

Elenquei, então, 23 nomes insignes. Poderíamos hoje acrescentar outros, mas nenhum deles estaria à altura de exemplos como Mahatma Gandhi, Nelson Mandela e Emmanuel Mounier. Talvez os mais famosos, ao propor um processo revolucionário de transformação pensaram em ódio ou em violência. De Mounier, não posso deixar de citar uma dedicatória histórica de seu livro *Peau noir: Masques blancs*, feita à Sra. Paulette Mounier, esposa de Mounier, já falecido:

> Eu tive a grande honra de conhecer vosso marido o Senhor Emmanuel Mounier. Eu lhe sou agradecido de ter-me mostrado que o acordo branco-negro podia e devia ser realizado humanamente. Lamentando não ter a ale-

---

[11] Balduino Antonio Andreola, "Carta-prefácio a Paulo Freire", In: Freire, Paulo. *Pedagogia da indignação: cartas pedagógicas e outros escritos*. São Paulo, Editora Unesp, 2000, p. 24.

gria de oferecer a ele esta obra, permita que lhe envie com minha respeitosa homenagem.[12]

Após escrever sobre *Pedagogia do oprimido* como Projeto de Transformação, concluo meu texto citando as mesmas palavras com que Paulo Freire termina seu livro:

> Se nada ficar destas páginas, algo, pelo menos, esperamos que permaneça: nossa confiança no povo. Nossa fé nos homens e na criação de um mundo em que seja menos difícil amar.[13]

Tudo destas páginas vai sobreviver, Paulo, ecoando de mil formas no mundo inteiro, durante as comemorações do teu Centenário, e reafirmando contigo a tua "Revolução do Amor", a esperança de um mundo mais belo e solidário, renascido após as dores da pandemia da Covid-19.

Referências bibliográficas

Andreola, Balduino Antonio. *Emmanuel Mounier et Paulo Freire: Une pédagogie de la personne et de la communauté*. Tese de doutorado em Ciências da Educação. Université Catholique. Louvain la Neuve, 1985.

---

[12] No original: *"Je eu le grand honneur de connaître votre mari Monsieur Emmanuel Mounier. Je lui sais gré de m'avoir montré que le raccord Blan — Noir pouvait et devait être réalisé humainement. En regrettant de n'avoir pas la joie de lui offrir cet ouvrage, permettez que je vous l'envoie avec ma respecteuse hommage."*
[13] Paulo Freire, *Pedagogia do oprimido*. São Paulo, Paz e Terra, 2007, p. 213.

Freire, Ana Maria Araújo. *Paulo Freire: uma história de vida*. São Paulo: Villa das Letras, 2006.

Freire, Paulo. *Educação como prática da liberdade*. São Paulo: Paz e Terra, 1999.

_____."Paulo Freire, no exílio, ficou mais brasileiro ainda". Entrevista com Claudius Ceccon e Miguel Darcy de Oliveira. *Pasquim*, nº 462, 1978.

_____. *Pedagogia da indignação: cartas pedagógicas e outros escritos*. São Paulo: Editora Unesp, 2000.

_____. *Pedagogia do oprimido*. São Paulo: Paz e Terra, 2007.

Garaudy, Roger. *Por um diálogo das civilizações: o Ocidente é um acidente*. Lisboa: Editora Dom Quixote, 1977.

Ibañez, Afonso. *Utopias y Emancipaciones desde Nuestra América*. San José, Costa Rica: DEI, 2010.

Josaphat, Frei Carlos. *Thomás de Aquino e Paulo Freire*. São Paulo: PAULUS, 2016.

Ribeiro, Mario Bueno. *Andarilhagens pelo mundo: Paulo Freire no Conselho Mundial das Igrejas — CMI*. Tese de Doutorado em Teologia. Instituto Ecumênico de Pós-Graduação. Escola Superior de Teologia. São Leopoldo: 2009.

Ricoeur, Paul. *A memória, a história, o esquecimento*. Trad. Alain François *et al.*, São Paulo: Editora Unicamp, 2007.

Tévoédjrè, Albert. *A pobreza, riqueza dos povos: a transformação pela solidariedade*. Trad. de Reinaldo Maria Fleuri. Petrópolis: Vozes, 2002.

FREIRE, O REVOLUCIONÁRIO

Celso Amorim

Mão estendida e trêmula dos esfarrapados do mundo.

PAULO FREIRE em *Pedagogia do oprimido*

Mudar a linguagem faz parte do processo de mudar o mundo.

PAULO FREIRE em *Pedagogia da esperança*

Ao final de *Galileu Galilei*, uma de suas peças mais importantes, Bertold Brecht põe na boca do personagem Andrea Sarti, o auxiliar do grande sábio, um comentário que refletia a revolta do aprendiz com as indignidades e injustiças a que fora submetido o seu mentor: "Pobre do país", diz Andrea, "que não tem heróis". Mas logo é corrigido pelo pai da astronomia moderna: "Não, Andrea; pobre do país que necessita de heróis".

Difícil pensar em uma frase que defina melhor o Brasil de hoje. Precisamos de heróis. E sem desmerecer os heróis vivos, que não são muitos e certamente não estão em posições de autoridade, buscamos exemplo naqueles que já nos deixaram, mas cujo legado ainda é uma fonte de inspiração e estímulo. Em 2020, celebramos o centenário de Celso Furtado e de Florestan Fernandes, intelectuais que não apenas interpretaram o Brasil, mas que contribuíram para torná-lo um país melhor e mais justo. Em

2021, prestamos homenagem a Paulo Freire, educador, filósofo e homem político, mundialmente admirado e respeitado.

Ao ter sido convidado a participar, com um texto de minha autoria, deste livro que celebra o homem que foi Freire e a sua obra, senti-me honrado, mas, confesso, um tanto intimidado. Como muitas pessoas da minha geração, entusiasmei-me com a sua visão política sobre a educação, bem como sua vinculação aos movimentos camponeses que então sacudiam o Nordeste brasileiro e que viriam a inspirar inúmeros filmes e livros, como — uma homenagem lateral, mas merecida — o belo documentário de Eduardo Coutinho, *Homem marcado para morrer*.

No fim de minha adolescência e início da idade adulta, Freire era parte de uma paisagem humana e política, em que despontavam, entre outros, o já citado economista Celso Furtado, o político Miguel Arraes e o cineasta Glauber Rocha. A sua visão da "educação como política", da qual eu tinha uma ideia imprecisa, mas intuitivamente correta, foi sem dúvida uma das marcas daqueles tempos repletos de esperança e sedentos por justiça. À distância, acompanhei a trajetória de Paulo Freire, sua prisão e exílio. A sua posterior consagração como um dos maiores pensadores do nosso tempo foi motivo de alegria e orgulho para mim e para tantos brasileiros conscientes dos graves problemas sociais do nosso país.

A generosa convocação de Nita Freire para que eu escrevesse este texto me fez penetrar um pouco mais na obra de Paulo Freire, apreciar seus conceitos e admirar seu estilo. Graças a esse mergulho epistemológico, ganhei uma compreensão mais ampla não apenas do educador, mas do filósofo e do homem político. Ler *Pedagogia do oprimido* e *Pedagogia da esperança: um reencontro com a pedagogia do oprimido*, assim como outros textos de sua autoria, me remeteu à mais famosa das *Teses sobre Feuerbach*, na qual Karl Marx constata criticamente que os filósofos, até então, não fizeram mais do que interpretar o mundo, quando, na verdade, se tratava de transformá-lo. Nesse sentido, descobri em Freire um autêntico revolucionário.

Há uma frase na edição francesa da *História e consciência de classe* de Georg Lukács que me causou forte impressão — ainda que não me recorde se sua autoria é do próprio Marx ou de algum de seus ilustres seguidores no terreno da filosofia. Era essa citação que me vinha à mente conforme avançava nas leituras de Freire: "a necessidade [do ser humano] de se libertar da ilusão sobre a sua condição é a necessidade de se libertar de uma condição que necessita de ilusões". Freire não cita Marx ou Lukács nesse contexto — embora suas referências a Eric Fromm não deixem de ter a ver com essa ideia libertadora. Paulo Freire não se limita a demonstrar a validade desse pensamento por dedução lógica, ele o faz valendo-se da experiência vivida a partir do processo de "conscientização" do indivíduo por meio da dialética.

Em *Pedagogia da esperança*, Freire relata o diálogo que manteve com um camponês do interior de Pernambuco. Cioso da diferença que o separava do homem culto — diferença que fatalmente se reproduziria entre os descendentes de ambos —, o trabalhador do campo atribuiu, de início, a distância de condições entre um e outro aos desígnios da divindade. Mas, através de um processo que Freire chamaria de "dialógico", chega, ao final da discussão, à conclusão de que o culpado por essa condição injusta — sobretudo em relação aos filhos — não é Deus, mas sim o patrão. E, mais importante, não chega a essa conclusão porque a ouviu de alguém mais sábio, mas, tal como um personagem dos diálogos socráticos, por convicção própria, formada ao longo da conversa: um salto qualitativo em termos de autoconhecimento.

Há na obra de Freire vários exemplos de submissão ideológica levando à resignação (ou mesmo à assunção de culpa) por parte dos "miseráveis da terra", para usar um termo de Frantz Fanon, um autor frequentemente citado por Freire com admiração. Uma frase reveladora de um profundo sentimento de exclusão (de que a própria excluída seria a responsável) me impressionou especialmente. Em *Pedagogia da autonomia*, Freire narra seu encontro com uma mulher desvalida, em uma instituição assistencial católica, em São Francisco, Califórnia. Diante de uma pessoa que tinha dificuldade de articular as palavras, Freire fez a única pergunta que lhe ocorreu: "Você é norte-americana, não é?", e a resposta veio simples e contundente: "Não, sou pobre". Era como se a insuficiência de meios de vida, além de todos os sofrimentos materiais que ela causava, privasse essa mulher do direito de ter uma nacionalidade, de considerar-se uma "cidadã".

Sem abandonar o raciocínio rigoroso, sempre ligado a experiências vitais — o que nos faz lembrar filósofos existencialistas, como Jean-Paul Sartre e Karl Jaspers (ambos citados em obras de Freire) ou pensadores injustamente esquecidos, como o nosso Álvaro Vieira Pinto —, a *démarche* intelectual de Paulo Freire não se dá de forma distante da realidade social. Na *Pedagogia do oprimido*, Freire afirma: "A educação como prática da liberdade, ao contrário daquela que é prática da dominação, implica a negação do homem abstrato [...] desligado do mundo, como também a negação do mundo como realidade ausente dos homens".

O aprendizado, como via de duas mãos, ocorreu não apenas em salas de aula ou debates eruditos, mas nos contatos que Freire estabeleceu ao longo da vida com camponeses e pescadores no Nordeste brasileiro, operários fabris no Chile, trabalhadores migrantes na Europa ou militantes da luta de libertação nacional na África. Para Freire, vida e educação são inseparáveis. Ademais, reconhece que a educação — mesmo a educação política que defende — não pode tudo. Portanto, valoriza a luta de classes e a organização política, mas tampouco subestima a atividade pedagógica: "A educação, não sendo a chave [...] é indispensável à transformação social".

A ideia da "educação como política" perpassa todos os textos citados aqui. Não há neutralidade ideológica possível no processo educacional. Todos têm partido — ainda que o escondam. A educação não pode ser reduzida ao aprendizado unilateral de técnicas ou à transferência de conhecimentos do educador ao educando, o que Freire chama de "visão bancária" da educação. Para além do aspecto dialógico, seu pensamento constantemente nos alerta para a necessidade de que a educação seja também um processo de entendimento da situação do ser humano no mundo. A alfabetização numa área de miséria, diz ele, deve permitir "a expulsão do opressor de dentro do oprimido".

Valendo-me da dialética tão prezada por Paulo Freire, atrevo-me a uma inversão que não é mero jogo de palavras e que, penso, nosso homenageado aprovaria. Da mesma forma que é preciso encarar a educação como política, uma das tarefas mais importantes no mundo contemporâneo — e especialmente no Brasil — é saber tratar a "política como educação". Uma educação que consiste sobretudo em aprender a pensar e a olhar criticamente a realidade, de modo a não se deixar levar pela manipulação de emoções primitivas, como o medo e o ódio.

Não seria possível nos estreitos limites de um *liber amicorrum*, ainda que póstumo, aprofundar essa discussão. Mas basta prestar atenção em figuras como Donald Trump (este por ora afastado do poder) ou Jair Bolsonaro para compreender a importância da recuperação do "discurso racional", que supõe uma política voltada para o conhecimento da realidade, a própria e a dos outros. Paulo Freire intui essa necessidade, ao comparar em *Pedagogia do oprimido* a linguagem do educador com a do político: "[...] cada vez" — diz ele em um parêntese — "nos convencemos mais que este [o político] há de tornar-se também educador no sentido mais amplo da expressão".

Cabe uma menção à importância que Paulo Freire dá à subjetividade, contrariando visões simplistas (mecanicistas), muito comuns em certos setores que se definem como progressistas. A rejeição de Freire à ideia de que a História é predeterminada é tão forte que o leva a afirmar, de forma quase dramática, porém profundamente sincera: "Eu me sentiria desolado [...] e sem achar sentido para minha presença no mundo se [...] fortes razões me convencessem que a existência humana se dá no domínio da determinação". Algumas páginas antes, no mesmo livro, Freire já havia dito que "Somos seres condicionados, mas não determinados [...] o futuro é problemático [...] e não inexorável".

Em um momento como o atual, no qual se discute como será o futuro do mundo após a pandemia da Covid-19, essa reflexão se mostra particularmente relevante. Nesses debates, é comum deparar-se com afirmações categóricas, seja de sentido pessimista, as quais apontam para um desastre social e ambiental (ou mesmo nuclear) supostamente inevitável que poderia levar ao fim da civilização, senão da própria vida na

Terra, seja de ingênuo otimismo, como por exemplo a crença em um fim da ordem capitalista e da ascensão de uma organização social mais justa e humanitária. A advertência de Paulo Freire nos obriga a evitar todo tipo de fatalismo, mas também qualquer confiança infundada de que "no fim, tudo vai melhorar". A ênfase no papel da subjetividade diante dos rumos da história é também um chamado à responsabilidade coletiva na construção do futuro — este é sempre uma "possibilidade", jamais um "dado". Freire, que passou por momentos muito difíceis em sua vida, nunca se deixa levar pelo desespero. Seguindo possivelmente os passos de outros pensadores cristãos, nosso homenageado afirma na *Pedagogia da esperança*: "Não sou esperançoso por teimosia, mas por imperativo existencial e histórico".

Algumas observações de Paulo Freire, escritas nos longínquos anos 1970, soam extremamente atuais: "A opressão, que é um controle esmagador, é necrófila. Nutre-se do amor à morte; não do amor à vida", diz ele na *Pedagogia do oprimido*. Como ler essas palavras sem pensar no Brasil de hoje, com a disseminação da morte como algo banal e, talvez por um tortuoso caminho da mente, até mesmo desejável? Estamos no Brasil de Bolsonaro, muito longe da visão de outro nordestino ilustre, o grande poeta João Cabral de Melo Neto, que nos ensina que "na gente que se estagna / nas mucosas deste rio, / morrendo de apodrecer / vidas inteiras a fio, // podeis aprender que o homem / é sempre a melhor medida. / Mais: que a medida do homem / não é a morte mas a vida".

Paulo Freire, conhecedor da dura realidade do mundo, marcado pela opressão e pela exploração, fez da busca da utopia possível — o "inédito viável" — o "Sul" (não o Norte) de sua bússola. Já na *Pedagogia do oprimido*, Freire falava das "situações limite" e concluía: "Não há nada de mais concreto [...] do que os homens no mundo [...], enquanto classes que oprimem e classes oprimidas. O que pretende a revolução autêntica é transformar [essa] realidade [...] desumanizante". Retoma o tema da utopia na *Pedagogia da esperança*, na qual afirma que) "não há utopia verdadeira fora da tensão entre um presente tornado intolerável e o anúncio de um futuro a ser criado [...] política, ética e esteticamente por nós, mulheres e homens".

Como praticante de uma política externa "ativa e altiva" durante o governo do presidente Lula, me sinto instigado a buscar analogias entre nossas atitudes diplomáticas desassombradas, baseadas na concepção de um mundo mais igualitário e solidário, e certos temas da *Pedagogia da autonomia*, transpondo a ideia freireana do "ser mais" do plano do indivíduo para o das nações. Uma passagem seria especialmente relevante para tal "apropriação". Referindo-se à "autoridade coerentemente democrática", Paulo Freire invoca o imperativo (sonho fundamental) de "convencer a liberdade que vá construindo [...] sua autonomia [...] preenchendo o espaço antes habitados por sua dependência".

Mas, como sabemos, desde Platão, tais analogias (a cidade como o homem em escala aumentada) são perigosas. Por isso, prefiro concluir este ensaio, que é nada mais do que uma tentativa de traduzir o pensamento de Freire para uma linguagem próxima da minha, de forma mais modesta com as palavras plenas de humanismo e de valor universal do nosso filósofo, educador e político: "a valentia de amar [...] não significa a acomodação ao mundo injusto, mas a transformação desse mundo para a crescente libertação dos homens".

CONSCIENTIZAÇÃO
COMO UM ANTÍDOTO PARA A EDUCAÇÃO BANCÁRIA*

Donaldo Macedo

---
* Traduzido por Leonardo Gonçalves.

Um dos desafios de definir o conceito de *conscientização*, cunhado por Paulo Freire, reside não somente na dificuldade de pronunciar uma palavra em português (falantes do português também têm alguma dificuldade em pronunciá-la), mas também em que a maioria das definições desse conceito perspicaz raramente fazem justiça ao que Freire tinha em mente. Freire sempre insistiu que antes mesmo de tentar definir *conscientização*, precisamos aderir à essência deste conceito e perguntar: "Qual definição, contra o que, para quem, e contra quem?". Se começamos a responder a essas questões, logo perceberemos que, mesmo para os muitos seguidores do seu pensamento, *conscientização* apresenta certa dificuldade para além dos obstáculos de sua correta pronunciação — um termo que Freire, ao menos inicialmente, recusava que fosse traduzido em inglês argumentando, simplesmente: "Eu não admito. Por que não aceitar este termo? Eu não tenho que aceitar *stress*, mas aceitei. Por que vocês não aceitam conscientização?"[1] Freire acabaria concordando com uma tradução inglesa aproximada: *conscientization*.

A recusa inicial de Freire em traduzir esse termo para o inglês era ao mesmo tempo política e pedagógica. Era política

---

[1] Paulo Freire, *The Politics of Education: Culture, Power, and Liberation*, Nova York: Bergin & Garvey, 1985, p. 185.

na medida em que afirmava, em sua recusa, que a insistência de educadores (mesmo progressistas) em traduzir *conscientização* para o inglês reproduz a expectativa quase colonial de parte da maioria dos educadores anglófonos de que obras publicadas em outras línguas que não o inglês precisam ser simultaneamente traduzidas, pois não se deve esperar que falantes de inglês tenham que se esforçar para ler em outras línguas. Freire, ao recusar a tradução de seu termo, estava em essência desafiando pedagogicamente a arrogância do monolinguismo inglês, o qual, em últimas consequências, constitui um tipo de inaptidão linguística experienciada pela maioria dos falantes de inglês que permanecem sem conhecer os óbvios benefícios do multilinguismo — eles permanecem sem saber que o seu monolinguismo os sentencia a uma forma de exílio cultural e linguístico do universo de outras línguas e identidades que incessantemente produz miríades de visões de mundo. O monolinguismo, então, como uma gaiola cultural, faz com que os falantes do inglês não tenham acesso aos entendimentos e conhecimentos tão óbvios àqueles educadores que ousam cruzar as fronteiras culturais e linguísticas. Assim, Freire sustenta que "um dos focos dos meus esforços (talvez o mais preponderante) é tornar a mim mesmo um andarilho do óbvio, um andarilho da desmitificação da conscientização [...] Também aprendi o quão importante o óbvio se torna enquanto objeto de nossa reflexão crítica, e ao olhar profundamente para ele, eu descobri que o óbvio não é sempre tão óbvio quanto parece".[2]

---

[2] *Ibidem*, p. 171.

CONSCIENTIZAÇÃO COMO UM ANTÍDOTO...

Um ponto de partida para desmistificar a *conscientização* teria necessariamente que incluir a reivindicação das próprias palavras do oprimido como um processo de dar voz, o qual Freire via como "o tema fundamental da Terceira Guerra — o que implica numa difícil mas não impossível tarefa para seu povo — que é a conquista de seu direito à voz, do direito a pronunciar sua palavra".[3] É esse direito que os oprimidos precisam reivindicar para poder falar sua palavra, "o direito de ser [eles mesmos], de assumir a direção de [seu] destino."[4] É esse direito que as forças dominantes tentam ao máximo sufocar, procurando sequestrar as palavras do oprimido — palavras que desvelam o mecanismo da opressão e são distorcidas ou reprimidas, como Henry Giroux sugere ao afirmar que "uma sociedade que se refestela com golpes de amnésia social e histórica [na qual] é muito mais fácil para a linguagem da política e da comunidade ser roubada e ativada como uma arma para que palavras como democracia, liberdade, justiça e estado social se esvaziem de qualquer significado viável".[5] O sequestro da linguagem pelas forças dominantes de opressão e mesmo por educadores liberais que pregam a respeito de "empoderar e dar voz às minorias" — mesmo quando elas representam a maioria — era evidente quando eu estava trabalhando no livro *Alfabetização: leitura do mundo, leitura da palavra*, o qual escrevi em coautoria com Freire. Pedi a uma colega, a qual

---

[3] Paulo Freire, *Cultural Action for Freedom*, Cambridge: Harvard Educational Review, 1970, p. 4.
[4] *Ibidem*, p. 4.
[5] Henry Giroux, The New Extremism and Politics of Distraction in the Age of Austerity, *Truthout*, 22 de janeiro de 2013. Disponível em: http://truth-out.org/opinion/item/13998-the-new-extremism-and-politics-of-distraction--in-the-age-of-austerity.

eu considerava que era politicamente progressista e que tivesse um profundo entendimento da obra de Freire, para ler o manuscrito. Entretanto, durante uma discussão que tivemos sobre o livro, ela me perguntou, um pouco irritada: "Por que você e o Paulo [Freire] insistem em usar essas terminologias marxistas? Muitos leitores que gostam de ler Paulo podem não entender essa linguagem técnica". No começo, fui pego de surpresa, mas passei a explicar calmamente a ela que igualar o marxismo com uma linguagem técnica atrapalhava as pessoas de capturar integralmente a riqueza da análise de Freire. Na verdade, a linguagem de Freire era o único meio pelo qual ele podia fazer justiça à complexidade dos vários conceitos de opressão com os quais lidou. De uma coisa eu quis lembrá-la: "Imagine que no lugar de escrever a *Pedagogia do oprimido*, Freire tivesse escrito a *Pedagogia do desprivilegiado*" — um termo bastante usado pelas classes educadas e pela mídia para se referir ao oprimido que, por sua vez, recalca, enquanto oculta, quem são os agentes da opressão. O primeiro título utiliza um discurso que nomeia o opressor, enquanto o segundo falha em fazê-lo. Qual seria a contraparte do termo "desprivilegiado"? A *Pedagogia do desprivilegiado* desaloja o agente da ação enquanto deixa em dúvida quem guarda a responsabilidade por uma tal ação. Isso deixa o terreno aberto para se culpar a vítima do "desprivilégio" por seu próprio "desprivilégio". Esse exemplo é um nítido caso no qual o objeto da opressão pode também ser entendido como o sujeito da opressão. Linguagem tal como essa não apenas distorce a realidade, mas é também uma técnica muito usada por forças dominantes (a mídia, os especialistas em política, a elite intelectual) para tirar a atenção de problemas reais que afligem a sociedade, tal como a obscena ampliação da diferença de renda entre os ricos e os pobres, a perniciosa redução da classe média, e a generalizada alienação dos despossuídos. Uma técnica que, segundo Arundhati Roy, é usada na:

> usurpação das palavras e na sua ativação como armas, no seu uso para mascarar a intenção e para significar exatamente o oposto do que elas tradicionalmente significam, essa tem sido a mais brilhante vitória estratégica de czares da nova ordem. Isso permitiu-lhes marginalizar seus detratores, privá-los de uma linguagem pela qual podem exprimir suas críticas.[6]

Quando a técnica do sequestro falha, as forças dominantes lançam mais medidas draconianas, como ocorreu de forma evidente quando um oficial da Escola Púbica de Tucson, no Arizona, baniu a *Pedagogia do oprimido* de Freire das salas de aula porque, segundo um superintendente do Departamento de Educação do Arizona, "não podemos ensinar [às crianças] [...] que elas são oprimidas".[7] Em outras palavras, *conscientização* — como um processo para adquirir as necessárias ferramentas de pensamento crítico para que os estudantes, no lugar de internalizar sua opressão, entendam como as instituições de poder trabalham para negar a eles a igualdade de tratamento, acesso e justiça — não é

---

[6] Arundhati Roy, What Have We Done to Democracy? *The Huffington Post*, 27 de setembro de 2009. Disponível em: http://huffingtonpost.com/arundhati-roy/what-have-we-done-to-demo_b_301294.html.

[7] Tom Horne, Tell Me More entrevista por Allison Keyes, National Public Radio News, 13 de maio de 2010. Disponível em: http://npr.org/templates/story/story.php?storyId=126797959.

um objetivo das Escolas Públicas de Tucson, onde os cursos que lidam com problemas tais como relações raciais, ética e ideologia são banidos e professores são incentivados a promover uma pedagogia de grandes mentiras através das quais os estudantes podem ser mais facilmente domesticados. A quase total ausência de clamor público nos Estados Unidos em relação à censura de livros e ao roubo de linguagem que nomeia a realidade de modo a contestar a opressão "é capaz de ser a pedra angular de nossa desgraça".[8] Fico impressionado de testemunhar os acadêmicos concentrados em eufemismos quando agressivamente objetam qualquer discurso que possa tanto fraturar a linguagem dominante como exibir a realidade velada de modo a nomeá-la. É ainda mais surpreendente ver educadores que se autoproclamam freireanos falharem em ver a óbvia impossibilidade do oprimido apreender "uma consciência aprofundada de sua situação [...] como uma realidade histórica suscetível de transformação"[9] através do processo de *conscientização* enquanto esses educadores liberais permanecem cúmplices no apagamento da linguagem que esvazia, por exemplo, o significado do termo "oprimido". Muitos desses liberais adotam avidamente eufemismos como "desfavorecido", "desprivilegiado", "marginalizados economicamente", "minoria", entre outros, para se referirem ao oprimido — um processo o qual ofusca as verdadeiras condições históricas que explicam o "aqui e o agora", o que constitui a situação dentro da qual [os oprimidos] submergiram, emergem, e na qual intervêm"[10]

---

[8] Arundhati Roy, *op. cit.*
[9] Paulo Freire, *Pedagogy of the Oppressed*. Nova York: Continuum, 1970, p. 85.
[10] *Ibidem*.

para denunciar e confrontar seus opressores em sua "luta por plena humanidade"[11] Este sequestro da linguagem nega às pessoas a possibilidade de entender as relações dialetais entre o opressor e os oprimidos. Se há um oprimido, deve haver um opressor.

Portanto, a linguagem não é somente um lugar de contestação; ela é também uma ferramenta indispensável para um processo de desmistificação reflexiva e crítica que é central para a *conscientização* — um processo através do qual Freire recusa vulgarizar e reduzir a meros métodos para serem consumidos pelos assim chamados educadores do primeiro mundo que, em muitos casos, permanecem presos à "mistificação de métodos e técnicas e, de fato, a uma redução da *conscientização* a certos métodos e técnicas usados na América Latina para alfabetização de adultos".[12] Eis por que o objetivo maior de Freire não era desenvolver uma metodologia de alfabetização para ser usada universalmente com pessoas oprimidas do mundo. Seu objetivo principal era usar a alfabetização e os subsequentes métodos que usou para levar pessoas à conscientização. Em outras palavras, não importa de onde viemos,

> todos nós estamos envolvidos em um processo permanente de *conscientização*, como seres pensantes numa relação dialética com uma realidade objetiva sobre a qual atuamos. O que varia em tempo e espaço são os conteúdos, métodos e objetivos de *conscientização*... [quando seres humanos se dão conta] e se tornam capazes de reve-

---

[11] Paulo Freire, *The Politics of Education: Culture, Power, and Liberation*, Nova York: Bergin & Garvey, 1985.
[12] *Ibidem*, p. 172.

lar suas realidades ativas, sabendo-o e entendendo o que sabem.[13]

Freire citava com frequência um caso que ocorreu durante sua campanha de alfabetização na Guiné-Bissau. Ele descrevia um Círculo Cultural onde camponeses estavam aprendendo pela primeira vez a decodificar seus mundos e assim descobriram que são capazes de codificar o mundo que reflete sua decodificada realidade e, mais adiante, compreender da mesma forma que o mundo codificado pode também ser decodificado. Freire dizia que um camponês, o qual e era parte das massas oprimidas que o colonialismo português proibiu de se tornar letrado, se levantou de repente e disse: "Obrigado professor" antes de deixar o Círculo Cultural. Freire ficou perplexo, pensando que talvez tivesse dito algo culturalmente inapropriado e que tivesse sem querer ferido os sentimentos do camponês, que em algum momento voltou para o Círculo Cultural. Diante de seu retorno, Freire lhe perguntou por que tinha saído, o camponês, sem hesitação respondeu: "Professor, agora eu sei que posso saber e não preciso vir todos os dias para saber". Essa história revela um processo de fratura que a sujeição do colonialismo português inculcou por séculos nos nativos da Guiné Bissau com mitos e crenças sobre seus atrasos, sua selvageria, sua inabilidade para ler ou escrever, e sua incapacidade de saber — mitos e crenças que eram usados como medidas para sempre apresentar a alfabetização como uma marca da superioridade branco-europeia. Esse caso também demonstra que não adianta saber recitar o beabá sem o

---

[13] *Ibidem*, p 171. [Grifo do autor.]

desenvolvimento de uma compreensão mais profunda das relações dialéticas entre a leitura do mundo e da palavra, o que também implica na desmistificação do processo de *conscientização* — um importante ponto, já que muitos educadores do primeiro mundo sempre atribuem propriedades mágicas ao processo de conscientização, "dando-lhe poderes que eles não têm de fato".[14]

Outro equívoco da *conscientização* é imbuir o conceito "como um tipo de exotismo tropical, uma entidade tipicamente de terceiro mundo. Fala-se em *conscientização* como um objetivo inviável para 'sociedades complexas', como se o terceiro mundo não fosse complexo a seu próprio modo".[15] Esta falsa dicotomia entre o assim chamado primeiro mundo e o terceiro mundo representa ainda outro sequestro de linguagem designado para levar a uma forma de mistificação — uma distração que funciona como um mecanismo reprodutivo desenhado para criar um centro ou um cerne de valores eurocêntricos romantizados, relegando outras expressões culturais para as margens. Os atuais ataques ao Islã e aos Muçulmanos em geral são um bom exemplo de como a mídia ocidental, as seitas políticas e acadêmicas frequentemente totalizam os extremistas cultural-religiosos e generalizam o fundamentalismo a todos os muçulmanos, enquadrando-os todos como potenciais terroristas. Ao mesmo tempo, convenientemente ignoramos extremistas do Ocidente, como o evangélico Pat Robertson que camufla seu fanatismo e seus constantes ataques a mulheres. Tome, por exemplo, sua afirmação de que "a agenda

---

[14] *Ibidem*, p. 171.
[15] *Ibidem*, p. 172.

feminista não é por direitos iguais para mulheres. É um movimento socialista, antifamília que incentiva as mulheres a deixarem seus maridos, matarem suas crianças, praticarem a caça às bruxas, destruírem o capitalismo e virarem lésbicas".[16] Se trocássemos Robertson por um sacerdote do Talibã e mudássemos as palavras "socialista" e "capitalismo", a classe política ocidental, a mídia e outras lideranças não-muçulmanas teriam um dia de folga de seus ataques à natureza primitiva do Islã e seu radicalismo, os quais ignoram a diversidade dentro do mundo muçulmano que consiste em bilhões de pessoas de diferentes culturas, classes e etnicidades. Assim, os mecanismos institucionais no ocidente e em grande parte do mundo funcionam, em geral, para conter e manter essas assim chamadas culturas primitivas do terceiro mundo que frequentemente vêm à tona dentro de uma cultura de silenciamento de modo a tornar essas "silenciosas seções de cultura" invisíveis ou, ao menos, fora dos parâmetros de discussão pública ou de debate. Retomar o processo de *conscientização* de Freire pode ajudar a revelar a tendência do ocidente a se engajar na invisibilidade para manter submersas culturas invisíveis e também para esconder o próprio extremismo do ocidente, o qual não é menos terrorista que o extremismo muçulmano. De que outro modo poderíamos caracterizar a selvageria estadunidense no Afeganistão, Iraque e Vietnã que "às vezes chega a cair na máxima depravação: tortura gratuita, assassinato como prática de tiro, assassinato de crianças e bebês"[17] — assassinato

---

[16] Pat Robertson. Timeless Whoppers. *The Nation*, 10 de janeiro de 2013. Disponível em: http://thenation.com/timeless-whoppers-pat-robertson.
[17] Jonathan Schell, The Real American War in Vietnam. *The Nation*, 4 de fe-

defendido pelo pró-vida Pat Robertson e sua laia que convenientemente recusa a abordar esses crimes em termos éticos e políticos? Nossa inabilidade ou indisposição para acionar um processo de *conscientização* é o motivo pelo qual conseguimos facilmente aceitar as flagrantes mentiras de Pat Robertson sobre feminismo, assim como abraçamos a falsa dicotomia codificada na distinção entre os contextos do primeiro mundo e do terceiro mundo — uma distinção ideológica que funciona primariamente para reproduzir a narrativa ocidental das culturas "selvagens e primitivas" do terceiro mundo que, por sua vez, convocam a "responsabilidade moral" do ocidente para "matar crianças e bebês" e assim salvá-los deles mesmos — um massacre justificado no exército por uma máxima do militarismo estadunidense do tipo "azar o deles que cresceram para ser VC [Vietcongs]".[18] Muitos estadunidenses também ficam calados quando "drones" e "bombas inteligentes" matam mulheres e crianças indiscriminadamente no Afeganistão e no Paquistão, ao mesmo tempo em que os Estados Unidos se apresentam como defensores dos direitos das mulheres e liberdades. A mídia ocidental, colunistas políticos e a maioria dos acadêmicos também permanecem calados com respeito ao extremismo ocidental como revelou a "a clássica resposta da ex-secretária de Estado, Madeleine Albright diante do relatório de 1996 de que 500 mil crianças iraquianas foram mortas — casualidades das 'sanções de destruição em massa' — 'foi merecido'".[19]

---

vereiro de 2013. Disponível em: http://thenation.com/article/172264/real-american-war-vietnam.
[18] *Ibidem*.
[19] Edward S. Herman, Beyond Chutzpah, *Z Magazine*, fevereiro de 2013, p. 6.

Usar o processo de *conscientização* de Freire poderia ajudar a nos manter cientes do que com frequência falhamos em ver (normalmente através da deliberada construção social de não ver) que temos, dentro da ordem do Primeiro Mundo, realidades do terceiro mundo caracterizadas por guetos e pobreza em larga escala, miséria humana e analfabetismo. Por outro lado, nós também temos, de fato, realidades de primeiro mundo no terceiro mundo, na forma de privilégios de classe e acumulação de capital e poder por uma minoria dirigente de elites e oligarquias. É seguro presumir que a elite dirigente no terceiro mundo partilha da visão de mundo que está mais alinhada com o capital cultural dos grupos dominantes do primeiro mundo. Portanto, Freire está correto em afirmar que, através de um processo de rigorosa reflexão crítica, *conscientização* também é "viável para sociedades complexas".[20] É por meio da *conscientização* que as pessoas no primeiro mundo podem começar a entender que existe um hiato maior entre os grupos dominantes do primeiro mundo e os grupos marginalizados do primeiro mundo que entre os grupos dominantes do primeiro e do terceiro mundo. Tais educadores, incluindo muitos liberais, que continuam insistindo, por exemplo, que a pedagogia do oprimido de Freire pode funcionar somente no terceiro mundo são, em algum nível, os que resistem em fazer as necessárias conexões entre eventos domésticos semelhantes, tanto quanto para obter uma maior compreensão "do processo de *conscientização* e sua prática [que] está ligada, então, ao entendimento da consciência em sua relação com

---

[20] Paulo Freire, *The Politics of Education: Culture, Power, and Liberation*, op. cit.

o mundo".[21] Portanto, mesmo alguns educadores progressistas, que costumam se dizer freireanos, continuam sua resistência através da "burocratização da *conscientização*, que, perdendo seu dinamismo e, portanto, fossilizando-se, acaba por transformar a *conscientização* em um tipo de arco-íris de receitas — outra mistificação".[22]

A transformação da *conscientização* "em uma espécie de arco-íris de receitas" é o motivo pelo qual mesmo os educadores progressistas que se dizem freireanos não estão isentos de fossilizar a *conscientização* quando não conseguem ver através da óbvia contradição entre seu discurso e sua prática de fato.

Tome-se, por exemplo, uma situação em que um professor liberal estadunidense, durante uma discussão a respeito de uma candidatura de uma estudante sul-africana em uma universidade dos Estados Unidos, declarou que a aluna "se saiu bem a despeito das grandes dificuldades marcadas por uma sociedade altamente discriminatória e [que] [...] a candidatura mostrou um grande compromisso da aluna com a reforma social em seu país".[23] No entanto, quando foi o momento de avaliar a candidatura de uma estudante mexicano-americana que tinha uma longa trajetória de trabalhos com programas de comunidades, a qual ia de alfabetização adulta até programas de prevenção às drogas, esse mesmo educador liberal afirmou que "a única coisa em seu favor é que ela é mexicano-americana."[24] Os fatos de que os boletins e cartas de recomen-

---

[21] *Ibidem*, p. 168.
[22] *Ibidem*, p. 172. [Grifo do autor.]
[23] Donald Macedo, *Literacies of Power: What Americans Are Not Allowed to Know* Boulder: Westview Press, 1994.
[24] *Ibidem*.

dação da estudante mexicano-americana eram iguais, ou um pouco mais fortes, do que os da estudante sul-africana, de que ela teve um percurso mais extenso registrado na comunidade, e de que ela demonstrou um maior interesse e compromisso em voltar a trabalhar com sua comunidade foram totalmente ignorados pelo educador liberal. No fim, a mexicano-americana teve sua admissão recusada na universidade. O contexto de terceiro mundo da sul-africana forneceu ao educador liberal uma zona segura para exotizar a luta pela liberação, sem problematizar sua inabilidade para reconhecer as similaridades (bem como as diferenças) de estruturas opressivas que operam tanto na África do Sul quanto nos guetos dos Estados Unidos.

Essa história de admissão na graduação não é tão diferente do fenômeno de alguns acadêmicos e pesquisadores que se ocupam escrevendo propostas de concessão para estudar e promover, por exemplo, a alfabetização no Haiti enquanto ignoram as dezenas de milhares de haitianos nos Estados Unidos, os quais estão enfrentando dificuldades e abandonando as escolas públicas que costumam cercar suas universidades. Uma vez que o Haiti tem estado em voga por causa do terremoto devastador, usemos isso para exemplificar o paternalismo que os países do Ocidente tendem a transformar em racismo caridoso, que é, segundo Albert Memmi, "uma parte consubstancial do colonialismo."[25] Enquanto acadêmicos e pesquisadores brancos vão para o Haiti coletar dados e antropologizar os haitianos em sofrimento que são os sujeitos de seu estudo, os pesquisadores retornam para os campus

---

[25] Albert Memmi, *The Colonizer and the Colonized*, Boston: Beacon, 1991.

CONSCIENTIZAÇÃO COMO UM ANTÍDOTO...

americanos para contar histórias exóticas aos seus alunos e colegas, publicar suas pesquisas, conquistar cargos superiores, enquanto dezenas de milhares de haitianos permanecem no Haiti sentenciados a condições indigentes e fazendo biscoitos de barro para convencer seus estômagos que eles estão cheios e portanto sem fome. Eu me lembro de perguntar a um professor branco estadunidense, que frequentemente ia ao Haiti como parte dos projetos de pesquisa financiados por concessões federais nos anos 1980, por que ele não dedicou parte do seu tempo trabalhando com milhares de haitianos que cercavam sua universidade. Sua resposta foi sincera, se não patética: "as agências de financiamento não acham os haitianos nos Estados Unidos 'sexy' o bastante". Tivesse esse acadêmico liberal de primeiro mundo entrado em honesto e rigoroso processo de conscientização, ele não teria, provavelmente, permanecido tão confortável em construir uma carreira em cima da ocultação de milhões de haitianos que permanecem acorrentados à desumanidade, à desigualdade selvagem e à miséria humana. Se tivesse feito a ligação entre seus objetivos carreiristas e a reprodução da opressão no Haiti largamente apoiada pela política externa dos Estados Unidos, ele teria provavelmente detectado quão patológica foi sua resposta sincera. Esse pesquisador teria desenvolvido uma compreensão mais profunda dos haitianos e entendido, então, que tais condições de vida foram proporcionadas, em grande parte, pelas políticas de intervencionismo estadunidense através de invasões no Haiti, suas ocupações e a perpétua ajuda aos ditadores de extrema direita que trabalham largamente contra os interesses da vasta maioria dos haitianos. Ao empreender uma forma de reflexão e de autoquestionamento honestos, o pesquisador estadunidense branco poderia talvez ter percebido que seu projeto político é, antes e acima de tudo, o avanço de sua carreira. Caso esse acadêmico do primeiro mundo tivesse feito essas conexões, será que ele teria denunciado o status de quase santidade concedido ao ex-presidente Clinton e ao ex-presidente Bush pai por seus trabalhos humanitários no Haiti após o mortal terremoto que assolou esse país? Esse educador branco estadunidense talvez tivesse conseguido ver que ambos os ex-presidentes foram em parte responsáveis pelo mar de miséria humana que precedeu o terremoto. O terremoto apenas exacerbou as condições sub-humanas às quais dezenas de milhares foram relegados e as tornou públicas, do mesmo modo como o furacão Katrina expôs o racismo estrutural e a desumanização de afro-americanos em Nova Orleans. Não obstante o horror do terremoto, o educador liberal do primeiro mundo provavelmente teria recusado pagar 1.320 dólares o pernoite num quarto cinco estrelas no Hotel Royal, negligenciando as favelas, as ocupações e os barracos, os quais foram construídos com 7,5 milhões de dólares da Corporação Internacional Financeira Banco Mundial [...] e 2 milhões de dólares da Clinton Bush Haiti Fund".[26] Enquanto esse quadro obsceno da opulência do primeiro mundo, para não dizer decadência, marcou a generosidade humanitária dos países do primeiro mundo, mais de um milhão de haitianos deslocados pelo terremoto permanecem sem casa e continuam a existir em condições sub-humanas, vivendo em favelas e tendas, sem esgoto ou água potável, sem eletricidade e sem comida suficiente para eles e suas famílias. O educador

---

[26] Amy Wilentz, Letter from Haiti. *The Nation*, 28 de janeiro de 2013, p. 22.

do primeiro mundo engajado no processo de *conscientização* teria, possivelmente, sido capaz de detectar a falsa piedade demonstrada pelos ex-presidentes Bush e Clinton quando saudaram milhares de haitianos em Porto Príncipe. O condescendente desdém do ex-presidente Bush pelo povo haitiano se tornou visível de forma visceral em todo o mundo via YouTube, quando, após cumprimentar um homem haitiano da multidão, ele tentou limpar suas mãos na camisa do ex-presidente Clinton.

O processo de *conscientização* teria levantado o véu de privilégio do qual os *blans*[27] desfrutam no Haiti, ou seja, teria demonstrado os privilégios dos brancos ou estrangeiros que se apaixonam pela exótica narrativa do Haiti criada por eles para preencher seus desejos coloniais em encontrarem suas próprias necessidades — uma narrativa que, quanto a diversas coisas, tem pouca relação com a realidade que os haitianos experimentam em seu cotidiano enquanto estão tentando sobreviver. De diversos modos, esses *blans* do primeiro mundo, independentemente de sua orientação política, falham em entender que o pensamento de Paulo Freire sobre a

> pedagogia do oprimido se anima de generosidade autêntica, humanista (e não "humanitarista"), que se apresenta como pedagogia da espécie humana. A pedagogia que começa com os interesses egoístas dos opressores, egoísmo camuflado de falsa generosidade, faz dos oprimidos obje-

---

[27] Amy Wilentz, *op. cit.* O termo *blans* no Haiti inicialmente surgiu para designar os colonizadores franceses e, com o tempo, passou a nomear estrangeiros de maneira geral. [*N. do E.*]

tos de seu humanitarismo, mantém e encarna a própria opressão. É instrumento de desumanização.[28]

O humanitarismo como incorporação da desumanização tem como melhor exemplo a atuação da Cruz Vermelha, que coletou mais de 400 milhões de dólares para aliviar o sofrimento de 10 mil haitianos que foram deslocados e ficaram sem suas casas por causa do terremoto e tem como assinatura a construção de um hotel de luxo que custa milhões de dólares,[29] ao mesmo tempo em que mais de um milhão de haitianos continuam sem teto. Enquanto hotéis de luxo podem aliviar o estresse de exércitos de ONGS entre outros socorros humanitários, enquanto celebram a *"happy hour"* com outros *blans* amigos e colegas de trabalho que decidem os salários do primeiro mundo, dezenas de milhares de haitianos continuam a lutar para colocar um teto sobre suas cabeças e escavam bastante para comer e poder reivindicar sua "vocação histórica e ontológica para serem humanos".[30] Enquanto operários estrangeiros mantêm as condições materiais para acessar restaurantes de luxo e serviços de saúde, incluindo tratamento psicológico, a maioria dos haitianos deslocados pelo terremoto luta para reconhecer o que significa serem humanos por inteiro. Tome, por exemplo, o que Amy Wilentz propõe como:

> caracterização de Mac McClelland, uma repórter de direitos humanos da revista *Mother Jones* que adquiriu um estresse pós-traumático como se fosse um frio vírus ao

---
[28] Paulo Freire, *Pedagogy of the Oppressed*, Nova York: Continuum, 1970, p. 54.
[29] Amy Wilentz, *op. cit.*
[30] Paulo Freire, *Pedagogy of the Oppressed*, *op. cit.*, p. 55.

assistir a uma mulher recém estuprada colapsar diante da chance de entrever seu agressor. Assim traumatizada, McClelland publicou um relato da terapia a domicílio que ela escolheu: arranjar um amigo para estuprá-la, com a máxima verossimilhança que sua relação pudesse permitir.[31]

Se a escolha terapêutica de McClelland pela exposição da violência em seu trabalho humanitário em consequência do terremoto no Haiti cheira a narcisismo com esteroides, em vários níveis ela representa o "egoísmo camuflado de falsa generosidade do paternalismo" das intervenções empacotadas como presentes de caridade do humanitarismo dos opressores, as quais por sua vez, exemplificam a benevolência da ordem do primeiro mundo. Essas intervenções caridosas não só têm sido, para a maioria, falhas grosseiras (como no caso do Haiti), mas os humanitaristas do primeiro mundo fracassam em entender que a liberação vem somente através do processo de desatar as tensões e contradições presentes entre o opressor e o oprimido. Assim, "se a luta do oprimido é se tornar humano por completo, eles não o conseguirão apenas invertendo os termos da contradição, mudando os polos".[32] Pela mesma via, o opressor não pode esperar liberar o oprimido invertendo os polos para que ele experimente diretamente a violência da opressão. Isso é a continuação da necessidade do opressor de se apropriar até mesmo do sofrimento do oprimido, como o caso McClelland parece indicar. A opção de terapia de McClelland é equivalente ao fenômeno de muitos educadores

---

[31] Madison Smartt Bell, Nine Years in One Day: On Haiti. *The Nation*, 28 jan. 2013, p. 22.
[32] Paulo Freire, *Pedagogy of the Oppressed*, op. cit., p. 56.

liberais que acham que precisam fazer um discurso público para avisar que irão desinvestir da "burocracia dominante"[33], da qual sempre colheram os benefícios, e que irão se mudar temporariamente com suas famílias para os guetos até que seus filhos tenham de ir à escola. A libertação não tem a ver com a democratização da violência, com a miséria humana e com a pobreza obscena. A libertação só vai ser alcançada quando forem resolvidas as contradições entre o opressor e o oprimido "pelo surgimento do novo homem [e mulher]: nem opressor nem oprimido, mas homem [e mulher] no processo de libertação".[34]

A inabilidade para resolver as contradições entre o opressor e o oprimido, para fazer conexões e se tornar um "andarilho do óbvio", como Freire diria, está diretamente ligada a outra importante característica da pedagogia do oprimido de Freire: o modelo "bancário" de educação — um processo através do qual

> a educação se torna um ato de depositar, em que os educandos são os depositários e o educador o depositante. Em lugar de comunicar-se, o educador faz "comunicados" e depósitos que os educandos, meras incidências, recebem pacientemente, memorizam e repetem. Eis aí a concepção "bancária" da educação, em que a única margem de ação que se oferece aos educandos é a de receberem os depósitos, guardá-los e arquivá-los.[35]

---

[33] *Ibidem*, p. 57.
[34] *Ibidem*, p. 56.
[35] *Ibidem*, p. 72.

CONSCIENTIZAÇÃO COMO UM ANTÍDOTO...

O modelo bancário de educação é largamente defendido como alfabetização instrumental para os pobres, na forma do embasamento por competência, abordagem de habilidades bancárias, e como as mais altas formas de alfabetização instrumental para os ricos, adquirida através de formações superiores na forma de especialização profissional. Entretanto, apesar de suas aparentes diferenças, as duas abordagens possuem uma característica comum: ambas evitam o desenvolvimento do pensamento crítico que torna um indivíduo capaz de "ler o mundo" criticamente e de entender as razões e conexões por detrás dos fatos e do que parece óbvio mas permanece mal compreendido. Alfabetização para os pobres pelo conceito bancário de educação é, no geral, caracterizado por práticas não pensantes e sem significado e em exercícios dados "para preparar para provas de múltipla escolha e de escrita *nonsense* imitando o psicoblablablá que os cerca".[36] Essa abordagem "bancária" e instrumental à educação dá espaço para a anestesia da mente, como o poeta John Ashbery eloquentemente captou em "What is poetry?" [O que é a poesia?]:

Na escola
Todos os pensamentos vêm escovados:
O que sobra é uma lacuna."[37]

A "escova" educacional, para aqueles professores que cegamente aceitaram o modelo "bancário" de educação, é incor-

---

[36] Patrick L. Courts, *Literacies and Empowerment: The Meaning Makers*, South Hadley, MA: Bergin & Garvey, 1991), p. 4.
[37] John Ashbery, "What Is Poetry?", *Houseboat Days: Poems by John Ashbery*, Nova York: Penguin Books, 1977, p. 47.

porada por folhas e cadernos de exercícios, estúpidos treinos digitais e práticas que marcam e controlam o ritmo de rotina como a prática repetitiva de uma linha de montagem na qual "a narração os transforma em "vasilhas", em recipientes a serem "enchidos" pelo educador. Quanto mais for "enchendo" os recipientes com seus "depósitos", tanto melhor o educador será. Quanto mais se deixam docilmente "encher", tanto melhores os educandos serão"[38] assim como serão posteriormente avaliados medidos por provas difíceis que com frequência refletem uma transação militarizada, controlada, da narração do professor e da memorização pelo aluno deste "conteúdo" narrado de forma mecânica. Assim, as forças dominantes dessa educação bancária mecânica reduzem necessariamente as prioridades de educação para os requisitos pragmáticos do capital e necessariamente criam estruturas educacionais que anestesiam as habilidades críticas dos educandos para então "domesticar a ordem social para sua autopreservação".[39]

Na outra ponta do espectro, a domesticação da ordem social é obtida por uma abordagem igualmente mecanicista da educação para os ricos por via de uma hiper especialização que, por um lado, deposita habilidades de alto nível e, por outro, desencoraja as conexões de diferentes corpos de conhecimento em nome da ciência "pura" e especializada, a qual produz um sujeito especialista que, de acordo com o filósofo espanhol José Ortega y Gasset, "conhece muito bem seu próprio minúsculo canto da universidade [mas] é radicalmente

---

[38] Paulo Freire, *Pedagogy of the Oppressed*, op. cit., p. 72.
[39] Paulo Freire, *The Politics of Education: Culture, Power, and Liberation*, op. cit., p. 116.

ignorante de todo o resto".[40] De fato, essa inabilidade para fazer conexões entre diferentes corpos de conhecimento costuma produzir um nível de arrogância que está exemplificado por certa professora de matemática de uma grande universidade que defendia ter o direito de não saber. Essa defesa era feita em referência à cobertura da Guerra do Iraque quando — talvez por estar se sentindo desconfortável com a aberta oposição à guerra que faziam seus colegas — ela abruptamente proclamou: "Eu tenho o direito de não saber das notícias". Ao mesmo tempo que tinha o *direito* de escolher não saber, enquanto acadêmica e cidadã de uma sociedade democrática, ela tem a responsabilidade de saber o que os seus líderes estão fazendo em relação às políticas repletas de barbarismo que produzem horrores como o bombardeio guiado por drones de alvos cuja invariabilidade inclui a carnificina de civis inocentes e crianças, que aqueles que fazem as políticas consideram como uma "desafortunada parte da guerra" ou simplesmente um "dano colateral".

A organização social do conhecimento via limites disciplinares rigidamente definidos contribui ainda mais para a formação da classe especialista, ou seja, engenheiros, doutores, professores e assim por diante. Esse tipo de especialista,

> só está familiarizado com uma ciência, e mesmo esta, ele só conhece o pedacinho no qual ele é um ativo investigador. Ele até proclama que é uma virtude não tomar conhecimento do que reside fora do estreito território

---

[40] José Ortega y Gasset, *The Revolt of the Masses*. Nova York: W.W. Norton, 1964, p. 111.

especialmente cultivado por ele mesmo e dá o nome de diletantismo a toda curiosidade pelo esquema geral do conhecimento."[41]

Esse diletantismo é desencorajado através da necessidade mítica de descobrir a verdade absoluta e, nesse processo, ocorre a produção de um tipo de conhecimento especializado que não somente rompe com filosofias de relações culturais e sociais, como também esconde-se por detrás de uma ideologia que cria e sustenta falsas dicotomias rigidamente delineadas pelos limites disciplinares. Essa ideologia também forma a visão de que a "ciência dura", a "objetividade", e o "rigor científico precisam ser desarticulados dos confusos dados da "ciência soft" e das práticas sociais e políticas que geram essas categorias em primeiro lugar. Ademais, esse modelo bancário de educação produz uma forma de fragmentação do conhecimento que invariavelmente diminui o preparo crítico dos educandos e a "consciência crítica que resultaria de sua intervenção como transformadores daquele mundo. Quanto mais completamente aceitam o papel passivo que lhes é imposto, mais tendem a simplesmente adaptar o mundo tal como ele é para a fragmentada visão de realidade que é depositada neles",[42] renunciando deste modo a sua vocação ontológica como agentes da história que não somente transformam seus mundos mas que também refletem sobre aquelas transformações. Segundo Freire, "a capacidade da educação bancária de reduzir ou anular a criatividade dos educandos para estimular sua credulida-

---

[41] *Ibidem.*
[42] Paulo Freire, *Pedagogy of the Oppressed*, op. cit., p. 73.

de serve ao interesse dos opressores, que não ligam a mínima para ter o mundo revelado nem para vê-lo transformado".[43] O modelo bancário de educação é também usado com frequência como um lugar seguro para a maioria dos educadores conservadores e muitos dos liberais que escondem sua concepção materialista e consumista de educação a qual Freire chama de "conceito digestivo de conhecimento, tão comum em práticas atuais de educação"[44] — uma prática que considera os estudantes "subnutridos" e por isso, o professor se sente compelido a dar aos estudantes uma lista irreal de leituras que nunca é realmente abordada ou discutida em sua sala de aula sob o pretexto de que a "consciência dos estudantes está vazia, e precisa ser preenchida para saber".[45] Essa abordagem "nutricionista" da educação segue a "mesma concepção [que] levou Sartre, [quando] criticando a noção de que 'saber é comer', exclamou: 'Ô filosofia alimentar!'" — um processo no qual "as palavras são transformadas em mero 'depósito de vocabulário' — [o vocabulário do professor] — um pão do espírito que os [educandos] precisam 'comer' e 'digerir'"[46] o vocabulário do conhecimento do professor (isto é, listas de definição sem a apreensão do objeto de conhecimento, fetichização de métodos, particularmente agora como aplicados às novas tecnologias, textos formulares mascarados de teorias que reduzem a prática, e glossários), que os educandos são levados depois a "vomitar" de volta nos exames obrigatórios e testes criados, por um

---

[43] Ibidem.
[44] Ibidem.
[45] Paulo Freire, *Cultural Action for Freedom*, op. cit.
[46] Ibidem, p. 7.

lado, para confirmar a conta bancária superior de conhecimento e, por outro, para alimentar as necessidades narcisísticas inerentes à maior parte da educação humanitária e não humanista. No fim, a abordagem do "banco nutricionista" à educação, mesmo quando ofertado sob o manto de educação progressista, tem como maior êxito o de engordar os cérebros dos educandos através de "depósitos" do conhecimento do professor e, assim sendo, sob esse modelo pedagógico, os educandos absorvem entendimentos "não nascidos de [seus próprios]... esforços [como] aprendizes".[47] Esse tipo de educação invariavelmente resulta na paralisia da criatividade e da curiosidade epistemológica do aprendiz, graças à sobrecarga do conhecimento que o professor impôs, "que de fato [é] quase completamente alienante e alienado, tendo tão pouco, se algo, a ver com a realidade sociocultural do educando".[48]

Referências bibliográficas

Ashbery, John. "What Is Poetry?" *Houseboat Days: Poems by John Ashbery*. Nova York: Penguin Books, 1977.

Bell, Madison Smartt. "Nine Years in One Day: On Haiti." *The Nation*, 28 jan. 2013.

Courts, Patrick L. *Literacies and Empowerment: The Meaning Makers*. South Hadley: Bergin & Garvey, 1991.

---

[47] *Ibidem*, p. 8.
[48] *Ibidem*.

Freire, Paulo. *Cultural Action for Freedom* Cambridge: Harvard Educational Review, 1970. [Ed. bras.: *Ação cultural para a liberdade e outros escritos*. São Paulo: Paz e Terra, 2020.]

_____. *Pedagogy of the Oppressed*. Nova York: Continuum Publishing Group, 1970. [Ed. bras.: *Pedagogia do oprimido*. Rio de Janeiro: Paz e Terra, 2021.]

_____. *The Politics of Education: Culture, Power, and Liberation* Nova York: Bergin & Garvey, 1985. [Ed. bras.: *Política e educação*. Rio de Janeiro: Paz e Terra, 2021.]

Giroux, Henry. The New Extremism and Politics of Distraction in the Age of Austerity *Truthout*, 22 jan. 2013. Disponível em: http://truth-out.org/opinion/item/13998-the-new-extremism-and-politics-of-distraction-in-the-age-of-austerity.

Herman, Edward S. "Beyond Chutzpah". *Z Magazine*, fevereiro de 2013.

Horne, Tom. Tell Me More, entrevista por Allison Keyes, National Public Radio News, 13 mai. 2010. Disponível em: http://npr.org/templates/story/story.php?storId=126797959.

Macedo, Donald. *Literacies of Power: What Americans Are Not Allowed to Know* Boulder: Westview Press, 1994.

Memmi, Albert. *The Colonizer and the Colonized*. Boston: Beacon, 1991. [Ed. bras.: *O retrato do colonizado precedido do retrato do colonizador*. Rio de Janeiro: Civilização Brasileira, 2007.]

Ortega y Gasset, José. *The Revolt of the Masses*. Nova York: W.W. Norton, 1964. [Ed. bras.: *A rebelião das massas*. Rio de Janeiro: Objetiva, 2016.]

Roy, Arundhati. "What Have We Done to Democracy?" *The Huffington Post*, 27 set. 2009. Disponível em: http://huffingtonpost.com/arundhati-roy/what-have-we-done-to-demo_b_301294.html.

Schell, Jonathan. "The Real American War in Vietnam". *The Nation*, 4 fev. 2013. Disponível em: http://thenation.com/article/172264/real-american-war-vietnam.

Robertson, Pat. "Timeless Whoppers". *The Nation*, 10 de janeiro de 2013. Disponível em: http://thenation.com/timeless-whoppers-pat-robertson.

Wilentz, Amy. "Letter from Haiti". *The Nation*, 28 jan. 2013.

ESPERANÇAR
PARA GANHAR A LIBERDADE REAL PARA TODAS AS PESSOAS

Eduardo Matarazzo Suplicy

É preciso ter esperança, mas ter esperança do verbo esperançar; porque tem gente que tem esperança do verbo esperar. E esperança do verbo esperar não é esperança, é espera. Esperançar é se levantar, esperançar é ir atrás, esperançar é construir, esperançar é não desistir! Esperançar é juntar-se com outros para fazer de outro modo...

PAULO FREIRE

Tanto aprendi e continuo aprendendo com o professor Paulo Freire! Como professor universitário que fui (Paulo diria que, na vida, nunca deixamos, todos, de sermos professores e aprendizes), tive o privilégio de contar com seu convívio desde os primeiros anos de minha formação. Tal convivência se deu em estreita ligação com momentos diversos de sua trajetória e da história do Brasil.

Dentre esses eventos, um dos mais marcantes foi sua volta do exílio, após dezesseis anos em diversos países da América Latina, América do Norte, África e Europa. Estive no Aeroporto de Viracopos, em 7 de agosto de 1979, juntamente com Irma Passoni, André Benassi, Fernando Henrique Cardoso, José Carlos Dias, José Gregori, Maria Helena Geribello, Almino Afonso e muitos outros estudantes e professores. Fomos dar as boas-vindas a ele, à sua esposa Elza e aos seus filhos, conforme relatório confidencial do Serviço Nacional de Informação (SNI) de 21 de agosto de 1979 registrou à época. Logo depois, quando Paulo Freire realizou sua primeira visita ao Rio de Janeiro, a edição de 16 de setembro do *Jornal do Brasil* registrou:

> O robusto cavalheiro que levava nos ombros o sr. Miguel Arraes, domingo, no aeroporto do Rio, era o professor, economista e deputado estadual pelo MDB, Eduardo Matarazzo Suplicy. No seu gesto corporal, espontâneo e generoso, ele representou uma aliança simbólica entre paulistas e pernambucanos. Só que na política, os papéis se invertem: o ex-governador é que carregará nas costas os entusiasmados professores de São Paulo.

De volta ao Brasil, Paulo Freire mergulhou nas lutas pela reconquista da democracia. Lá estava ele em 10 de fevereiro de 1980 assinando o manifesto de fundação do Partido dos Trabalhadores (PT) — do qual foi um dos inspiradores e formuladores — junto com Sérgio Buarque de Holanda, Mário Pedrosa, Antonio Candido, Apolônio de Carvalho, Luiz Inácio Lula da Silva e tantos outros, como eu. Como vereador e presidente da Câmara Municipal de São Paulo, em 1989 e 1990 testemunhei o extraordinário trabalho de Paulo Freire ao se tornar secretário municipal da Educação da prefeita Luiza Erundina, ocasião em que se instituiu o Movimento de Alfabetização de São Paulo (Mova), cujos resultados foram muito positivos. Nessa época, tive o prazer de ser convidado por Nita e Paulo Freire para visitar a residência em que moravam em São Paulo e conversar sobre tudo o que se passava com o Brasil, o PT e os nossos sonhos. Do mesmo modo, acompanhei os passos de seu substituto, Mário Sérgio Cortella, que atuou de forma brilhante, sempre seguindo os ensinamentos de Freire. Em mais de uma ocasião, pude observar de meu lugar na tribuna do Senado Federal as colaborações de seu trabalho como educador para marcos da gestão da educação sobre bases democráticas. Foi o caso da lembrança dos feitos durante o período em que esteve à frente da Secretaria Municipal de Educação. Basta conversar com educadores da cidade para relembrar ainda hoje a importância de sua contribuição para a democratização do acesso à educação, o aumento da qualidade do ensino e a maior atenção aos jovens e adultos que não tiveram suas oportunidades garantidas em idade escolar regular. Em abril de 2013, prestei mais uma homenagem a Paulo Freire da tribuna do Senado, dessa vez para comemorar os cinquenta anos de uma notável passagem de sua vida: a formatura da primeira turma de trezentos adultos que foram alfabetizados em Angicos, no Rio Grande do Norte, utilizando-se de métodos desenvolvidos por ele com a presença do então presidente João Goulart, do ministro da Educação Teotônio Monteiro de Barros Filho e do governador Aloísio Alves. Ao Senado, relatei o que Nita Freire conta em seu livro *Paulo Freire: uma história de vida* sobre as três etapas do método de ensino de Freire: investigação, tematização e problematização. Em 1963, Paulo Freire impressionou as autoridades pela genial simplicidade desse método, apresentou as dezessete palavras escolhidas, dentre as quatrocentas anotadas nos diálogos preparatórios, que estavam profundamente relacionadas com o cotidiano da população de Angicos e que, portanto, eram úteis para que todos pudessem aprender a ler e a escrever: "belota, milho, expresso, xique-xique, voto, povo, sapato, chibanca, salina, goleiro, tigela, cozinha, jarra, fogão, bilro, almofada, feira". Através de um sistema audiovisual muito criativo, as pessoas trocavam ideias sobre suas experiências e, consequentemente, aprendiam. Em 21 de janeiro de 1964, por meio do Decreto-Lei nº 53.465, instituiu-se o Programa Nacional de Alfabetização (PNA) mediante o uso do método Paulo Freire, cuja revogação foi um dos primeiros atos da ditadura militar de 1964.

Como assinala Frei Betto na quarta capa da *Pedagogia da autonomia*, a pedagogia de Paulo Freire permitiu que os pobres se tornassem sujeitos políticos. Graças às suas obras, prossegue Betto,

> descobriu-se que os pobres têm uma pedagogia própria. Eles não produzem discursos abstratos, mas plásticos, ricos em metáforas. Não moldam conceitos; contam fatos. Foi o senhor que nos fez entender que ninguém é mais culto do que outro por ter frequentado a universidade ou apreciar as pinturas de Van Gogh e a música de Bach. O que existe são culturas paralelas, distintas e socialmente complementares... O senhor fez os pobres conquistarem a autoestima.

Na *Pedagogia do oprimido*, talvez seu livro mais fundamental e difundido, Freire nos oferece lições essenciais sobre o papel político da educação. Assinalo alguns trechos que considero de extrema importância:

O que nos parece indiscutível é que, se pretendemos a libertação dos homens, não podemos começar por aliená-los ou mantê-los alienados. A libertação autêntica, que é a humanização em processo, não é uma *coisa* que se deposita nos homens. Não é uma palavra a mais, oca, mitificante. É práxis, que implica na ação e na reflexão dos homens sobre o mundo para transformá-lo.[1]

O educador não é o que apenas educa, mas o que, enquanto educa é educado em diálogo com o educando que, ao ser educado, também educa.[2]

[Amor] *é um ato de coragem, nunca de medo, o amor é compromisso com os homens. Onde é que estejam estes, oprimidos, o ato de amor está em comprometer-se com sua causa. A causa da libertação.*[3]

Se não amo o mundo, se não amo a vida, se não amo os homens, não me é possível o diálogo. Não há, por outro lado, diálogo, se não há humildade.[4]

Falar em democracia e silenciar o povo é uma farsa. Falar em humanismo e negar os homens é uma mentira.

Não existe, tampouco, diálogo sem esperança. A esperança está na própria essência da imperfeição dos homens levando-os a uma eterna busca. Uma tal busca, como *já*

---

[1] Paulo Freire, *Pedagogia do oprimido*. Rio de Janeiro: Paz e Terra, 2019, p. 93.
[2] *Ibidem*, p. 95-96.
[3] *Ibidem*, p. 111.
[4] *Ibidem*, p. 111.

vimos, não se faz no isolamente, mas na comunicação entre os homens.[5]

Quanto mais investigo o pensar do povo com ele, tanto mais nos educamos juntos. Quanto mais nos educamos, tanto mais continuamos investigando.[6]

Se o compromisso verdadeiro com eles, implicando na transformação da realidade em que se acham oprimidos, reclama uma teoria da ação transformadora, esta não pode deixar de reconhecer-lhes um papel fundamental de transformação.[7]

Acontece que paz não se compra, se vive no ato realmente solidário, amoroso, e este não pode ser assumido, encarnado na opressão.[8]

A *valentia de amar* que, segundo pensamos, já ficou claro não significar a acomodação ao mundo injusto, mas a transformação deste mundo para a crescente libertação dos homens.[9]

Não é como "coisas", já dissemos, e é bom que mais uma vez digamos, que os oprimidos se libertam, mas como homens.[10]

---

[5] *Ibidem*, pp. 113-114.
[6] *Ibidem*, p. 142.
[7] *Ibidem*, p. 168.
[8] *Ibidem*, p. 197.
[9] *Ibidem*, p. 241.
[10] *Ibidem*, p. 243.

[É] o momento altamente pedagógico, em que a liderança e o povo fazem juntos o aprendizado da autoridade e da liberdade verdadeiras que ambos, como um só corpo buscam instaurar, com a transformação da realidade que os mediatiza.[11]

O povo, por sua vez, enquanto esmagado e oprimido, introjetando o opressor, não pode, sozinho, construir a teoria de sua ação libertadora. Somente no encontro dele com a liderança revolucionária, na comunhão de ambos, na práxis de ambos, é que essa teoria se constitui.[12]

Se nada ficar destas páginas, algo pelo menos, esperamos que permaneça: nossa confiança no povo. Nossa fé nos homens, na criação de um mundo novo em que seja menos difícil amar.[13]

Uma passagem, em especial, inspira objetivos que compartilho com Paulo Freire:

A liderança revolucionária, comprometida com as massas oprimidas, tem um compromisso com a liberdade. E precisamente porque o seu compromisso é com as massas oprimidas para que se libertem, não pode pretender conquistá-las, mas conseguir sua adesão para a libertação.

---

[11] *Ibidem*, p. 245.
[12] *Ibidem*, p. 252.
[13] *Ibidem*, p. 253.

Se hoje eu tivesse a oportunidade de dialogar com Paulo Freire, gostaria muito de lhe falar sobre como a instituição da Renda Básica de Cidadania (RBC), Universal e Incondicional está de acordo com os seus objetivos de construção de um Brasil justo, solidário, fraterno, e, sobretudo, igualitário, onde cada ser humano poderá viver com dignidade e liberdade. Por tudo que testemunhei de sua obra, escrita em livros, mas também construída sobre a sólida base da realidade dos mais necessitados, promover mais liberdade para todos é um de seus principais objetivos. Tal propósito é partilhado por todos que lutam pela renda básica. Não é por acaso que o maior estudioso desse tema, o professor da Universidade Católica de Louvain, Philippe Van Parijs, há décadas argumenta que a garantia de uma renda universal fará parte de uma concepção particular de justiça: a que defende liberdade real para todos.

Felizmente, o Congresso Nacional já aprovou, por todos os partidos, a Lei nº 10.835/2004 que institui a Renda Básica de Cidadania que foi sancionada em 8 de janeiro de 2004 pelo então presidente Luiz Inácio Lula da Silva. Diz a lei, entretanto, que a RBC será instituída por etapas, a critério do Poder Executivo, priorizando-se as camadas mais necessitadas, até que um dia se chegue à universalidade e à incondicionalidade.

Podemos nos perguntar: "mas todas as pessoas receberão uma renda básica suficiente para atender suas necessidades vitais?" A resposta é afirmativa, contudo, com certeza os indivíduos que possuem maior renda contribuirão para que eles próprios e todos os demais venham a receber. As vantagens da RBC são reconhecidas atualmente pelos maiores laureados como os vencedores do Prêmio Nobel da Paz, como

Desmond Tutu, e da Economia, Robert Solow, Esther Duflo, entre outros, assim como pelo papa Francisco que, em seu último livro, *Vamos sonhar juntos*, enaltece:

> Reconhecer o valor do trabalho não remunerado para a sociedade é vital para repensarmos o mundo pós-pandemia. Por isso, acredito que seja a hora de explorar conceitos como o de renda básica universal, também conhecido como imposto de renda negativo: um pagamento fixo incondicional a todos os cidadãos, que poderia ser distribuído através do sistema tributário.
>
> A renda básica universal poderia redefinir as relações no mercado laboral, garantindo às pessoas a dignidade de rejeitar condições de trabalho que as aprisionam na pobreza. Daria aos indivíduos a segurança básica de que precisam, eliminando o estigma do seguro-desemprego, e facilitaria a mudança de um trabalho para outro, como cada vez mais os imperativos tecnológicos no mundo trabalhista exigem. Políticas como essa também podem ajudar as pessoas a combinar tempo dedicado a trabalho remunerado com tempo para a comunidade.

Para mim, o que mais se destaca nos ensinamentos de Paulo Freire é a importância da transformação da condição de exploração que a sociedade reserva em maior ou menor grau aos indivíduos como sujeito protagonista de sua própria trajetória. Esta, por sua vez, é eminentemente coletiva e política, tal como os movimentos sociais e populares nos fazem vivenciar, vide as lutas da população em situação de rua; do Movimento dos Trabalhadores Rurais Sem Terra (MST); das centrais sindicais de trabalhadores de todos os setores; dos movimentos de mulheres, de negros e da diversidade sexual pela afirmação de direitos e autonomia; e de tantos outros que se organizam para fazer da sociedade uma experiência democrática — do mesmo modo como deve ocorrer o próprio processo de aprendizagem, segundo Freire. Minha luta pela Renda Básica de Cidadania busca mais do que ensinar e rememorar filósofos, economistas e juristas que há séculos vêm defendendo essa mesma proposta a quem quer que seja. Meu desejo é que seja parte da coletividade democrática o direito a maior dignidade e liberdade por meio da efetivação da Lei Federal 10.835/2004. Cada vez mais, vejo as manifestações a todos os poderes da República e às diversas instituições, assim como as boas discussões públicas que essa luta tem sido capaz de gerar. Implementar a Renda Básica de Cidadania para valer é o que me motiva a continuar firme nessa construção. Esperançar é não desistir até que essa lei seja colocada em prática no Brasil e no planeta Terra.

Referências bibliográficas

Bergoglio, Jorge Mario [papa Francisco]. *Vamos sonhar juntos: o caminho para um futuro melhor*. Rio de Janeiro: Intrínseca, 2020.

Freire, Ana Maria Araújo. *Paulo Freire: uma história de vida*. Rio de Janeiro: Paz e Terra, 2017.

Freire, Paulo. *Pedagogia do oprimido*. Rio de Janeiro: Paz e Terra, ed. especial de centenário, 2021.

PAULO FREIRE
HOJE

Emir Sader

Sempre me impressionou a distância entre o prestígio internacional de Paulo Freire — que pude constatar vivendo fora do Brasil — e seu reconhecimento em nosso país. Nunca entendi bem o porquê disso ocorrer. Freire é reconhecido como um dos mais importantes pensadores da segunda metade do século XX, o número de edições de seus livros, publicados em todos os continentes, é impressionante.

Pude conhecer e conviver com Freire após sua volta do exílio. Estar com essa pessoa simples, afetiva e cativante, responsável por uma obra celebrada internacionalmente, foi uma das experiências de vida mais enriquecedoras.

Li muitos livros de Freire e muitos títulos comentando a sua obra, mas não posso dizer que seja um especialista no pensamento freireano. Somente a generosidade de Nita Freire pode justificar que eu tenha um texto neste livro. Provavelmente porque ela sabe a importância que dou ao legado de Paulo Freire.

Neste texto, tratarei de abordar alguns dos temas que mais concentraram minha atenção na leitura dessas obras. Uma forma possível de reaproximar-nos de Freire é retomar as emocionantes vivências tidas com ele; outra, é fazer o caminho oposto: ir do mundo atual ao pensamento de Paulo Freire.

Retomei, então, no primeiro caminho, meu caderno de leituras e busquei as notas tiradas da obra de Freire para encontrar o que mais me chamou a atenção.

E, pensando na atualidade, uma das questões centrais do mundo continua sendo uma das preocupações essenciais de Paulo Freire: por que os oprimidos não se revelam contra os opressores? Por que os explorados não se rebelam contra os exploradores?

Esse é um tema fundamental de *Pedagogia do oprimido*, livro que sistematicamente analisa os mecanismos de submissão dos oprimidos, as vias equivocadas de superação da opressão e os caminhos de busca da desalienação. Retomo as anotações e destaques que retirei do livro para meu caderno de leituras:

- "Caráter eminentemente pedagógico da revolução";
- Pedagogia emancipadora;
- "Toda revolução, se é autêntica, tem de ser também revolução cultural";
- Dialética do senhor e do escravo retomada por Paulo Freire;
- Em um país como o Brasil, manter a esperança viva já é em si um ato revolucionário;
- Educação não transforma o mundo. Educação muda as pessoas. Pessoas transformam o mundo;
- Esfarrapados, condenados da terra;
- Humanização = consciência da contradição;
- Se pretendemos a libertação dos homens, não podemos começar por aliená-los ou mantê-los alienados;
- Não é no silêncio que os homens se fazem, mas na palavra, no trabalho, na ação-reflexão;

- Consciência = história;
- Consciência de si e do mundo;
- A situação concreta em que estão os homens condiciona a sua consciência do mundo e esta as suas atitudes e o seu enfrentamento.

Emancipação é o tema central de Freire. Como e por que os homens vivem submetidos às opressões e como podem ascender à liberdade, uma pedagogia da desalienação. Nesse ponto, bebo o que mais me atrai na extensa obra de Freire.

Homenagear Paulo Freire hoje deve ser também homenagear a luta contra a alienação e pela plena emancipação de todos.

A ATUALIDADE
DE PAULO FREIRE EM TEMPOS PANDÊMICOS

Fátima Bezerra

Após um período de pouco mais de uma década (2003-2016) em que governos progressistas, liderados por Luiz Inácio Lula da Silva e Dilma Vana Rousseff, buscaram a efetivação de direitos fundamentais inscritos na Constituição de 1988, vivenciamos hoje um processo de ruptura democrática. Esse processo está representado pela interdição dos direitos políticos da principal liderança forjada nas lutas da classe trabalhadora; pela ascensão da extrema direita ao governo central; e pela implementação de uma agenda ultraneoliberal na economia e protofascista na cultura.

A tragédia brasileira, agravada pela pandemia da Covid-19, está inserida em um contexto global de crise do capitalismo, fortalecimento da indústria das *fake news* e emergência de forças políticas reacionárias, que se apresentam como alternativa ao quadro e que realizam um processo cada vez mais intenso de mistificação da história.

No livro *Coronavírus: o trabalho sob fogo cruzado*, Ricardo Antunes, ao analisar a realidade brasileira anterior à pandemia, observa que mais de 40% da classe trabalhadora se encontrava na informalidade ao final de 2019, e que uma massa em constante expansão de mais de cinco milhões de trabalhadores e trabalhadoras experimentava as condições da *uberização* do trabalho, propiciada por aplicativos e plataformas digitais. Ressalta ainda a "enormidade do desemprego e da crescente massa subutilizada, terceirizada, intermitente e precarizada em praticamente todos os espaços de trabalho".

A pandemia somente agravou, portanto, um cenário que já era extremamente desumano, tornando as desigualdades de classe, raça e gênero mais escancaradas, e a resposta do governo Bolsonaro à pandemia é uma amálgama de negacionismo, anticientificismo e sadismo, que já resultou na lamentável marca de mais de 500 mil mortes.

No livro, Antunes constata que estamos diante de "um imperativo vital contra um mundo letal". Se a classe trabalhadora se encontra "entre a situação famélica e a contaminação virótica, ambas empurrando para a mortalidade e a letalidade", nosso imperativo vital não pode deixar de ser a invenção de um novo modo de vida, de um "outro sistema de metabolismo verdadeiramente humano-social". Mas como chegamos até aqui? Como inventar esse novo modo de vida? Como derrotar o *ser menos* e pronunciar o mundo do *ser mais*?

No livro *Pedagogia do oprimido*, escrito entre 1964 e 1968, Paulo Freire nos ajuda a responder as perguntas emergentes, confirmando a atualidade de suas reflexões.

Quando nos perguntamos por quais razões uma parcela da classe trabalhadora, apesar dos pesares, ainda se sente representada pelo bolsonarismo, Paulo Freire nos recorda que muitas vezes os oprimidos introjetam a sombra dos opressores e temem a liberdade. Se nos questionamos sobre a possibilidade de diálogo com setores da classe trabalhadora que assumem uma postura de aderência ao opressor, Paulo Freire nos alerta que precisamos confiar na capacidade das massas de se empenhar na busca de sua libertação e que, em comunhão íntima com o povo, dialoguemos de modo que implique reflexão e ação coletivas (práxis) para que, assim, forjemos o "inédito viável". Quando vislumbramos um novo modo de vida e surgem mais interrogações do que convicções, Paulo Freire sugere que os trabalhadores devem ser proprietários do seu trabalho, uma vez que o trabalho constitui o ser humano e que o ser humano não pode ser objeto de compra e venda.

A experiência coordenada por Paulo Freire na cidade de Angicos (RN), em 1963, por meio da qual trezentos trabalhadores rurais foram alfabetizados em apenas quarenta horas, foi uma demonstração de que é possível, em comunhão com o povo, a partir de sua realidade mais palpável, superar condições impostas por elites que sempre atuaram no sentido de negar ao povo o direito à palavra, com a qual é possível problematizar e pronunciar o mundo.

A confiança no povo e a fé na construção de um mundo em que seja menos difícil amar está presente na vasta obra de Paulo Freire, que devemos revisitar sempre que os donos do mundo quiserem naturalizar a barbárie e decretar o fim da história, para que, *freireando-nos*, possamos também esperançar, possamos assumir um compromisso inequívoco com a luta dos trabalhadores e das trabalhadoras em defesa da *liberdade substantiva*.

PAULO FREIRE,
MESTRE DOS MESTRES, REFERÊNCIA PERMANENTE

Federico Mayor Zaragoza

Quanto aprendi de seus livros, de suas recomendações sobre a educação para sermos "livres e responsáveis", como estabelece lucidamente o Artigo 1º da Constituição da Unesco, definição que hoje tem todo valor!

Paulo Freire, inesquecível. Eu o consultei quando ele preparava o grande congresso pedagógico sobre "Educação em direitos humanos e democracia", celebrado em Montreal, em 1993. A Declaração Final deveria ser levada em conta atualmente, quando mais do que nunca o passado se torna urgente e pode inspirar os processos educativos para que seja possível "aprender a ser", para conseguir o pleno exercício das faculdades distintivas da espécie humana: pensar, imaginar, antecipar-se, inovar, criar!

Criatividade, reflexão, transformação de informação em conhecimento, comportamento cotidiano... para "dirigir com sentido a própria vida", nas sábias palavras de outro grande nome da pedagogia mundial, Francisco Giner de los Ríos.

Paulo Freire, promotor do pensamento crítico, da "educação libertadora". A liberdade é o dom supremo. Liberdade e palavra para a conciliação, o entendimento para o conhecimento e o reconhecimento mútuos, para substituir progressivamente a razão da força pela força da razão, as armas pelo diálogo.

A educação genuína — tão frequentemente confundida com a capacitação — procura o pleno e autêntico desenvolvimento dos seres humanos e fomenta a comunicação, a troca de opiniões, a mediação, para dotar cada pessoa de grandes e fortes asas em pleno voo no espaço infinito do espírito.

Paulo Freire, autêntico mago do antirrebanho: cada ser humano único — a unicidade é o limite da diversidade — e capaz de conseguir e seguir o desenho pessoal de sua trajetória e ser ator protagonista e não espectador impassível, abduzido, irresponsável.

Paulo Freire para ativar a consciência, para o conhecimento profundo da realidade que nos circunda, para a rebelião a favor da igual dignidade e da justiça social, para o diálogo, para escutar... para, por fim, fazer possível a resolução pacífica dos conflitos.

Ensinar a aprender, a empreender, a compartilhar, a conviver... Paulo Freire, *Pedagogia da autonomia*, do desprendimento, do respeito pessoal à maneira de ser e pensar do outro. Como anos mais tarde preconizou Stephane Hessel, Freire, em sua *Pedagogia da indignação*, já recomenda essa implicação.

Mas, acima de tudo, Freire, *Pedagogia da esperança*, para alcançar, contra o vento, com vontade determinada de não se deixar abater, os objetivos que almejamos, convencidos de que o que parece impossível hoje pode ser realidade amanhã.

Cada ser humano educado, para contribuir com a "transformação do mundo", como com tanta clarividência e oportunidade proclama a Resolução da Assembleia Geral das Nações Unidas sobre a Agenda 2030 e os Objetivos de Desenvolvimento Sustentável.

Poucos dias depois de seu falecimento, participei, como diretor-geral da Unesco, da grande homenagem que a Câmara dos Deputados do México lhe prestou em 15 de maio de

1997 (Dia do Professor). O presidente da Câmara, a presidenta da Confederação de Educadores Americanos, em presença de Gabriel García Márquez, deram destaque, emocionados, a sua insólita personalidade. Falei sobre "A educação no século XXI", para sempre iluminada por Paulo Freire.

Pela primeira vez na História, "Nós, os povos", podemos nos expressar livremente graças à tecnologia digital. Pela primeira vez na História, a igual dignidade humana — sem distinção alguma por razões de gênero, ideologia, crença, etnia, sensibilidade sexual — está se convertendo em realidade. Agora, já temos voz. Agora, já não temos desculpa.

Se não nos implicarmos na grande metamorfose esperançosa de Paulo Freire, nosso legado intergeracional será de uma habitabilidade da terra profundamente deteriorada, deixando a nossos descendentes um frágil lar comum.

A memória de Freire na ocasião do centenário de seu nascimento pode nos dar a urgente e resoluta capacidade de ação cidadã para "mudar a rota e o navio", como provocou o professor José Luis Sampedro os jovens durante o 15M.

Paulo Freire para sempre no Registro da Memória do Mundo, da Unesco.

PAULO FREIRE
E O PROGRAMA
ESCOLA DIGNA:
PALAVRAS PARA
O NOSSO TEMPO

Flávio Dino e Felipe Camarão

Honrados com o convite para integrar esta obra em homenagem ao estadista Paulo Freire, optamos por iluminar uma experiência de aplicação de políticas inovadoras em um ambiente tão desfavorável como o vivenciado pelo Brasil nos últimos anos. Foram muitas as dificuldades, lidamos com uma realidade repleta de pedras deixadas pelo caminho ao longo de séculos de concentração do poder e do saber nas mãos de poucos, em um Estado profundamente marcado por desigualdades sociais e regionais.

Desde 2015, temos nos dedicado a levar a cada sala de aula palavras capazes de quebrar as pedras que impediam a caminhada das nossas comunidades escolares e assim movê-las em direção à libertação que só a esperança traz. Na bagagem de todos nós, estão os lamentos e dores de negros escravizados, de indígenas aniquilados, de pobres invisibilizados e dos filhos deles todos, que por gerações nunca pisaram em uma escola à altura do que mereciam.

Nossa missão tem sido ajudar a que mais alto falem as nossas crianças e jovens, para que com seus risos, brincadeiras e sonhos componham um mar neste Maranhão, tão forte e soberano, que ninguém nunca mais consiga roubar a palavra dos legítimos donos de uma nova história.

Tecendo este texto, vão — acima de tudo — as vozes dos protagonistas do nosso presente e do nosso futuro.

Palavras de ontem, palavras de hoje

Na nova parede da Escola Municipal Maria do Socorro Leite Muniz, uma das unidades do Programa Escola Digna, construída no povoado Canadá, município de Penalva, há dois cartazes com frases de Paulo Freire. Em um deles está escrito à mão: "Ninguém educa ninguém, ninguém educa a si mesmo, os homens se educam entre si, mediatizados pelo mundo", frase eternizada da obra *Pedagogia do oprimido*. Na escola onde outrora as paredes eram de taipa, não era possível afixar sequer as letras do alfabeto para ensinar as crianças. Desde a primeira entrega do Programa, em 2016, por onde passamos pudemos constatar que o prazer de ter uma escola digna produz na comunidade o desejo de se expressar por meio de seus referenciais. É por isso que, em quase todas as unidades do Escola Digna, desde aquelas localizadas nos mais longínquos povoados do Maranhão até as situadas em zonas urbanas, as citações mais utilizadas nas paredes pelos educadores e gestores são as de Paulo Freire.

O Programa Escola Digna, instituído desde o primeiro dia de nossa gestão governamental, foi construído sob a égide das ideias desse que é considerado um dos mais ilustres educadores do mundo. Sustentado nas concepções freireanas, o Escola Digna se consolidou como o maior programa de investimentos da educação maranhense e alcança o patamar de ser o mais robusto do Brasil na atualidade, não apenas pelo volume de ações, mas pelo compromisso de tornar possível melhores condições de vida, com emancipação social, política e cultural. Uma bandeira que tem sido erguida em todos os municípios maranhenses, com ações que vão desde a garantia do acesso ao espaço escolar, com a melhoria das estruturas físicas, valorização dos professores e um conjunto de medidas para motivar os estudantes.

O ideal libertador de educação freireana, que perpassa o chão da sala de aula, aponta para uma revolução que está transformando o Maranhão, revelada pela trajetória de crescimento do Índice de Desenvolvimento da Educação Básica (Ideb) do estado, conforme dados divulgados pelo Instituto Nacional de Estudos e Pesquisas Educacionais Anísio Teixeira (Inep), do Ministério da Educação (MEC). É a primeira vez que uma gestão tem sua política educacional avaliada nos três ciclos consecutivos com resultados crescentes, quando superamos um índice de 2,8 em 2013, saltando para 3,1, em 2015, atingindo 3,4 em 2017 e, em 2019, alcançando a marca de 3,7.

Para galgar esse crescimento, foi necessário um caminho de ações voltadas à firme construção da Escola Digna, na acepção defendida por Freire em sua obra *Pedagogia do oprimido*, ou seja, aquela cuja missão é ensinar o aluno a "ler o mundo" para poder transformá-lo. Portanto, cada uma das escolas entregues, cada um dos professores valorizados, cada uma das formações realizadas, cada um dos laboratórios instalados e das inúmeras bibliotecas abertas, entre outras conquistas representa investimentos na libertação popular, por meio do conhecimento forjado por milhares de sujeitos.

Desde o início de 2020, nossa geração vivencia o seu maior desafio com a pandemia da Covid-19, a qual foi caracterizada pela Organização das Nações Unidas para a

Educação, a Ciência e a Cultura (Unesco) como um fator de agravamento das desigualdades e que trouxe, para todos nós, uma profunda reflexão para onde estamos caminhando e o que faremos a partir daqui. No contexto de mais esse obstáculo, constatamos o acerto do nosso caminho quando recebemos narrativas de emancipação por intermédio das nossas políticas e ações.

Recentemente, recebemos uma carta da professora Lila Léa Cardoso Chaves Costa, do município de Caxias — terra do poeta Gonçalves Dias —, e que registrou o que o Programa Escola Digna tem sido para a trajetória de milhares de educadores. Ex-gestora escolar, Lila exerceu a função, no período entre abril de 2015 e setembro de 2020, no Centro de Ensino Dias Carneiro, escola onde sua mãe, a professora Teresinha Cardoso da Silva Chaves, 77 anos, hoje aposentada, ajudou a formar centenas de crianças, nas décadas de 1970 e 1980. "Aqui, nesta escola, Excelentíssimo Governador e Secretário, eu, meus irmãos e irmãs também estudamos; aqui foi meu primeiro local de trabalho, ao ser aprovada em concurso público e ser convocada, em 1994; aqui tenho vivenciado experiências exitosas como os princípios da gestão democrática no desenvolvimento e na organização da gestão administrativa e pedagógica, semente plantada e fortalecida por este governo que tanto nos orgulha", descreveu a professora. A relação da educadora Lila Léa com a escola ultrapassa a afetividade familiar. Ela vivenciou e construiu, como gestora, os primeiros anos da nossa revolução educacional. Em 2015, foi eleita, no primeiro processo democrático para a escolha de gestor escolar da rede pública estadual maranhense, e acompanhou de perto a ampla reforma que transformou sua escola: "Após mais de vinte anos sem nenhuma atenção de governos anteriores, fadada ao esquecimento no passado. [...] hoje, todas as salas são climatizadas, a maioria do quadro de professores é efetivo, com graduação, especialização, mestrado, mas, sobretudo, profissionais com sensibilidade crítica de que o conhecimento liberta e dá asas a quem acredita", enfatizou.

Mas não foi apenas a melhoria na estrutura do CE Dias Carneiro que deu nova vida à escola. Os índices educacionais também refletem as mudanças: "Éramos a 53ª escola em rendimento do Ideb e, hoje, temos o 3º melhor resultado no município de Caxias no Índice de Desenvolvimento da Educação Básica [...]. No Centro de Ensino Dias Carneiro, agentes de portaria, vigilantes, ajudantes de serviços gerais, copeiras, professores, professoras, supervisão, pais, alunos e comunidade são os verdadeiros protagonistas das mudanças e avanços obtidos, em parceria com um governo que investe na qualidade e padrão de ensino. Aceitamos, conjuntamente, o desafio do governo em mudar, positivamente, o cenário da educação, e nos foram dadas ferramentas para isso", ratificou a professora na carta.

O legado inspirador de Freire impulsiona muitos educadores e educadoras, como eles próprios realçam. É o caso da pedagoga Sônia Pereira, do Centro de Ensino Ney Braga, escola que foi reconstruída no município de Barão de Grajaú. A educadora comparou a Escola Digna a um espaço de convergência: "Nosso novo espaço tem tudo a ver com o que disse nosso colega Paulo Freire, que a escola seria visões de mundo e aqui teremos um espaço digno com visões de todos, dos pais, dos professores e dos estudantes da zona rural que receberemos em nossa escola", escreveu.

Palavras para o amanhã

Até o ano de 2015, o Maranhão não possuía oferta da educação em tempo integral nas escolas da rede estadual. Ao saltarmos de zero para 74 escolas em tempo integral, vimos nascer uma geração de jovens protagonistas, formados nesses centros de ensino, por meio de um modelo pedagógico no qual os sujeitos são considerados, no espaço escolar, em sua formação mais ampla, como seres humanos acima de tudo. Vimos jovens tão convictos de suas escolhas e projetos de vida, como o estudante Daniel Araújo Santos, que concluiu o terceiro ano no Centro Educa Mais Dorilene Silva Castro (bairro Coroadinho, em São Luís), que nos entregou uma carta cujo texto traduz a emoção, o reconhecimento e a motivação pela implantação da educação em tempo integral. Eis alguns trechos da carta: "Estou aqui, hoje, para agradecer a todos que participaram da elaboração, construção e entrega dessa linda caixa de surpresa [...]. Em sua lateral estava escrito: Escola da Escolha em Tempo Integral. No começo, fiquei muito temeroso, mas tomei fôlego e abri. Senti um ar gelado e tirei de dentro um lindo e novo ar-condicionado. Debaixo tinha uma reforma completa na escola [...]. E, na escola, algo me chamou atenção: eu não era mais um aluno que passaria pela escola. Eu era 'o aluno', pois eu interagia diretamente com a equipe escolar, não só eu, mas todos os alunos. Com estudo orientado, os próprios alunos ensinavam uns aos outros, e nos clubes de protagonismo, nós estávamos à frente deste projeto [...]. E neste ano eu percebi que o meu futuro sou eu que faço, que eu posso alcançar, não só isto aqui, mas eu posso lançar os meus sonhos até os montes [...]."

Outra estudante, Stefany Maria Neves Lopes, do Centro Educa Mais Almirante Tamandaré (Cohab) também relatou sua experiência com a educação integral: "Toda vez que eu falo da 'Escola da Escolha' me emociono! Porque a 'Escola da Escolha' é uma conquista que os jovens maranhenses passaram a ter. Eu me orgulho em ser jovem protagonista e ajudar a realizar sonhos dentro do Centro Educa Mais, porque essa escola proporciona uma dimensão incrível de objetivos, de construção do conhecimento, de transformações e realizações. Eu estou saindo da escola uma jovem mulher, amadurecida e com perspectivas", revelou. Hoje, Stefany faz parte do quadro funcional da Secretaria de Estado da Educação (Seduc) e temos orgulho de tê-la como servidora pública do estado do Maranhão.

Os depoimentos desses dois jovens são a prova de que a educação transforma vidas. Eles já estão motivando a vida de outros jovens como protagonistas. E essa é a razão para acreditar na educação como instrumento de mudança das pessoas; e as pessoas transformam o mundo (parafraseando Freire).

Quando entramos no histórico Palácio dos Leões, que se ergue na nossa capital desde 1612, trouxemos uma lousa no coração e escrevemos a palavra "Educação" como nossa mais apaixonada meta. Desde então, a escola é o nosso farol, uma luz que dissipa as trevas e forma gerações aptas a transformar uma sociedade de desigualdades educacionais, econômicas e sociais. É por meio da educação que temos celebrado a esperança. Reconhecemos que ainda há desafios a serem superados e, por isso, precisamos continuar com o mesmo foco, tal qual Freire defendeu: "[...] Olhar para o passado deve ser apenas um meio de entender mais claramente o que e quem eles são, para que possam construir mais sabiamente o futuro."

FALA DE FREI BETTO
NO EVENTO "A CONTRIBUIÇÃO DE PAULO FREIRE PARA O PENSAMENTO EDUCACIONAL BRASILEIRO"*

---

* Transcrição da participação de Frei Betto no evento "A contribuição de Paulo Freire para o pensamento educacional brasileiro", promovido pelo Centro de Formação Paulo Freire em 2020. O evento foi transmitido ao vivo pela internet e encontra-se disponível em gravação no endereço eletrônico: http://youtube.com/watch?v=cGhwuSed7CM (Frei Betto apresenta sua fala nos minutos 00:28:04 a 00:50:42).

Primeiro, quero mandar um grande abraço para todo o pessoal de Normandia, Caruaru, a turma da Escola Paulo Freire, com quem tive um agradável contato. Agradeço a vocês por participar desse ato de encerramento, a respeito da contribuição do Paulo Freire ao pensamento educacional brasileiro. Quero também saudar o pessoal da Universidade Federal de Pernambuco, todo o pessoal do MST, do Centro Paulo Freire, e em especial a esse trio ao qual me junto agora: Nita Freire, o Carlos Rodrigues Brandão e o Alder Julio. Sinto-me muito honrado de estar na companhia de vocês e poder partilhar aqui como vejo a importância do pensamento do querido e saudoso Paulo Freire.

Sempre digo que, sem nenhum exagero, Paulo Freire é a raiz da história do poder popular brasileiro nas últimas seis ou sete décadas, porque foi graças a ele, ao método dele, que surgiram as Comunidades Eclesiais de Base nos anos 1960, e depois brotaram também o sindicalismo combativo, a fundação da Central Única dos Trabalhadores (CUT), da Central dos Movimentos Populares, do próprio Partido dos Trabalhadores, do Movimento Sem Terra (MST), do Movimento dos Trabalhadores Sem Teto (MTST), de tantos movimentos, tantas ONGs e entidades que passaram a organizar, mobilizar, representar os oprimidos e excluídos deste país, e isso não teria sido possível sem a metodologia de Paulo Freire. Então, se eu tivesse que responder quem é o responsável — uma única pessoa — por termos conseguido formar, no Brasil, certo empoderamento popular, diria que, sem dúvida nenhuma, isso é mérito de Paulo Freire.

Portanto, quando me lembro dele, fico emocionado, porque, quando ao sair da prisão, em fins de 1973, depois de quatro anos, minha impressão era de que a luta aqui fora havia acabado, até porque, do alto do meu elitismo, eu pensava que nós, os entendidos em luta contra a ditadura, estávamos presos, no exílio ou mortos. E qual não foi a minha surpresa ao encontrar, aqui fora, extensa rede de movimentos populares disseminada pelo Brasil. Quando, em 1980, o PT foi fundado, vi algumas pessoas de esquerda reagirem: "Operários? Não; é muita pretensão operários quererem ser a vanguarda do proletariado. Somos nós, intelectuais teóricos, marxistas, que temos a capacidade para dirigir a classe trabalhadora." No entanto, graças ao método Paulo Freire, no Brasil os oprimidos se tornaram não só sujeitos históricos, mas também lideranças políticas.

Certa vez, no México, alguém me perguntou: "Como a gente faz para fundar aqui algo parecido ao PT?" Eu disse a eles: "Olha, vocês têm que começar trabalhando com educação popular e, daqui a trinta anos..." Quando falei em trinta anos, eles reagiram: "Trinta anos?! É muito! Queremos uma receita para três meses, três anos no máximo." Falei: "Ah, para três meses ou três anos não sei como fazer." Ou seja, durou trinta anos todo o trabalho de semeadura do método Paulo Freire — aliás, com o qual trabalhei em alfabetização no início dos anos 1960, em Petrópolis, na Fábrica Nacional de Motores —, e isso só veio render frutos lá pelos anos 1970, principalmente no início dos anos 1980, quando esse processo de empoderamento popular contribuiu decisivamente para a queda da ditadura.

É muito importante retomarmos essa metodologia, voltarmos ao trabalho de base. Creio que, de certa forma, a ida para instâncias de poder — em níveis municipal, estadual e federal — fez mal a algumas cabeças de companheiros e companheiras nossos. Abandonamos o trabalho de base, abrimos um flanco que, hoje, vem sendo ocupado pelas igrejas evangélicas conservadoras, e também por milicianos e traficantes. Já quase não temos militantes que se disponham — como fazíamos nos anos 1960, 1970, 1980, inclusive em plena ditadura — a, nos fins de semana, ir às periferias, vilas, favelas, ao campo e iniciar esse trabalho de formiguinha, trabalho exigente, paciente, mas foi ele que formou tantas e tantas lideranças sociais e políticas em nosso país. Todos nós que, hoje, somos militantes progressistas de esquerda, comprometidos com as demandas populares, somos resultados do trabalho de base que alguém fez conosco. Será que estamos fazendo o mesmo com outras pessoas?

A importância de Paulo Freire foi nos destituir do elitismo. Ensinar-nos a aprender com o povo, quando ele diz "não, o professor não é aquele que ensina, é aquele que ajuda o aluno a aprender", ou seja, quando temos uma relação pedagógica com setores populares nós aprendemos muito, e ao mesmo tempo que estamos ajudando as pessoas a recuperarem a sua autoestima individual e adquirir consciência de classe, e descobrirem o potencial que têm.

Pouco depois de sair da prisão — no final de 1973, já em 1974 —, fui viver cinco anos em uma favela em Vitória, no

Espírito Santo, e lá trabalhei com educação popular junto à comunidade local. Depois retornei a São Paulo, no fim dos anos 1970, e aqui também me dediquei em um trabalho sistemático segundo o método Paulo Freire — foram mais de quinze anos atuando no Cepis (Centro de Educação Popular do Instituto Sedes Sapientiæ). Toda essa experiência está contada no livro que fiz com Paulo, intermediado pelo jornalista Ricardo Kotscho, chamado *Essa escola chamada vida*, que foi editado pela Ática, hoje um livro que só se encontra em minha livraria virtual: freibetto.org. Também trato de educação popular em meu recente *Por uma educação crítica e participativa* (Rocco).

Lembro-me de que havia, na favela, um grupo de médicos que assessoravam as mulheres grávidas. Faziam questão de dizer: "Só trabalhamos com mulheres na primeira gravidez." Perguntei: "Por que na primeira gravidez?" "Ah, não queremos mulheres que já tenham vícios maternais...", disseram. "Queremos ensinar tudo." Até que um dia bateram lá no meu barraco, porque não estavam conseguindo se comunicar bem com as mulheres. Eu fui assistir aos encontros; eles falavam em FM e as mulheres estavam sintonizadas em AM. Portanto, não havia comunicação adequada. Eu disse a eles: "Olha, há um curto-circuito, porque vocês usam uma linguagem que não chega ao meio popular. Inclusive a maneira como decoram aqui o posto de saúde, enfeitando as paredes com cartazes de "bebês Johnson", loirinhos de olhos azuis, propagandas da Nestlé, tudo isso é muito estranho a esse mundo aqui da comunidade de Santa Maria."

"Então", eles falaram, "você podia nos ajudar a fazer um trabalho com essas mulheres?" Respondi: "Sim, acho que é uma questão de comunicação, de metodologia." E aí perguntei a dona Maria por que ela não tinha entendido bem o que o dr. Raul havia explicado — ele havia falado da importância do aleitamento materno para a formação do cérebro do bebê. Ela disse a mim e a toda a classe: "Olha, não entendi porque a minha cabeça não é muito estudada…" Falei: "Por que o dr. Raul sabe tudo isso, dona Maria?" "Ah, porque o dr. Raul é doutor, ele estudou muito." "E por que a senhora não teve estudo?" "Porque trabalhei na roça desde criança; aliás, fui à escola, aprendi até a desenhar meu nome, sei ler alguma coisa, mas não tenho formação, por isso sou uma pessoa sem cultura."

Eu sabia que o dr. Raul — ele tinha me dito antes, porque eu tinha previsto essa possibilidade — não sabia nada de cozinha. Então, diante das mulheres, perguntei: "Dr. Raul, o senhor sabe cozinhar?" Ele disse: "Não, nem café sei fazer." Perguntei: "Dona Maria, a senhora sabe cozinhar?" Falou: "Sei." "Então, por favor, a senhora pode ficar de pé e falar pra gente como se faz galinha de cabidela?" (A mesma receita tem nomes diferentes no Espírito Santo e no Nordeste, e em Minas Gerais é chamada de frango ao molho pardo.)

Dona Maria se pôs de pé e deu uma aula de culinária — como matar a galinha, de que lado tirar as penas, como colher o sangue pra fazer o molho etc. No fim, eu disse: "Dr. Raul, o senhor e a dona Maria, perdidos numa mata fechada, e uma galinha apenas…" A dona Maria deu um sorriso de orelha a orelha, porque descobriu que ele morreria de fome e ela não, mas também descobriu algo muito mais importante: que ela é uma mulher culta. Não existe ninguém mais culto que o outro; existem culturas distintas e socialmente complementares.

Aliás, é muito simples. Faça esta comparação: você tem um especialista em física quântica, que trabalha o dia inteiro em seu centro de pesquisa, mas uma hora ele para para almoçar, outra hora para jantar, e depende de quê? Da cultura de uma cozinheira que, possivelmente, é uma senhora analfabeta ou semianalfabeta. Vamos colocar na balança: quem depende mais da cultura do outro? A cozinheira semianalfabeta ou o físico que tem pós-doutorado? É evidente que ele, físico quântico, depende muito mais da cultura da cozinheira do que ela da cultura dele, porque ela pode viver sem os conhecimentos que ele tem, mas ele *jamais* poderá viver sem se alimentar, e isso depende da cultura de uma mulher que domina a arte culinária. Portanto, é muito importante — tudo isso nos foi ensinado por Paulo Freire — não confundir instrução escolar/acadêmica com cultura. Todos temos cultura, só que culturas que se complementam nas nossas relações sociais.

O trabalho de educação popular visa a justamente fazer emergir, no nosso povo, essa cultura que ele possui. Ele sabe, mas não sabe que sabe. E, graças à metodologia de Paulo Freire é possível fazer esse trabalho de que toda pessoa tem um potencial que ela mesma não conhece. É como o sujeito que tem órgãos internos — coração, intestino, estômago, e ele sabe disso; mas não sabe que tem *pâncreas*, que tem *baço*. Então a educação popular visa a trazer à tona esse conhecimento do potencial de *poder* que as classes oprimidas, excluídas, marginalizadas possuem, e como elas podem e *devem* transformar esse potencial em forma de organização, de mobilização e luta.

Com isso, quero muito agradecer a vocês por essa homenagem que deve se repetir frequentemente, sobretudo agora que nós, da esquerda, temos cometido o grave erro de abandonar o trabalho de base. Já não temos muitas equipes de educação popular funcionando Brasil afora, se produz pouco material nesse sentido, e corremos o risco de voltar a uma educação bancária, que não produz frutos, ou de pensar que, porque temos um pensamento crítico e o manifestamos através de redes digitais, isso fará com que as pessoas também adquiram pensamento crítico. Não é verdade. Pensamento crítico só pode ser resultado de um processo pedagógico, de um processo de educação e participação nas causas sociais, que começam em pequenas lutas, como a luta pela água, pela terra, pelo direito de uma passarela sobre a estrada, por um centro de saúde, e mesmo por organizações populares aparentemente apolíticas — um grupo de música, de teatro, de farmácia comunitária ou uma cooperativa —, e a partir daí é que se vai aprofundando o processo educativo que leva as pessoas a se transformarem em militantes.

Qual é a diferença de uma pessoa não militante para uma pessoa militante? A diferença consiste nisto: o não militante só percebe a própria vida como fenômeno biológico — eu nasço, cresço, preciso estudar pra ter uma profissão, tenho um trabalho, me caso e preciso do emprego para manter a família, meus filhos têm que ir pra escola; enfim, a vida é um processo biológico. Já o militante, não; ele percebe a vida como processo biográfico — sou uma pessoa que faço parte de uma classe social, de um povo, de uma nação, de um momento histórico, e esse momento histórico me coloca determinadas demandas, exigências, propostas, horizontes, utopias, e devo me engajar nesse processo.

Por fim, queria terminar com a leitura de um texto. Fui muito amigo de Paulo — aliás, éramos vizinhos, no bairro das Perdizes, em São Paulo, onde resido ainda hoje —, e, portanto, quando ele transvivenciou — não gosto da palavra "morte", acho que as pessoas transvivenciam —, escrevi esse texto em homenagem a ele.

"Ivo viu a uva", ensinavam os manuais de alfabetização. Mas o professor Paulo Freire, com o seu método de alfabetizar conscientizando, fez adultos e crianças, no Brasil, na Guiné-Bissau, na Índia, na Nicarágua e em tantos outros países descobrirem que Ivo não viu apenas com os olhos. Viu também com a mente e se perguntou se uva é natureza ou cultura.

Ivo viu que a fruta não resulta do trabalho humano. É Criação, é natureza. Paulo Freire ensinou a Ivo que semear uva é ação humana na e sobre a natureza. É a mão, que é uma multiferramenta, despertando as potencialidades do fruto. Assim como o próprio ser humano foi semeado pela natureza em anos e anos de evolução do Cosmo.

Colher a uva, esmagá-la e transformá-la em vinho é cultura, assinalou Paulo Freire. O trabalho humaniza a natureza e, ao realizá-lo, o homem e a mulher se humanizam. Trabalho que instaura o nó de relações, a vida social. Graças a Paulo Freire, que iniciou sua pedagogia revolucionária com trabalhadores do Sesi de Pernambuco, Ivo viu também que a uva é colhida por boias-frias, que ganham pouco, e comercializada por atravessadores, que ganham melhor.

Ivo aprendeu com Paulo que, mesmo sem ainda saber ler, ele não é uma pessoa ignorante. Antes de aprender as letras, Ivo sabia erguer uma casa, tijolo a tijolo. O médico, o advogado ou o dentista, com todo o seu estudo, não era capaz de construir como Ivo. Paulo ensinou a Ivo que não existe ninguém mais culto que o outro, existem culturas paralelas, distintas, que se complementam na vida social.

Ivo viu a uva e Paulo mostrou-lhe os cachos, a parreira, a plantação inteira. Ensinou a Ivo que a leitura de um texto é tanto mais bem compreendida quanto mais se insere o texto no contexto do autor e do leitor. É dessa relação dialógica entre texto e contexto que Ivo extrai o pretexto para agir. No início e no fim do aprendizado é a práxis de Ivo que importa. Práxis-teoria-práxis, num processo indutivo que torna o educando sujeito histórico.

Ivo viu a uva e não viu a ave que, de cima, enxerga a parreira e não vê a uva. O que Ivo vê é diferente do que vê a ave. Assim, Paulo Freire ensinou a Ivo um princípio fundamental do conhecimento: a cabeça pensa onde os pés pisam. O mundo desigual pode ser lido pela ótica do opressor ou pela ótica do oprimido. Resulta uma leitura tão diferente uma da outra como entre a visão de Ptolomeu, ao observar o sistema solar com os pés na Terra, e a de Copérnico, ao imaginar-se com os pés no Sol.

Agora Ivo vê a uva, a parreira e todas as relações sociais que fazem do fruto festa no cálice de vinho, mas já não vê Paulo Freire, que mergulhou no Amor de Deus na manhã de 2 de maio de 1997. Deixa-nos uma obra inestimável e um testemunho admirável de competência e coerência. Paulo agora vê Deus.

Obrigado, amigos e amigas; obrigado, queridos companheiros de mesa — Nita Freire, Carlos Rodrigues Brandão, Alder Júlio —; e a todos vocês: vamos guardar o pessimismo para dias melhores. Um grande abraço!

PAULO FREIRE
E A PROMESSA DE UMA PEDAGOGIA CRÍTICA EM TEMPOS SOMBRIOS[*]

Henry A. Giroux

---
[*] Traduzido por Leonardo Gonçalves.

Em todo o globo, as forças do fascismo estão em marcha. Ouvimos ecos do passado na ressurgência do ultranacionalismo, no culto do herói, no chamado por limpeza racial, na ascensão da supremacia branca, em uma visão conspiratória da história e em uma luta entre o bem e o mal e em um ataque a todos os vestígios de alfabetização crítica e de imaginação pública.[1] Paulo Freire é um dos mais importantes educadores críticos do século XX.[2] Não somente ele é considerado um dos fundadores da pedagogia crítica, como também representou um papel crucial ao desenvolver uma exitosa campanha de alfabetização no Brasil antes do golpe de 1964. Quando os militares tomaram o poder, Freire foi preso durante um curto tempo em função de sua atuação política. Foi liberado pouco depois e partiu para o exílio, primeiro no Chile e depois em Genebra, Suíça, por muitos anos. Em 1980, quando a democracia deu sinais de retornar ao Brasil, ele voltou ao país e teve um papel

---

[1] Veja a esse respeito: Henry A. Giroux, *American Nightmare: Facing the Challenge of Fascism*, San Francisco: City Lights Books, 2018.

[2] Uma das melhores fontes sobre a vida e a obra de Paulo Freire está em: Peter Mayo, *Liberating Praxis: Freire's Legacy for Radical Education and Politics*, Nova York: Praeger, 2004. Quatro dos melhores tradutores da obra de Freire para o contexto americano são: Donaldo Macedo, *Literacies of Power*, Boulder: Westview, 1994; Ira Shor, *Freire for the Classroom*, Portsmouth: Boynton/Cook, 1987; Antonia Darder, *Reinventing Paulo Freire: A Pedagogy of Love*, New York: Routledge, 2017; Peter Leonard; Peter McLaren (org.), *Paulo Freire: A Critical Encounter*, New York: Routledge, 1992.

significativo na implantação de políticas educacionais até sua morte prematura em 1997. Seu livro *Pedagogia do oprimido* é considerado um dos textos clássicos de pedagogia crítica e vendeu mais de um milhão de exemplares, influenciando gerações de professores e intelectuais dentro e fora dos Estados Unidos. Desde os anos 1980, não houve nenhum intelectual na cena da educação norte-americana que se equiparasse ao seu rigor teórico ou à sua coragem moral. Nos dias atuais, a maioria das faculdades é dominada por ideologias conservadoras, fechadas em métodos, servilmente devotas de cálculos de resultados e controladas por administradores que carecem de uma visão mais ampla ou de um entendimento crítico da educação como uma energia para o fortalecimento da imaginação e para a expansão de uma vida pública democrática.

A lógica do capitalismo neoliberal guiado pelo mercado continua a desvalorizar todos os aspectos do interesse público, e uma das consequências disso é o fato de a preocupação educacional com a excelência não ser mais pensada em termos de equidade, enquanto a educação superior, antes concebida como um bem público, foi reduzida a um bem privado. Universidades agora são amplamente definidas através da demanda corporativa para a qual proveem habilidades, conhecimento e credenciais para construir uma força de trabalho que irá permitir aos Estados Unidos competir e manter seu papel de maior economia e potência militar global. Como resultado, há pouco interesse em entender a base pedagógica da educação superior como uma prática profundamente cívica, política e moral — ou seja, a pedagogia como uma prática para a liberdade.

Enquanto a formação é cada vez mais subordinada a uma ordem corporativa, qualquer vestígio de educação crítica é substituído por treinamento e pela promessa de segurança econômica. Do mesmo modo, a pedagogia está agora subordinada ao estreito regime de ensino voltado para avaliações que caminham ao lado de um sistema de controle disciplinar frequentemente severo, os quais reforçam um ao outro mutuamente. Ademais, à medida que o século XXI se desenrola, pedagogias de repressão tornaram-se mais políticas em seus ataques à pedagogia crítica, ao ensino cívico e à justiça social. Além disso, professores são cada vez mais reduzidos ao status de técnicos, destituídos de qualquer controle sobre as salas de aula ou estruturas de administração escolar. O ensino voltado para exames avaliativos e a corporativização escolar estão se tornando um modo de domesticar os alunos e de invocar modos de administrações corporativas nas quais os professores das escolas públicas permanecem inábeis e um crescente número de faculdades de educação superior é reduzido a posições de tempo parcial, constituindo a nova classe subalterna de trabalho acadêmico.

Mas há mais coisas em jogo aqui do que crise de autoridade, exploração do trabalho da faculdade e da repressão ao pensamento crítico. Nesse momento, diversas salas de aulas de todos os níveis de ensino parecem uma "zona morta", onde qualquer vestígio de pensamento crítico, autorreflexão e educação cívica é rapidamente deslocado para locais externos ao ambiente educacional apenas para ser mediado e corrompido por uma cultura de mídia corporativa e poderosas plataformas de mídia digital. O maior problema atual deixou de ser o ensino voltado para as avaliações e passou a ser o de um enfraquecimento, através de uma pedagogia de complacência e conformidade, disciplinando aqueles educandos que, por causa de sua classe e raça, representam grupos considerados inacessíveis e descartáveis. O ensino superior imita esta lógica ao reduzir sua visão pública aos interesses do capital e ao redefinir-se amplamente como uma fábrica de credenciais para alunos e um tubo de ensaio para o enxugamento da atividade acadêmica, assim como ao servir de forma ilimitada aos filhos das elites dirigentes.

A pedagogia virou um amortecimento em sua negação do ensino cívico e dos esforços de Freire e de suada pedagogia para conectar a educação à criação de indivíduos crítica e ativamente bem-informados. Sob tais circunstâncias, raramente os educadores questionam sobre como as escolas podem preparar os educandos para se tornarem cidadãos informados, nutrir uma imaginação cívica ou ensiná-los a serem autorreflexivos a respeito de questões públicas e do mundo no qual vivem. Como posto por Stanley Aronowitz,

> Poucos dos pretensos educadores questionam: o que importa para além de ler, escrever e calcular que são presumivelmente ensinados nos graus elementares e secundários? A velha questão quanto ao que uma criança necessita para se tornar um "cidadão" informado capaz de participar de grandes e pequenas decisões públicas, as quais afetam tanto o vasto mundo quanto a vida cotidiana que recebe honorável menção mas não séria consideração. Tais questões não elaboradas são sintomas de um novo regime de expectativas educacionais que privilegiam a prontidão para o trabalho acima de qualquer outro valor educacional.[3]

---

[3] Stanley Aronowitz, "Forward," *Critical Pedagogy* In: *Uncertain Times: Hope and Possibilities*, organização de Sheila L. Macrine, Nova York, Palgrave MacMillan, 2009, p. 9.

Contra esse regime de idiotia "científica" e "pedagogia esvaziada", despojada de qualquer elemento crítico de ensino e aprendizado, Freire acreditava que toda educação num sentido mais amplo era parte de um projeto de liberdade e eminentemente político, já que oferecia aos educandos as condições para a autorreflexão, para uma vida autogerenciada e noções particulares de agenciamento crítico. Como Aronowitz coloca em sua análise da obra de Freire sobre alfabetização e pedagogia crítica:

> Assim, para Freire, alfabetização não era um meio de preparar os estudantes para o mundo do trabalho subordinado ou as "carreiras", mas uma preparação para uma vida autogerenciada. E o autogerenciamento só podia ocorrer quando as pessoas tivessem preenchido três objetivos da educação: autorreflexão, ou seja, compreender a famosa frase poética "conhece-te a ti mesmo", que é um entendimento do mundo no qual suas vidas, em suas dimensões econômica, política e, igualmente importante, psicológica. A pedagogia "crítica", especificamente, ajuda o aprendiz a ter consciência das forças que até então dirigiram suas vidas e especialmente suas consciências. O terceiro objetivo é ajudar a dar condições para a produção de uma nova vida, uma nova série de arranjos onde o poder foi, ao menos em tendência, transferido àqueles que literalmente fazem o mundo social pela transformação da natureza e de si mesmos.[4]

---

[4] *Ibidem.*

O que Paulo deixou claro em *Pedagogia do oprimido*, sua obra mais influente, é que pedagogia em seu melhor não é uma questão de métodos de ensino, treinamento, nem de doutrinação política. Para Freire, a pedagogia não é um método ou um *a priori* técnico a ser imposto sobre todos os estudantes, mas uma prática política e moral que provê o conhecimento, as habilidades e as relações sociais que preparam os estudantes para explorar as possibilidades do que significa serem cidadãos críticos, ao mesmo tempo que expandem e aprofundam sua participação na promessa de uma democracia real. Pensamento crítico não era uma lição focada em realizar avaliações, mas uma ferramenta para a autodeterminação e para o engajamento cívico.

Para Freire, o pensamento crítico não estava relacionado à tarefa de simplesmente reproduzir o passado e entender o presente. Ao contrário, tratava-se de oferecer um modo de pensar para além do presente, pairando acima dos confins imediatos da experiência pessoal, entrando num diálogo crítico com a História e imaginando um futuro que não meramente reproduzisse a atualidade. Theodor Adorno capta o espírito da noção de pensamento crítico de Freire ao insistir que

> Pensar não é a reprodução intelectual do que já existe. Enquanto não fizer rupturas, o pensar mantém um suporte seguro de possibilidade. Seu insaciável aspecto, sua aversão a ser rapidamente satisfeito, recusa a insensata sabedoria da resignação. [...] O pensamento aberto aponta para além de si mesmo.[5]

---

[5] Theodor Adorno, "Education after Auschwitz", In: *Critical Models: Interventions and Catchwords*, Nova York: Columbia University Press, 1998, pp. 291-292.

Freire rejeitava aqueles regimes de degradação educacional organizados em torno das demandas do mercado, o conhecimento instrumentalizado e a prioridade do treinamento acima da busca pela imaginação, pelo pensamento crítico e pelo ensino da liberdade e da responsabilidade social. Mais que adotar o manto da falsa imparcialidade, Freire acreditava que a pedagogia crítica envolve tanto o reconhecimento de que a vida humana é condicionada — ou seja, não determinada — e a crucial necessidade de não somente ler o mundo criticamente, mas também de intervir na ampla ordem social como parte da responsabilidade de uma cidadania informada.

De acordo com Freire, as demandas políticas e morais da pedagogia vão para além da escola e da sala de aula operando como mero instrumento do poder oficial ou assumindo o papel de defensor da ordem vigente — como a antiga administração de Trump costumava acreditar, dada sua disposição para denunciar qualquer aula sobre racismo em escolas públicas e superiores, e seu chamado por uma "educação patriota". A obra de Freire rejeita os modos de pedagogia que apagaram a memória histórica, que apoiaram modelos econômicos e formas de agenciamento nos quais a liberdade é reduzida ao consumismo e as atividades econômicas são desprovidas de qualquer critério que não seja o lucro e a reprodução de uma rápida expansão em massa de vidas humanas desperdiçadas.

A pedagogia crítica tenta entender de que modo o poder trabalha para a produção, a distribuição e o consumo de conhecimento dentro de certos contextos institucionais e procura constituir estudantes como sujeitos informados e agentes sociais. Nesta instância, o problema de como as identidades, valores e desejos são formados na sala de aula é a base para a política. Pedagogia crítica é, no entanto, investida tanto da prática de autocrítica sobre os valores que informam o ensinar quanto de uma autoconsciência crítica no que diz respeito ao que significa equipar estudantes com habilidades analíticas para serem autorreflexivos a respeito do conhecimento e dos valores que eles confrontam nas salas de aula. Mais ainda: tal pedagogia tenta não somente prover as condições para que os educandos entendam textos e diferentes modos de inteligibilidade, como também lhes abre novos caminhos para melhor fazerem os julgamentos morais que os habilitarão a assumir algum senso de responsabilidade para com o outro à luz desses julgamentos.

Freire tinha aguda consciência de que o que faz a pedagogia crítica tão perigosa para fundamentalistas ideológicos, para as elites dirigentes, para os religiosos extremistas e para os nacionalistas de extrema direita em todo o mundo é a tarefa de educar os estudantes a se tornarem agentes críticos que questionam ativamente e negociam as relações entre a teoria e a prática, a análise crítica e o bom senso, e o aprendizado e a mudança social. A pedagogia crítica abre um espaço onde estudantes deveriam estar preparados para lidar com seu próprio poder como cidadãos críticos engajados; isso provê uma esfera na qual a liberdade incondicional para questionar e afirmar é central para o propósito da escola pública e da educação superior, senão para a própria democracia. E como uma prática política e moral, um modo de conhecimento e engajamento de leitura, a pedagogia tenta "tornar evidente a multiplicidade e a complexidade da história".[6] A história, nes-

---

[6] Edward Said, *Reflections on Exile and Other Essays*, Cambridge: Harvard University Press, 2001, p. 141.

se sentido, é posta em cena mais como uma narrativa aberta ao diálogo crítico do que como um texto predefinido a ser memorizado e aceito de maneira inquestionada.

A pedagogia, nesse caso, fornece as condições para cultivar nos educandos um saudável ceticismo em relação ao poder, uma "disposição para temperar qualquer reverência pela autoridade com um senso de desconfiança crítica".[7] Como uma prática performativa, um dos êxitos da pedagogia é dar a oportunidade para estudantes de estarem preparados para desenhar sua própria relação com o projeto em andamento de uma inacabada democracia. É precisamente esta relação entre democracia e pedagogia que é tão ameaçadora para tantos de nossos líderes educacionais e porta-vozes, hoje em dia, e é também a razão pela qual as obras de Freire sobre pedagogia crítica e alfabetização são ainda mais relevantes hoje que quando foram publicadas pela primeira vez.

Segundo Freire, todas as formas de pedagogia representam um modo particular de entendimento da sociedade e um compromisso específico com o futuro. A pedagogia crítica, ao contrário dos modos dominantes de ensino, insiste que uma das tarefas fundamentais dos educadores é garantir que o futuro aponte o caminho para um mundo mais justo socialmente, um mundo no qual os discursos de crítica e possibilidade em conjunção com os valores da razão, liberdade e igualdade funcionem para alterar, como parte de um projeto democrático aberto, os terrenos sobre os quais a vida é vivida. Dificilmente isso será uma prescrição para doutrinação política, mas é um projeto que dá à educação crítica seu mais valoroso propósito

---
[7] *Ibidem*, p. 501.

e significado, que é, em parte, "encorajar a ação humana, não moldá-la à maneira do Pigmaleão".[8] É também uma posição que ameaça os políticos de direita, suprematistas brancos, neoliberais e um crescente número de grupos fascistas.

Tais indivíduos e grupos possuem profunda ciência de que a pedagogia crítica, com sua ênfase no trabalho duro em análise crítica, julgamentos morais e responsabilidade social, atinge o cerne do que significa direcionar desigualdades de poder, riqueza e renda ao nível social e conceber a educação como um projeto pela liberdade, ao mesmo tempo que coloca em evidência uma série de importantes e, não raro, ignoradas questões como: Qual é o papel dos professores e acadêmicos enquanto intelectuais públicos? A quais interesses a educação pública e superior serve? Qual a possibilidade de entender e engajar os diversos contextos nos quais a educação tem lugar? Qual o papel da educação como um bem público? Como tornar significativo o conhecimento para que ele se faça crítico e transformador? Como democratizar o governo? Contra a visão da extrema direita que trata qualquer sugestão de política como doutrinação, a pedagogia crítica está preocupada com a oferta de novos caminhos para que os estudantes possam pensar criticamente e agir com autoridade como agentes políticos independentes na sala de aula e em sociedades amplas; em outras palavras, ela está preocupada em fornecer aos estudantes as habilidades e o conhecimento necessários para expandirem suas capacidades, primeiro para que questionem os lugares-comuns profundamente arraigados e os mitos que legitimam as arcaicas práticas de opressão social, os

---

[8] Stanley Aronowitz, "Introduction", In: Paulo Freire, *Pedagogy of Freedom*, Boulder: Rowman and Littlefield, 1998, pp. 10-11.

quais estruturam todos os aspectos de nossa vida, e, então, assumam responsabilidade para intervir no mundo que habitam.

A educação não pode ser neutra. Ela é sempre diretiva e na sua tentativa de ensinar aos educandos a habitar um modo particular de agência, capacita-os a entender o vasto mundo e o papel que cada um exerce de modo específico nele, define sua relação, quiçá a responsabilidade, com as múltiplas alteridades, e os possibilita experienciar em sala de aula um certo modo de entendimento de uma vida mais justa, imaginativa e democrática. Por definição, a pedagogia é diretiva, mas isso não significa que ela seja meramente uma forma de doutrinação. Ao contrário, como Freire argumentava, a educação como uma prática para a liberdade precisa expandir as capacidades necessárias para a ação humana e, por isso, as possibilidades de como o trabalho acadêmico deve ser configurado para assegurar tal projeto que é parte integrante da própria democracia. Com certeza, isso sugere que, mesmo dentro dos recintos privilegiados da educação superior, os educadores devem nutrir as práticas pedagógicas que promovam

> uma preocupação em manter o sempre incansável e incompleto potencial humano aberto, lutando contra todas as tentativas de impedir e prever o desencadeamento das possibilidades humanas, incitando a sociedade humana a ir adiante questionando-se a si mesma e evitando que esse questionamento estagne ou se dê por acabado.[9]

---

[9] Zygmunt Bauman e Keith Tester, *Conversations with Zygmunt Bauman*, Malden: Polity Press, 2001, p. 4.

Em outras palavras, a pedagogia crítica forja uma noção expandida de política e de agenciamento se valendo de uma linguagem de ceticismo e de possibilidade, e de uma cultura da abertura, do debate e do engajamento — todos esses elementos agora em risco pelos atuais e muito perigosos ataques à educação superior. Esse é o legado de Paulo Freire, esse que invoca perigosas memórias e que está cada vez mais ausente de qualquer discurso conservador sobre problemas de educação correntes. Infelizmente, ele também está ausente de muitas das atuais discussões sobre o trabalho na academia.

Conheci Paulo no começo dos anos 1980, logo após ter tido minha posse como professor universitário negada por John Silber, um então notório reitor de extrema direita da Boston University. Paulo estava dando uma palestra na Universidade de Massachusetts e veio até minha casa em Boston para o jantar. Sua humildade não combinava em absoluto com sua reputação, e eu me lembro de ser saudado de modo tão caloroso e sincero que me senti completamente à vontade com ele. Aquela noite, falamos por bastante tempo sobre seu exílio, minha demissão, o que significava ser um intelectual proletário, o risco que era preciso assumir para fazer uma diferença, e assim, quando nosso encontrou chegou ao fim, uma amizade, que durou até sua morte quinze anos depois, havia sido forjada. Eu estava péssimo após ter minha posse recusada e não tinha ideia do que o futuro guardava para mim. Estou convencido de que se não fosse por Freire e Donaldo Macedo, também um amigo parceiro de Paulo,[10] eu talvez não

---

[10] Ver Paulo Freire e Donaldo Macedo, *Literacy: Reading the Word and the World*, Amherst: Bergin and Garvey, 1987.

tivesse permanecido no campo da pedagogia. Mas a paixão de Freire pela educação e a amizade de Macedo me convenceram de que a educação não era só importante, era um lugar crucial de luta.

Diferentemente de tantos intelectuais que conheci na academia, Paulo era tão generoso, ávido para publicar a obra de intelectuais mais jovens, escrever cartas de apoio e dar tanto quanto possível de si para ajudar os demais. O início dos anos 1980 foram anos excitantes no que diz respeito à educação nos Estados Unidos e Paulo estava no centro disso. Juntos, começamos uma série de educação e cultura crítica em Bergin e Garvey e publicamos mais de cem jovens autores, muitos dos quais vieram a ter uma significativa influência na universidade. Jim Bergin se tornou o patrono de Paulo como seu editor estadunidense, Donaldo tornou-se seu tradutor e coautor, e demos o nosso melhor para traduzir, publicar e distribuir sua obra sempre com a esperança de convidá-lo para voltar aos Estados Unidos, para que pudéssemos nos encontrar, falar, beber bom vinho e recarregar as energias para as lutas que nos marcaram de diferentes modos. Claro, é difícil escrever sobre Paulo apenas como pessoa porque quem ele era e o modo como ele entrou no nosso espaço e no nosso mundo nunca poderá ser separado de suas pautas políticas. Por isso, quero tentar oferecer um contexto mais amplo para minha própria compreensão dele, tanto quanto aquelas ideias que consistentemente deram forma a nossa relação e a sua relação com outros.

Ocupando o espaço muitas vezes difícil entre a política e o ainda possível, Paulo Freire passou a maior parte de sua vida trabalhando na crença de que os elementos radicais da democracia merecem que lutemos por eles, que a educação crítica é o elemento básico da mudança social e que o modo como pensamos a política é inseparável de como compreendemos o mundo, o poder e a vida moral que aspiramos levar. De diversas maneiras, Paulo incorporava a importante, mas sempre problemática relação entre o pessoal e o político. Sua própria vida era um testemunho não apenas de sua fé na democracia, mas também da noção de que a vida de cada um deve se aproximar o quanto possível de modelar nas relações sociais e experiências aquilo que afirma um futuro mais humano e democrático. Ao mesmo tempo, Paulo nunca moralizou sobre política, nunca empregou o discurso da vergonha, ou derrubou a política para dentro da pessoa quando falava de questões sociais. Para ele, problemas privados devem ser entendidos em relação com problemas públicos mais amplos. Tudo nele sugeria que a primeira ordem da política era a humildade, a compaixão e a disposição para lutar contra injustiças humanas.

A crença de Freire na democracia, tanto quanto sua profunda e permanente fé na aptidão das pessoas para resistirem ao peso das instituições e das ideologias opressoras estava forjado em um espírito de luta. Era um espírito cívico e emancipatório temperado pelas duras realidades de sua prisão e de seu exílio, mediado por um firme sentido do ultraje e pela crença de que a educação e a esperança são condições de ação e de políticas. Agudamente ciente de que muitas versões contemporâneas de esperança ocupavam seu próprio lugar na Disneylândia, Freire lutava contra tais apropriações e era apaixonado pela recuperação e a rearticulação da esperança através, em suas palavras, de um "entendimento da história como oportunidade e não como determinismo".[11]

Esperança para Freire era uma prática de testemunho, um ato de imaginação moral que habilitava educadores progressistas e outros para pensar diferente e então agir diferentemente. A esperança demandava uma ancoragem nas práticas transformadoras, e uma das tarefas do educador progressista era "desvelar oportunidades para a esperança, não importando quais obstáculos apareçam".[12] As políticas da esperança subjacentes a Freire eram uma visão da pedagogia radical que se localizava nas linhas divisórias nas quais as relações entre dominação e opressão, poder e impotência, continuavam a serem produzidas e reproduzidas. Para Freire, esperança, como um elemento definidor de políticas e de pedagogias, sempre significava ouvir e trabalhar com os pobres e outros grupos subordinados para que eles pudessem falar e agir pela alteração das relações dominantes de poder. Onde quer que ele falasse, nunca se permitia cair no cinismo. Era sempre cheio de vida, se deleitava comendo boa comida, ouvindo música, abrindo-se a novas experiências e se engajava em conversas com uma paixão que incorporava suas próprias políticas e confirmava a presença viva dos outros.

Comprometido com o específico, com o papel do contexto e com a possibilidade inerente no que ele chamava de a inacabada natureza dos seres humanos, Freire não oferecia receitas para aqueles que precisavam de exemplos teóricos e políticas fixas. Para ele, a pedagogia era estratégica e perfor-

---

[11] Paulo Freire, *Pedagogy of Hope*, Nova York: Continuum Press, 1994, p. 91.
[12] *Ibidem*, p. 9.

mativa: considerada como parte de uma prática política mais ampla por mudança democrática, a pedagogia crítica nunca era vista como um discurso *a priori* a ser reafirmado ou uma metodologia a ser implementada ou, por isso mesmo, como um apego servil ao conhecimento que pode somente ser quantificado. Ao contrário, para Freire a pedagogia era um ato político e performativo organizado em torno à instrutiva ambivalência das fronteiras ultrapassadas",[13] uma prática de perplexidade, interrupção, entendimento, intervenção que é o resultado das lutas históricas, sociais e econômicas em curso. Eu costumava ficar impressionado com o seu modo paciente de lidar com as pessoas que queriam que ele fornecesse respostas predefinidas aos problemas que levantavam sobre educação, sem notar que assim ignoravam a sua insistência de que a pedagogia nunca poderia ser reduzida a um método. Sua paciência era sempre instrutiva para mim e acho que só bem mais tarde na minha vida eu consegui começar a emular tal postura em minhas próprias interações com audiências.

Paulo era um intelectual cosmopolita que nunca negligenciava os detalhes da vida cotidiana e as conexões, por tardias que fossem, com um mundo mais amplo, global. Consistentemente nos lembrava que as lutas políticas eram vencidas e perdidas nos espaços específicos, porém hibridizados, que interligam narrativas de experiência cotidianas com a gravidade social e a força material do poder institucional. Qualquer pedagogia que se autoproclame freireana tinha que reconhecer a centralidade do particular e do contingente na confor-

---

[13] Citado em Homi Bhabha, "The Enchantment of Art", organização de Carol Becker e Ann Wiens, *The Artist in Society*, Chicago: New Art Examiner, 1994, p. 28.

mação de contextos históricos e projetos políticos. Embora Freire fosse um teórico de contextualismo radical, ele também reconhecia a importância de entender o particular e o local em relação com forças mais amplas, globais e transnacionais. Para Freire, alfabetização como uma maneira de ler e de mudar o mundo tinha que ser recriada dentro de uma mais ampla noção de cidadania, democracia e justiça que eram globais e transnacionais. Fazer o pedagógico mais político, nesse caso, significava mover para além da celebração das mentalidades tribais e desenvolver uma práxis que embasava "poder, história, memória, análise relacional, justiça (não somente representação), e ética como os problemas centrais para as lutas democráticas transnacionais".[14]

Mas a insistência de Freire em acreditar que a educação estava relacionada com a feitura e a mudança de contextos fazia mais do que aproveitar as potencialidade políticas e pedagógicas que fossem encontradas através de um espectro de lugares sociais e práticas em sociedade, o que, é claro, incluía mas não era limitado à escola. Ele também desafiava a separação de cultura das políticas, chamando a atenção para como tecnologias diversas de poder trabalham pedagogicamente dentro das instituições para produzir, regular e legitimar formas particulares de conhecimento, pertencimento, sentimento e desejo. Freire sabia bem que a política segue a cultura, e que matérias de entendimento e um público informado eram cruciais para a viabilidade de uma democracia radical. Freire não cometeu o erro de muitos de seus contemporâneos de

---

[14] M. Jacqui Alexander e Chandra Talpade Mohanty, "Introduction: Genealogies, Legacies, Movements". In: *Feminist Genealogies, Colonial Legacies, Democratic Futures*, Nova York: Routledge, 1997, p. 19.

confundir cultura com uma política fragmentada de identidades e diferenças suturadas. Ao aplaudir a processual exposição de diferentes formas de opressão, ele discutia que era preciso buscar uma política compreensiva que desse ênfase à unidade geral de um socialismo democrático. A política era mais que um gesto de tradução, representação e diálogo, ela também significava criar as condições para que as pessoas pudessem governar mais do que meramente serem governadas, permitindo que movimentos de mobilização social enfrentassem as opressivas práticas sexistas, racistas e de exploração econômica colocadas em funcionamento pela colonização, pelo capitalismo global e por outras estruturas de poder.

Paulo Freire deixou um *corpus* de obras que emergiam de uma vida de lutas e compromisso. Recusando o conforto de narrativas dominantes, o trabalho de Freire era sempre inquieto e inquietante, desassossegado embora cativante. Diferente de muitas das prosas acadêmicas e públicas politicamente áridas e moralmente vazias que caracterizam o discurso intelectual contemporâneo, a obra de Freire era abastecida de forma consistente por um saudável ataque à moral acima da desnecessária opressão e do sofrimento, os quais e ele testemunhou ao longo de sua vida enquanto trabalhava em todo o globo. De modo similar, seu trabalho exibia uma vibrante e dinâmica qualidade que o permitia se desenvolver, recusar fórmulas fáceis e abrir-se a novas realidades e projetos políticos. A genialidade de Freire foi elaborar uma teoria de mudança social e de engajamento que não era nem vanguardista nem populista. Enquanto tinha uma profunda fé na capacidade das pessoas ordinárias para dar forma à história e se tornarem agentes críticos na produção de seus próprios destinos, ele se recusava a romantizar a cultura e as experiências que produziam condições opressivas. Combinando rigor teórico, relevância social e compaixão moral, Freire deu um novo significado às políticas da vida cotidiana enquanto afirmava a importância da teoria na abertura de um espaço de crítica, possibilidade, política e prática. Teoria e linguagem eram espaços de luta e alternativas que davam à experiência, ao significado e à ação um direcionamento político e qualquer tentativa de reproduzir o binarismo de teoria versus política era repetidamente condenado por Freire.[15] Embora adorasse a teoria, ele nunca a reificava. Quando falava sobre Freud, Marx ou Erich Fromm, era possível sentir sua intensa paixão pelas ideias. E ainda assim ele nunca tratava a teoria como um fim em si mesmo; era sempre uma fonte na qual o valor se baseia no entendimento, no engajamento crítico e na transformação do mundo como parte de um projeto mais amplo de liberdade e justiça. Dizer que sua alegria em torno a essas matérias é infecciosa é subestimar sua própria presença e o impacto sobre tantas pessoas que ele encontrou em sua vida.

Paulo era cuidadoso ao testemunhar sofrimentos individuais e coletivos alheios, mas evitava o papel do intelectual isolado como um herói existencial que luta sozinho. Para Freire, intelectuais devem associar seu chamado para tornar o pedagógico mais político com um progressivo esforço para construir tais coalisões, afiliações e movimentos sociais capazes de mo-

---

[15] Freire teria, com certeza, concordado calorosamente com a percepção de Stuart Hall de que: "É somente através do modo como representamos e imaginamos a nós mesmos que chegamos a saber como somos constituídos e quem somos. Não há como escapar das políticas de representação." Stuart Hall, "What is this 'Black' in Popular Culture?" In: Gina Dent (org.), *Black Popular Culture*. Seattle: Bay Press, 1992, p. 30.

bilizar o poder real e promover mudanças sociais substantivas. Freire entendia muito intensamente que a democracia estava ameaçada por um complexo militar-industrial e o crescente poder do estado em guerra, mas ele também reconhecia a força pedagógica de uma cultura corporativa e militarizada que erodia as capacidades morais e cívicas de cidadãos para pensar para além do bom senso do poder oficial e de suas ideologias legitimadoras. Freire nunca perdeu de vista a afirmação de Robert Hass de que o trabalho da educação, seu trabalho político é o de "revigorar a ideia de justiça que está por morrer em nós todo o tempo".[16] Em um tempo em que a educação se tornou um dos lugares da conformidade, da perda de autonomia e dos modos intransigentes de punição, o legado da obra de Paulo Freire é mais importante do que nunca.

25 de maio de 2021

Referências bibliográficas

Adorno, Theodor. "Education after Auschwitz" In: *Critical Models: Interventions and Catchwords*, New York: Columbia University Press, 1998, pp. 291-292. [Ed. bras.: "Educação depois de Auschwitz". In: *Educação e emancipação*. Rio de Janeiro: Paz e Terra, 2021.]

Alexander, M. Jacqui Alexander; Mohanty, Chandra Talpade. "Introduction: Genealogies, Legacies, Movements" In: *Feminist*

---

[16] Sarah Pollock, "Robert Hass". In: *Mother Jones*, março/abril 1992, p. 22.

Genealogies, Colonial Legacies, Democratic Futures, New York: Routledge, 1997, p. 19.

Aronowitz, Stanley. "Introduction" In: Freire, Paulo. *Pedagogy of Freedom*. Boulder: Rowman and Littlefield, 1998, pp. 10-11. [Ed. bras.: *Pedagogia da autonomia*. Rio de Janeiro: Paz e Terra, 2021.]

_____. *Against Schooling: For an Education That Matters*. Boulder: Paradigm Publishers, 2008, p. 12.

_____. "Forward," In: *Critical Pedagogy in Uncertain Times: Hope and Possibilities*. Organização de Sheila L. Macrine. New York: Palgrave MacMillan, 2009, p. 9.

Bauman, Zygmunt; Tester, Keith. *Conversations with Zygmunt Bauman*, Malden: Polity Press, 2001, p. 4.

Bhabha, Homi. "The Enchantment of Art" In: Becker, Carol; Wiens, Ann (orgs.). *The Artist in Society*. Chicago: New Art Examiner, 1994, p. 28.

Darder, Antonia. *Reinventing Paulo Freire: A Pedagogy of Love*. New York: Routledge, 2017).

Freire, Paulo; Macedo, Donaldo. *Literacy: Reading the Word and the World*, Amherst: Bergin and Garvey, 1987. [Ed. bras.: *Alfabetização: leitura do mundo, leitura da palavra*. Rio de Janeiro: Paz e Terra, 2021.]

_____. *Pedagogy of Hope*, New York: Continuum Press, 1994, p. 91. [Ed. bras.: *Pedagogia da esperança*. Rio de Janeiro: Paz e Terra, 2020.]

Giroux, Henry A. *American Nightmare: Facing the Challenge of Fascism*. San Francisco: City Lights Books, 2018.

Hall, Stuart. "What is this 'Black' in Popular Culture?". In: Gina Dent (org.), *Black Popular Culture*, Seattle: Bay Press, 1992, p. 30.

Leonard, Peter; Mclaren, Peter. *Paulo Freire: A Critical Encounter*, New York: Routledge, 1992.

Macedo, Donaldo. *Literacies of Power*. Boulder: Westview, 1994.

Mayo, Peter. *Liberating Praxis: Freire's Legacy for Radical Education and Politics*. New York: Praeger, 2004.

Pollock, Sarah. "Robert Hass". In: *Mother Jones*, mar.-abr. 1992, p. 22.

Said, Edward. *Reflections on Exile and Other* Essays. Cambridge: Harvard University Press, 2001, p. 141. [Ed. bras.: *Reflexões sobre o exílio e outros ensaios*. São Paulo: Companhia das Letras, 2003.]

Shor, Ira. *Freire for the Classroom*. Portsmouth: Boynton/Cook, 1987.

O ENCONTRO
DE PAULO FREIRE
COM O MST

João Pedro Stedile
Isabela Camini

> *Mas, eu, que escrevi* Pedagogia do oprimido, *como é que eu não vou lá aonde os oprimidos escrevem a sua pedagogia?*
>
> PAULO FREIRE

Celebrar o centenário de Paulo Freire é uma necessidade para o Movimento Sem Terra (MST). Trata-se de uma efeméride histórica extraordinária para a reflexão acerca das práticas sociais e educativas construídas coletivamente, as quais se transformaram hoje no seu legado. Durante todo o ano de 2021, seremos parceiros solidários de milhares de militantes, educadores e muitos coletivos para celebrar e cultivar os ensinamentos deste educador do povo. Queremos avaliar e atualizar nossa práxis à luz das lições de vida do educador que cruzou fronteiras para encontrar-se com comunidades camponesas, no nordeste brasileiro, no Chile, na África e em outros tantos lugares em que foi construída sua pedagogia. Foi essa mesma disposição que trouxe Paulo Freire ao Assentamento do MST, "Conquista da Fronteira", em Hulha Negra,[1] Rio Grande do Sul, no ano de 1991.

---

[1] Hulha Negra, à época, era um distrito de Bagé. Foi emancipada no ano de 1993.

A propósito do convite para a escrita deste texto, faremos uma memória da presença educativa de Freire em nosso meio, buscando entender por quais portas ele entrou em nós e como vamos reinventando em nossas lutas a sua e a nossa pedagogia no decorrer de quatro décadas.[2] É desta forma que pretendemos dialogar com os leitores e as leitoras da obra em que este texto se insere.

Um encontro que vem de longe

O encontro de Paulo Freire com o MST vem de longe. Talvez tenha sido semeado desde a identidade de Paulo Freire com os camponeses e as camponesas de Angicos, Rio Grande do Norte, e com todo o trabalho das Ligas Camponesas, antes de amargar o exílio que sofreu durante a ditadura civil-militar brasileira. E existiu antes mesmo do MST se constituir como Movimento.

Como sabemos, a luta pela terra foi retomada a partir do segundo semestre de 1978, quando, em diferentes lugares do Brasil, começaram a brotar ocupações de terra, realizadas por famílias de sem-terra. Essas ocupações eram organizadas, exigindo certo tempo de preparação, de reuniões, de conversas. Lembre-se de que vivíamos ainda a ditadura civil-militar e a repressão estava presente para impedir qualquer mobilização de massas e lutas sociais por seus direitos. Havia um desejo geral de lutar pela redemocratização do país, com o direito à

---

[2] Também contribuíram na sistematização desta memória Edgar Jorge Kolling e Roseli Salete Caldart.

anistia dos perseguidos — promulgada em 1979 —, o direito a greve, entre outras conquistas políticas. Foi assim que surgiram as greves e mobilizações urbanas, assim como as mobilizações no campo. Todas essas movimentações desaguaram na campanha pelas *Diretas Já* e na queda da ditadura em 1984.

As ocupações de terra e outras mobilizações por direitos sociais no campo eram organizadas por militantes populares que atuavam nos sindicatos de trabalhadores rurais, na Comissão Pastoral da Terra (CPT) ou como agentes de pastorais de diversas igrejas, dioceses e militantes de esquerda que atuavam de forma autônoma ou, ainda, sob o manto do Movimento Democrático Brasileiro (MDB), único partido de oposição permitido.

De 1979 a 1984, aconteceram muitas ocupações de terra e lutas de resistência no campo. A CPT cumpriu um papel importantíssimo de começar a promover o encontro das lideranças populares desse processo. Diversos encontros regionais e estaduais resultaram e consolidaram o primeiro Encontro Nacional, realizado em Cascavel, Paraná, em janeiro de 1984, o qual deu os contornos programáticos e organizativos que configuram o MST até hoje.

Em todas essas atividades, reuniões, encontros de militantes e líderes, era possível notar a presença de Paulo Freire. Ele estava presente no método utilizado como trabalho de base: conhecer a realidade, ouvir as necessidades do povo e discutir as ocupações de terra como alternativa para o problema de muitos. Estava presente no espírito da organização coletiva e autogestionada dos grupos de sem-terra, que se constituíam para organizar tanto a ocupação quanto o acampamento e, depois da conquista da terra, o assentamento. Estava presente na postura humana de valorizar a solidariedade e a contribuição de cada pessoa, cada família. Paulo Freire estava ali, alimentando a esperança daquele povo cuja luta estava apenas começando.

Sua pedagogia também inspirou a formação teórica dos militantes e agentes que atuaram nesse período. Nas conversas e nos encontros, momentos em que a militância se dava a conhecer pelas suas histórias e pela troca de conhecimentos, era comum fazerem referências à sua obra *Pedagogia do oprimido*, que já circulava amplamente e se tornava um clássico. Foi muito importante o acesso que tivemos, à época, ao texto, ainda mimeografado e em espanhol, que Paulo Freire havia construído coletivamente com a experiência do trabalho político na Reforma Agrária chilena. Texto que depois foi também publicado como livro no Brasil, com o título *Extensão ou comunicação?*, e que continua muito lido até hoje. Naquele momento, essa obra foi um precioso guia para repensarmos a forma do trabalho pedagógico com as famílias camponesas, chamado de "extensão rural", partindo de uma vivência concreta feita com camponeses chilenos.

Diferentes experiências fizeram avançar a retomada da luta pela terra. Em 1981, organizamos um grande acampamento na Encruzilhada Natalino, localizada no município de Ronda Alta, no Rio Grande do Sul. No período de acampamento, construímos muitos aprendizados, ao enfrentarmos duramente e diuturnamente a repressão vinda pelas mãos do conhecido "Coronel Curió".[3] Esse acampamento teve repercussão nacio-

---

[3] Sebastião Curió Rodrigues de Moura. A alcunha "Curió" foi posteriormente incluída de maneira formal ao seu nome. Foi integrante das forças do Exército que combateram a guerrilha do Araguaia na Amazônia entre 1972 e 1974. Talvez por isso tenha sido "escalado" para a operação contra o acampamento.

nal, reuniu quase mil famílias e se transformou numa trincheira camponesa contra a ditadura. Derrotado o Curió, em 1982, conseguiu-se uma área de 110 hectares onde organizamos um acampamento mais "sossegado", quase um pré-assentamento, para seguir pressionando o governo estadual sem o risco da repressão. O acampamento se chamou Nova Ronda Alta, em alusão ao município de Ronda Alta onde se localizava. Nesse novo local, as famílias continuaram resistindo e pressionando o governo para a desapropriação de algumas terras e, assim, conquistaram várias áreas de fazendas improdutivas em diversas regiões do estado para onde foram sendo transferidas. Em Nova Ronda Alta, foram assentadas apenas dez famílias.

Superadas as primeiras dificuldades e, em alguma medida, consolidado o acampamento, passamos a nos dedicar a melhorar sua organização, a elevar o nível educacional e cultural, desenvolvendo muitas atividades coletivas, desde a produção até a organização do trabalho pedagógico com as crianças, o que era uma novidade. Mostrava-se urgente pensar em uma pedagogia, em uma escola diferente para atender as inúmeras crianças que acompanhavam seus pais na luta pela terra. E, ao iniciarmos o trabalho com a infância, nos demos conta da existência de muitas pessoas adultas que ainda não haviam sido alfabetizadas. Mais um desafio grandioso que a luta pela terra nos colocou e que ainda segue conosco.

De imediato, pensamos em pedir ajuda ao educador Paulo Freire, que havia retornado do exílio fazia pouco tempo. Com a mediação de amigos da igreja em São Paulo, fizemos o primeiro contato. O acampamento já era conhecido nacionalmente, e explicamos a necessidade e a importância deste trabalho de educação que estava sendo iniciado lá.

Nós sonhávamos com a possibilidade de Paulo Freire vir ao acampamento e organizarmos uma oficina de preparação de monitores de alfabetização. Contudo, por estar reorganizando sua vida no Brasil e ter assumido a docência na Unicamp, sua agenda não permitiu a viagem naquele momento. Então, gentilmente, ele destinou essa tarefa ao casal, Vera e José Carlos Barreto, os quais faziam parte de sua equipe de trabalho.[4] Com ela e ele fizemos várias sessões de trabalho, estudamos e discutimos textos de Paulo Freire. Queríamos, em especial, entender o método de alfabetização, como escolher os temas geradores, as palavras chaves. Começamos o exercício de pensar como alfabetizar e, ao mesmo tempo, promover a conscientização a partir de nossa realidade, geradora de grandes questões e aprendizados.

Inspiradas pelas leituras de Freire, uma certeza alimentava as primeiras educadoras destes acampamentos, Maria Izabel Grein, Maria Salete Campigotto e Lúcia Webber (hoje Vedovatto): era preciso valorizar a luta das famílias, ensinando através de experiências concretas de amor à terra, ao trabalho, à luta. Para isso, escolhiam as palavras significativas do seu meio vocabular: barraco, terra, luta e sino. Naquele momento, a palavra *sino* foi a mais forte, porque tinha um significado simbólico desde a Encruzilhada Natalino. O toque do sino era o som que chamava os acampados para a oração, anunciava a chegada de visitas, e de modo especial, alertava a necessidade de se organizar contra a repressão que se aproximava. Contudo, a palavra *barraco* mexia muito com o aprendizado

---

[4] O mesmo casal que foi buscar Paulo Freire no aeroporto quando retornou do exílio em 7 de agosto de 1979 (cf. Sérgio Haddad, *O educador: um perfil de Paulo Freire*, São Paulo: Todavia, 2019, p. 148).

das crianças e adultos: qual o direito de um ser humano sobre onde morar? É num barraco de lona, desprotegido, à mercê do vento, calor e frio? *Luta, terra, marchas, latifúndio,* foram também palavras geradoras de conhecimento e ação.

Lembramos que, por não haver nenhuma estrutura para a escola, crianças e educadoras se reuniam em barracos emprestados pelas famílias, ou debaixo de árvores que lhes serviam de sombra. Sombra que as protegiam do sol quente, nem sempre igual àquela mangueira a qual servia de aconchego a Paulo Freire no quintal de sua casa em Jaboatão, onde aprendeu a soletrar suas primeiras palavras e a ler o mundo.

Ainda hoje, talvez seja neste lugar social, de luta, que sua pedagogia encontra as mais significativas palavras geradoras de conhecimento que conscientiza, liberta, humaniza. A princípio, é nesta realidade, de acampamento em luta, que as educadoras se iniciam no diálogo com a pedagogia freireana, força que continua a nos mover. Foi assim que Paulo Freire entrou de forma prática no nosso trabalho de educação e não saiu mais...

Um encontro presencial histórico: assentamento Conquista da Fronteira, 1991

Gostaríamos de compartilhar com vocês como foi o primeiro e único encontro presencial coletivo que tivemos com Paulo Freire. Foi no Assentamento Conquista da Fronteira, no Rio Grande do Sul, durante o lançamento de nosso primeiro Projeto de Alfabetização de Jovens e Adultos.

Aguardar por uma pessoa considerada uma das maiores personalidades da educação que havia sido presa e exilada em função de seu trabalho para ver o povo livre da opressão e que, de volta ao Brasil após dezesseis anos, era admirada por suas obras se constituiu em uma espera ansiosa e cheia de expectativas para os jovens monitores, educadoras, estudantes, famílias assentadas, religiosos, políticos, lideranças, entre outras pessoas. Naquele dia de sábado, 25 de maio de 1991, ouvi-lo dizer a sua palavra e o que pensaria sobre o curso de alfabetizadores somava-se à expectativa de encontrá-lo, de carne e osso, de recebê-lo no seio de um assentamento do MST.

No início daquele sábado se abateu certo desânimo, porque choveu torrencialmente durante os dois dias anteriores. As estradas de péssima conservação ficaram intransitáveis, além disso uma pequena ponte que dava acesso ao assentamento foi levada pelas águas. Frei Sérgio Görgen, coordenador do Projeto, logo se comunicou com a equipe de Paulo Freire para averiguar se a visita estava mantida, recebendo como resposta a confirmação de que ele viria em quaisquer condições climáticas. Atitude própria de um educador que sempre manteve a coerência, mesmo quando isto lhe custou o gosto amargo da prisão e depois do exílio.

Era o dia do lançamento do Projeto de Alfabetização de Jovens e Adultos, além da formatura da primeira turma de monitores e o MST desejava encontrar, ouvir e, sobretudo, contar a Paulo Freire sobre a Campanha de Alfabetização que estava se iniciando no Rio Grande do Sul, inspirada por ele e que depois se espalharia de diferentes formas pelo país inteiro. Experiência na qual as palavras que germinavam da nossa realidade, como *acampamento*, *terra*, *assentamento*, *semente*, *horta*, *lavoura*, *estrada*, *cooperativa* e *associação*, ganhavam um significado conscientizador e humanizador.

O ENCONTRO DE PAULO FREIRE COM O MST

Embora ocupado com suas obrigações como secretário de Educação da cidade de São Paulo e sempre zeloso com suas tarefas de escrita, Paulo Freire ouviu com atenção e interesse Frei Sérgio, em nome do MST,[5] lhe fazer o convite para estar presente no lançamento do Projeto de Alfabetização que o MST, junto com os freis franciscanos, tinha assumido a tarefa de desencadear, tendo como opção trabalhar com a pedagogia sistematizada por ele. De pronto, o desafio de participar deste dia festivo foi aceito, ainda que o convite tenha sito feito apenas algumas semanas antes do dia 25 de maio.

Paulo Freire sequer perguntou para onde o levariam e como seriam as condições para chegar até o assentamento, veio de coração aberto, desarmado, e cheio de esperança para encontrar e ouvir os corajosos jovens dispostos a fazer, 26 anos depois, um pouco daquilo que ele mesmo sonhava ter feito na década de 1960. Um sonho interrompido pela ditadura. Em sua companhia, estavam Ana Maria Freire, sua esposa, e Ester Grossi, na época secretária de Educação de Porto Alegre.

O Assentamento Conquista da Fronteira, situado na época no distrito e hoje município de Hulha Negra, fica a aproximadamente 380 km da capital, Porto Alegre. Como nos conta Rita Zanotto, coordenadora do Projeto de Alfabetização pelo MST.[6]

---

[5] Os detalhes da memória deste dia e de seus preparativos estão em um depoimento gravado, a nosso pedido, por Frei Sérgio Görgen (franciscano) em 4 de outubro de 2020. Frei Sérgio nos contou que foi a pessoa indicada pelo MST para ir ao encontro de Paulo Freire em São Paulo, fazer-lhe o convite e agendar a vinda dele ao assentamento do MST-RS. Por isso foi ele quem o recebeu no aeroporto em Porto Alegre e o acompanhou até o Assentamento Conquista da Fronteira. A frase de Paulo Freire que colocamos como epígrafe integra a memória deste encontro.

[6] Rita Zanotto, do Setor de Educação do MST-RS, foi a coordenadora do

Trazer Paulo Freire para dentro de um assentamento, com a proposta de com ele seguir transformando, foi um sonho alimentado nos processos de formação, na leitura de seus livros, de seus textos que foram dando fundamento à ação. Foi complicada sua chegada naquelas longínquas terras de difícil acesso, onde não havia estradas transitáveis em dias de chuva. Em 25 de maio de 1991, chegou a Bagé e não havia formas de ir até ao Assentamento Conquista da Fronteira. Com esta dificuldade, pensamos em fazer o ato no então distrito de Hulha Negra, mas entendemos que não poderíamos negar a tantos assentados, que esperavam conhecer Paulo Freire, que prepararam a infraestrutura no único galpão que se dividia entre a produção e a criação de um espaço para acolher a comunidade. Fazer lá na vila seria negar a eles e elas a oportunidade de encontrar Paulo Freire, o grande educador.

Naquele dia, ainda na dúvida de onde seria o encontro com Paulo Freire, se na sede do assentamento ou na vila de Hulha Negra, em frente à Igreja São José, dos franciscanos, muitas pessoas o aguardavam e estavam ansiosas para vê-lo, abraçá-lo, ouvi-lo e fotografar-se ao seu lado, como se pudessem eternizá-lo na memória. Ao mesmo tempo, os monitores e muitas outras pessoas o esperavam na sede do assentamento.

Projeto de Alfabetização de Jovens e Adultos, junto com Frei Sérgio Görgen. No ano de 1991, estava sendo formada uma primeira turma de 25 monitores. Em 1992, foi formada uma segunda turma, com quarenta monitores. Eram todos jovens acampados ou filhos e filhas de assentados, dispostos a se deslocar para as áreas onde havia necessidade de alfabetizar as pessoas. Chamados de "monitores" porque não tinham formação de magistério. Rita escreveu este depoimento em 12 de outubro de 2020.

Frei Sérgio nos narra que na chegada à Hulha Negra avaliou-se sobre as dificuldades de seguir com Freire pelas precárias estradas para chegar ao assentamento Conquista da Fronteira. Decidiram consultar se estaria disposto a enfrentar o desafio da lama e dos atoleiros. Podiam garantir um motorista experiente, porém não estava certo se conseguiriam chegar ao destino.

Paulo Freire ouviu sobre a situação e foi então que serenamente disse: "Mas, eu que escrevi *Pedagogia do oprimido*, como é que eu não vou lá aonde os oprimidos escrevem a sua pedagogia?". Sua resposta nos ajuda a refletir: Por que estabelecer limite quando se quer alcançar a escuta e o diálogo com sujeitos capazes de escrever sua história? O recuo diante de uma dificuldade não faz parte da caminhada de mulheres e homens que alimentam sonhos necessários.

Mesmo com a ajuda de um motorista da região, Luiz Fernando Mainardi, acostumado a transitar em tais condições adversas ainda que comuns por ali, o trajeto para chegar ao local onde Freire encontraria os jovens alfabetizadores, conforme esperado, não foi nada fácil. Ao chegar a um determinado trecho da estrada, com a pequena ponte sendo consertada pelos assentados, o carro que os conduzia não alcançou mais velocidade e, por conta do lamaçal, atolou. Imediatamente, os Sem Terra "de plantão" na estrada, engataram o carro de Paulo Freire a um trator. Assim, seguiram o caminho até a sede do assentamento, chegando lá com um pouco de atraso e com o mesmo semblante sereno com o qual concordou em fazer a viagem. Sem dúvida, essa deve ter sido mais uma das inusitadas experiências na vida de quem já havia cruzado fronteiras para ir ao encontro do povo.

A propósito dessa memória, temos nos perguntado: o que motivou Paulo Freire a sair de São Paulo e ir ao encontro de uma organização camponesa, ainda jovem e engatinhando na luta pela terra e pela educação? Revendo hoje seu legado, temos certeza de que o desejo era mútuo: nós de encontrá--lo e dele de se encontrar com jovens sem terra, monitores de alfabetização de outros jovens e adultos do MST. Lutadores e lutadoras que as letras ainda não conheciam, mas que já ensaiavam ler o mundo, porém, nem sempre com toda coragem de dizer sua palavra. Ao juntar as letras e ler o mundo que os oprimia, estes jovens se fortaleceram para continuar estudando e lutando.

Neste encontro histórico, Paulo Freire ouviu do monitor Lucas Cupsinski[7] uma frase que jamais esqueceria e que nos recordou no depoimento que gravou para o MST em 1996:

> Eu nunca me esqueço de uma frase linda de um educador, alfabetizador, um camponês sem terra, de um assentamento enorme no Rio Grande do Sul aonde eu fui: um dia pela força de nosso trabalho e de nossa luta cortamos os arames farpados do latifúndio e entramos nele, mas quando nele chegamos, descobrimos que existem outros arames farpados, como o arame da nossa ignorância...[8]

---

[7] Lucas Cupsinski, à época com 39 anos, pai de quatro filhos, se dispôs a ser alfabetizador de jovens e adultos no Assentamento Santa Elmira. Alfabetizou uma turma de 18 adultos. E segundo o depoimento dado por telefone a Isabela, no dia 28 de setembro 2020, a maioria continuou estudando. Lucas é hoje assentado em Santana do Livramento (RS).
[8] MST, "Paulo Freire e a Pedagogia do Trabalho Popular", *Boletim da Educação*, n. 15, São Paulo, 2020, p. 112.

Sem dúvida, nesse encontro pessoal com o MST, Freire reencontrou com os jovens camponeses com quem conviveu em Angicos, em Pernambuco, no Chile, na África. Com esta visita, se abriram as portas de uma longa caminhada e luta pela alfabetização de nosso povo, que buscava a combinação entre a *caneta e a enxada*, anunciada em verso, tantas vezes, e naquele dia cantada para Paulo e Nita. A ideia central era tentar religar saberes separados e hierarquizados pela forma de sociedade que ainda temos. Sua presença nos motivou ainda mais a depositar energia e entusiasmo neste projeto para seguir adiante construindo possibilidades e pontes de unidade.

Ensinar ao outro as letras para decifrar o mundo que o oprime e, assim, alcançar a libertação, é um gesto nobre de solidariedade. Uma qualidade própria do educador do povo que se ocupou a vida inteira, incansavelmente, com um projeto de educação como prática da liberdade.

Em seu depoimento, Lucas Cupsinski nos contou como conheceu Paulo Freire no curso de monitores e sobre a emoção de se encontrar pessoalmente com ele:

> No curso a gente estudava sobre o latifúndio da terra, sobre o analfabetismo no Brasil. A gente lia e comentava os livros de Paulo Freire. Recebê-lo lá naquele dia da formatura, foi uma emoção. Paulo Freire um cara especial, porque a sua visita nos valorizou, veio nos ouvir. Como acampado a gente não era visto e valorizado, e ele veio ao nosso encontro. Naquela época teve muitos jovens e adultos que se alfabetizaram no MST. Porque antes, na ditadura, a gente não tinha escola, era só trabalhar no pesado. Só o fato de Paulo Freire incentivar a educação de jovens

e adultos no MST, para que a gente pudesse continuar estudando, para nós foi muito importante, valioso. Assim pudemos orientar os filhos. Se eu não tivesse me alfabetizado, e depois alfabetizado outras pessoas, naquela época, meus filhos não teriam estudado. Estudando, tenho um filho que é advogado, trabalhando hoje no CIMI [Conselho Indigenista Missionário], em Brasília.

A presença inspiradora e desafiadora de Paulo Freire nos marcou profundamente. E acreditamos que nós também marcamos o educador, o qual se importou e anunciou que a questão da Reforma Agrária precisava ser enfrentada nos países da América Latina. Por tudo isso, seu nome está gravado em muitas escolas, centros de formação, em diferentes estados do país onde o MST fincou pé na luta pela Reforma Agrária e pela Educação.

Olhando hoje para este momento histórico vemos que Paulo Freire veio nos reafirmar como seus herdeiros no sonho de alfabetizar a nação pela conscientização, pelo diálogo e pelo amor à humanidade. Assim, semeou entre nós o desejo profundo de não parar a alfabetização até que haja nem uma só mulher e nem um só homem analfabetizado em nosso meio. Como nos diz Rita Zanotto:

> Ter Paulo Freire inaugurando um processo de educação foi da maior relevância, porque seu pensamento e suas construções já haviam formado, já haviam demonstrado que a educação tem que se dar lá na realidade, desde a realidade, com os elementos que a realidade fornece para transformar o lugar de viver. Por isto foi acertada a per-

gunta inicial do setor de educação: Que educação queremos para o MST? Que educação queremos para nós?

Quem o escutava atentamente naquele dia compreendeu melhor os motivos pelos quais ele foi denunciado, acusado de subversivo, preso e depois exilado durante dezesseis anos. Freire contou-nos que durante sua primeira prisão, em abril de 1964, um jovem tenente pediu a ele que aproveitasse a sua passagem ali para alfabetizar um grupo de recrutas, pois entre eles havia uma quantidade enorme de analfabetizadoos. O tenente ainda não tinha entendido que Freire estava preso exatamente porque alfabetizava. No encontro com os jovens monitores no assentamento, veio à sua lembrança a errada proibição que lhe fez a ditadura. Contudo, sem rancor, e com a serenidade de sempre, refletiu conosco:

> Eu não tenho dúvida, talvez eu não seja humilde, mas nem sempre a humildade vale. Por causa de brigas como estas de vocês, eu passei dezesseis anos proibido de voltar ao Brasil, eu fui preso, eu fui expulso da universidade onde eu trabalhava, eu fui obrigado a deixar o país, precisamente porque eu acreditava que era preciso e possível ter tardes como estas.[9]

Sua visita ao Assentamento Conquista da Fronteira, naquele dia 25 de maio de 1991, amassando barro para chegar ao local, possivelmente lhe tenha alimentado uma vez mais a esperança de que seu trabalho interrompido pela ditadura militar

---

[9] MST. "Paulo Freire e a Pedagogia do Trabalho Popular", *op. cit.*

estava sendo concretizado em lutas como as do MST. Nos comentários que fez a Frei Sérgio no retorno a Porto Alegre, Freire pareceu ter ficado com a impressão de que tinha encontrado pessoas com "coragem e determinação para fazer!". Disse ele: "Eu vi aqui o que não vi em lugar nenhum pelo mundo onde andei. Eu já vi pobreza acabrunhada, de rosto curvado, humilhada. Mas aqui vi coletivamente uma pobreza de cabeça erguida, com dignidade, disposta a enfrentar o mundo".

Talvez isso explique a resposta de Freire a um jovem universitário em Pelotas, no caminho de volta a Porto Alegre, que lhe perguntou: "Como nós, estudantes, podemos ajudar na alfabetização dos sem-terra"? Segundo conta Frei Sérgio, Paulo Freire foi contundente: "A primeira coisa é ir lá e se alfabetizar no alfabeto deles. Eles têm um alfabeto próprio. Não vão lá levar o que vocês sabem. Vão lá compreender e aprender o que eles sabem". Ouvindo esse relato hoje podemos imaginar o quanto essa resposta pôs este jovem a pensar. E como este diálogo nos ensina sobre a importância de confiar no povo e em uma educação que o transforme em sujeito de sua própria libertação.

A *Pedagogia do oprimido* continuou orientando nosso trabalho educativo

As primeiras escolas de acampamento prepararam o solo e semearam entre nós Sem-Terra a ideia da *escola diferente*, diferente daquela que os pais pouco frequentaram, longe da vida, desconectada da realidade. Mais tarde, com a expansão do MST, e tendo muitas crianças acampadas, o Movimento conquistou em 1996 o reconhecimento da *Escola Itinerante*[10] junto ao Conselho Estadual de Educação do Rio Grande do Sul, como uma modalidade de escola pública de educação básica.

O sonho de se fazer uma escola diferente foi tomando forma escolar concreta. Por ser *itinerante*, a escola poderia ser organizada em cada acampamento, com educadores e educadoras também acampadas, e acompanhar as famílias no movimento e lutas necessários para cortar as cercas do latifúndio e do saber. Escolas encharcadas de realidade concreta, o que desafiava as educadoras a voltar às obras de Paulo Freire e a colocá-lo em diálogo com outras reflexões pedagógicas, como a do pedagogo russo Pistrak,[11] para recriar sua pedagogia como pedagogia da luta pela terra, como escola do trabalho vivo, da organização coletiva, fermentada na cultura e na história do povo oprimido.

Nas condições precárias de acampamento, em barracos improvisados, à sombra de árvores, ou marchas, ensaiavam a escola da qual falava Paulo Freire, sem saber ainda que no mesmo período o educador escrevia sua própria experiência de alfabetização na obra *À sombra desta mangueira*, em meados de 1990. Uma experiência bem diferente, porém, que fazia lembrar a dos sem-terra.

---

[10] Sobre a história das Escolas Itinerantes no MST, cf. Isabela Camini, *Escola itinerante: na fronteira de uma nova escola*. São Paulo: Expressão Popular, 2009.

[11] Sua obra *Fundamentos da Escola do Trabalho* também esteve entre os estudos das educadoras que constituíram o setor de educação do MST (cf. Roseli Salete Caldart, "Caminhos para transformação da escola: Pedagogia do MST e Pedagogia Socialista Russa". In: Caldart e Villas Bôas (orgs.). *Pedagogia socialista: legado da revolução de 1917 e desafios atuais*. São Paulo: Expressão Popular, 2017, pp. 261-285).

Paulo Freire teve seus primeiros contatos com a leitura em sua casa, à sombra de mangueiras. O próprio Freire relatou que, à sombra das mangueiras, e com gravetos destas, traçou as primeiras palavras, no quintal de sua casa, na Estrada do Encantamento, 724, no bairro da Casa Amarela, na capital pernambucana, sob a orientação de sua mãe Edeltrudes e do pai Joaquim. O chão foi seu quadro-negro, e os gravetos, o seu giz. Paulo Freire relata que em sua casa existiam duas mangueiras, muito próximas uma da outra, que permitiam a seu pai armar a rede, e também, debaixo destas, foi alfabetizado com palavras de seu cotidiano e de seu mundo.[12]

Nas Escolas Itinerantes, educadoras e educadores dos próprios acampamentos estudavam Paulo Freire, tentando decifrar o que seria educar a partir do que falavam suas obras. As possibilidades de acesso a esses livros e ao estudo orientado deles eram garantidas pela sua participação em cursos de formação organizados pelo MST. Passavam a entender que o educador que não conhece seus educandos, suas educandas, e a realidade em que vivem, não tem como dialogar e pensar sobre sua ação educativa de forma a fazer diferença na vida deles e delas. E porque também se percebiam socialmente oprimidos, desprovidos de direitos básicos, inclusive da terra e da escola, teriam que construir junto com todo povo Sem Terra sua pedagogia da libertação.

---

[12] Balduino Antonio Andreola; Mario Bueno Ribeiro, *Andarilho da Esperança: Paulo Freire no CMI*. São Paulo: AESTE, 2005, p. 15.

Entre 1996 e 2009, período em que essa forma de Escola Itinerante germinou e se expandiu para outros estados, multiplicaram-se as Escolas Itinerantes batizadas com o nome de Paulo Freire. Tal escolha não se dava por acaso. Algumas de suas obras eram lidas e debatidas com a comunidade escolar e, depois, em assembleias se discutia e se decidia pelo nome. Paulo Freire, quando era indicado quase sempre vencia, porque se tornou conhecido, lido e amigo dos Sem-Terra. Passou a ser considerado um forte aliado e inspirador de nossa criação pedagógica e de nossa resistência às formas opressoras de educação.

Nos cursos de Magistério e depois também de Pedagogia que o MST organizou em suas escolas ou em parcerias com outras instituições educacionais a partir de 1990, uma das atividades comuns de estudo era a leitura e debate sobre clássicos da pedagogia.[13] E o educador Paulo Freire sempre estava entre eles. Especialmente suas obras *Pedagogia do oprimido*, *Educação como prática da liberdade*, *Conscientização*, *Cartas à Guiné-Bissau*, *Extensão ou comunicação?* e *Pedagogia da autonomia* foram garantidas nas bibliotecas e lidas por muitos de nossos estudantes Brasil afora. Era lindo ver jovens e adultos debruçados sobre suas obras no *tempo leitura*, às seis horas da manhã, no frio do inverno do sul ou com o sol já alto no nordeste. Certamente, essas leituras marcaram suas formações, inspirando suas práticas na atualidade.

Em julho de 1997, o MST realizou o I Encontro Nacional de Educadoras e Educadores da Reforma Agrária — I

---

[13] Um exemplo de metodologia de estudo dos clássicos em escolas de formação do MST pode ser encontrado no capítulo 4, "Organização do estudo para além do ensino", do livro *Escola em movimento*, organizado por Roseli Salete Caldart e outros.

ENERA, na sede a Universidade de Brasília. Paulo Freire seria um dos nossos ilustres convidados, mas ele acabou falecendo no dia 2 de maio daquele ano. Não podia ser diferente: a homenagem principal do I ENERA foi a ele, ser humano e obra social.

Na solenidade de abertura do Encontro, todos os participantes puderam acompanhar sua entrada como figura pintada em um grande painel, de calça branca e camisa azul, conduzido por jovens educadoras do fundo da plenária para ser colocado como um dos membros da mesa de abertura.[14] *Paulo Freire presente*! Logo depois, seguindo a ordem das falas da mesa, ouvimos sua voz através de uma gravação que tinha sido feita com ele no final do ano anterior, com palavras depois repetidas em muitas outras ocasiões: "Vivam por mim, já que eu não posso viver a alegria de trabalhar com crianças e adultos, que com sua luta e com sua esperança estão conseguindo ser eles mesmos e elas mesmas."[15] Teria sido o segundo encontro presencial dos educadores e das educadoras do MST com ele.

Em maio de 1998, o MST realizou o I Encontro Nacional de Educadoras e Educadores de Jovens e Adultos da Reforma Agrária — I ENEJA, em Olinda, Pernambuco, com a presença de mil educadoras e educadores vindos de todas as regiões do país, trazendo suas experiências com a Educação de Jovens e Adultos. De igual modo, Freire estava lá, homenageado e *presente*, um ano depois de sua morte. O painel com sua imagem novamente fez parte de toda atividade. E seus

---

[14] Painel pintado pelo artista popular Irlei de Jesus Leal.
[15] Depoimento de Paulo Freire ao MST gravado em vídeo em novembro de 1996.

textos e seu exemplo seguiram nos fortalecendo na tarefa de continuar sua obra, recriando a pedagogia do oprimido em todos os espaços ocupados pelo Movimento.

> Nosso compromisso é alfabetizar todos os jovens e adultos nas áreas de Reforma Agrária, para que possamos construir um Brasil digno e justo para todos. Uma nação onde todos tenham direito ao trabalho, direito à terra, direito à moradia, direito à educação e direito à saúde. Vamos trabalhar como educadoras e educadores militantes, para construir os assentamentos como territórios livres do analfabetismo. Vamos romper com as cercas do latifúndio, do capital e do analfabetismo [...]. Paulo Freire, tua arte de educar tem o gosto de liberdade. Vivemos por ti.[16]

Mística semelhante também compôs a abertura da I Conferência Nacional Por uma Educação Básica do Campo, realizada em julho de 1998 e desde antes de lá, da mesma maneira, Paulo Freire acompanha o percurso de construção da Educação do Campo, como educação da terra, da floresta, das águas, que em 2021 completa 23 anos como parte da história da educação brasileira.

O painel de Paulo Freire continua nos acompanhando nos encontros, seminários, nas nossas reuniões. Já foi reproduzido em vários estados, acampamentos, escolas, institutos de educação, cooperativas. É uma forma simbólica de manter

---
[16] Carta de Compromisso das Educadoras e dos Educadores de Jovens e Adultos do MST. Olinda (PE), 25 abr.-2 mai. 1998.

viva sua memória e a orientação para que o recriemos e reinventemos em todas as práticas sociais concretas, alimentadas pela ousadia, coragem, decisão, disciplina e humildade.

A cada momento de mística em que lemos um trecho de suas obras, saltam aos nossos olhos, novos desafios. Ele nos falou ontem, nos fala hoje e nos falará amanhã. É por esse motivo que continuamos estudando suas obras, e aquelas que atualizam o seu legado. Elas não se esgotam em prática alguma. Pelo contrário, quanto mais vivemos na prática seus ensinamentos, mais desafios se colocam em nosso horizonte. Com ele, fortalecemos a luta por "um mundo onde seja menos difícil amar", pensamento com o qual concluiu sua obra *Pedagogia do oprimido*, no exílio, em 1968.

Não ignoramos o apelo que nos fez, certa vez, um jovem, no início da década de 1990, na Escola Uma Terra de Educar, em Braga:[17]

> Não queira saber, professor, como a escola é importante para nós. Para nós é muito melhor os companheiros terem quatro anos de escola do que nenhum. Os companheiros que não sabem ler sofrem muito, tem limitações. Mas seria muito melhor ter tido oito anos de escola do que quatro. Pode crer que nós virava o latifúndio pelo avesso se todos os companheiros tivessem onze ou doze

---

[17] Esta escola integrava o Departamento de Educação Rural da Fundação de Desenvolvimento, Educação e Pesquisa da Região Celeiro, Fundep, entidade da qual o MST participou entre 1989 e 1995. Foi a primeira iniciativa de criação de uma escola formal de jovens e adultos diretamente conduzida pelos movimentos sociais populares a que se vinculou o MST (cf. Roseli Salete Cardalt (org.), *Escola em movimento*. Instituto de Educação Josué de Castro. São Paulo, Expressão Popular, 2013).

> anos de escola. A gente sabe que a escola não é boa. Mas não me venha dizer que a gente só quer entrar na escola quando ela for boa. Nós queremos estar na escola quando ela é ruinzinha. Não vamos esperar que ela seja boa, do jeito que a gente quer, para entrar nela.[18]

Apelo que foi compreendido por Lucas ao refletir hoje sobre seu trabalho de alfabetizador:

> Eu alfabetizei uma turma de dezoito educandos no Assentamento Santa Elmira. Lá fiquei um ano. O jovem Benedito dos Santos, eu o alfabetizei, e ele não parou mais de estudar. Hoje é professor na escola do Assentamento Conquista da Fronteira. Esse jovem estudou sempre nas escolas do MST.

Sem dúvida, ao acompanhar a história de um jovem que alfabetizou, e por isso não parou mais de estudar e atuar, Lucas compreendeu o que Freire queria dizer quando afirmava que a educação não transforma o mundo, porém muda as pessoas que podem transformar o mundo.

Em certo momento da caminhada do trabalho de educação do MST, sentimos a necessidade de tornar Paulo Freire conhecido entre as crianças Sem Terrinha. Entendemos que elas tinham o direito de conhecer quem era este educador estudado pelos seus educadores e tão respeitado por tanta gente. Fizemos então um pedido especial ao educador Carlos

---

[18] Dinarte Belarto, "Os sujeitos do desenvolvimento rural". *Revista Coragem de Educar*, n. 2, Três Passos, 1995, p. 17.

Rodrigues Brandão, profundo conhecedor da vida e da obra de Freire e grande colaborador do MST, que escrevesse sua história para as crianças.

Assim surgiu, no início de 2001, a *História do menino que lia o mundo* que além de tornar Paulo Freire conhecido entre as crianças Sem Terrinha, cruzou fronteiras e idades e ganhou diversas reedições.[19] Uma linda obra a qual agora também compõe a mochila dos militantes que entregam alimentos, livros e uma boa dose de esperança nas periferias urbanas neste período de pandemia. E continua sendo lido por crianças e adolescentes nas escolas e por jovens e adultos de diferentes lugares em que se desenvolvem processos de alfabetização.

Ainda que custe trabalho e disciplina para conhecê-lo em toda sua grandeza e humanidade, boa parte dos e das Sem Terra sabe dizer quem é Paulo Freire e de que lado da história ele sempre esteve. É o educador que cruzou fronteiras, dialogando com o povo e ajudando a organizar processos de educação emancipatória em várias partes do mundo. É o menino que lia o mundo e que nos deixou um legado que requer uma vida longa para dar conta dele. Paulo Freire é um exemplo pedagógico, de compromisso com o povo trabalhador, de profundo respeito ao ser humano, capaz de amar qualquer pessoa, qualquer povo, qualquer raça. E por isso mesmo os racistas, os fascistas, os intolerantes e autossuficientes se sentem tão incomodados com o que ele representa.

---

[19] Foi primeiro editado pelo MST em sua coleção *Fazendo História*, primeira edição em fevereiro de 2001, e agora integra as publicações da editora Expressão Popular (cf. Carlos Rodrigues Brandão, *História do menino que lia o mundo*, São Paulo: Expressão Popular, 2014).

Paulo Freire é o brasileiro que mais recebeu títulos *honoris causa* pelo mundo. E, humilde que era, não os ostentou em momento e lugar algum. Vale registrar que Paulo Freire e o MST, em tempos diferentes, receberam o Prêmio Rei Balduíno.[20] Freire em 1980 e o MST, em 1997. Possivelmente a repercussão da Marcha do MST a Brasília tenha influenciado a destinação do prêmio ao MST e, quem sabe, por indicação do próprio Paulo Freire, cujo desejo era estar caminhando junto com o povo em marcha, se sua saúde tivesse permitido.

A partir da entrada nos anos 2000, o trabalho de educação do MST passou a ser conhecido pelo nome *Pedagogia do Movimento*[21] e este "batismo" foi inspirado diretamente na *Pedagogia do oprimido*. Chamava-nos especialmente atenção o "do": não é "para" nem somente "com". Como o próprio Paulo Freire explicou em uma entrevista de 1983:

> Uma das intenções ao escrever esse livro era mostrar que os oprimidos precisam de uma pedagogia sua, que não estou propondo que seja esta que escrevi, entende? [...] Eu dizia que essa pedagogia tem que ser forjada por ele, oprimido [...]. E tem que ser feita, elaborada, reelaborada, na prática da sua libertação...[22]

---

[20] A Fundação Rei Balduíno, Bélgica, atribui o prêmio internacional para o desenvolvimento a cada dois anos. O primeiro a ser laureado foi o educador brasileiro Paulo Freire, em 1980. Em 1997 o prêmio foi dado ao MST "pelo papel essencial na atuação para pôr em prática a reforma agrária no Brasil, permitindo, por intermédio do retorno à terra, dar aos menos favorecidos um novo projeto de vida". *Folha de S.Paulo*, 20 de março de 1997.
[21] Cf. MST, "Pedagogia do Movimento e Reforma Agrária Popular" [videoaula], 21 set. 2020.
[22] MST, "Paulo Freire e a Pedagogia do Trabalho Popular", *op. cit.*

Ao refletir mais com mais atenção sobre nosso percurso nos demos conta que estávamos, afinal, construindo uma pedagogia a partir das práticas educativas refletidas coletivamente em diálogo com a construção histórica da teoria pedagógica com finalidades emancipatórias. A Pedagogia do Movimento é construída pelo MST, seus sujeitos sociais, humanos.[23] E a palavra *movimento* indica também a força pedagógica do estar em movimento: "na luta incessante de recuperação de sua humanidade".[24]

Paulo Freire continua inspirando o trabalho do MST e com um lugar especial na Educação de Jovens e Adultos. Temos *brigadas nacionais de alfabetização de jovens e adultos* atuando em diferentes estados do Brasil, colocando Paulo Freire em diálogo com o método cubano *Sim, eu posso!* e a Pedagogia do Movimento. No Maranhão, por exemplo, a brigada "Salete Moreno", em atuação desde 2016, já alfabetizou mais de 20 mil pessoas, em uma parceria com o governo do estado.[25] Em uma das formaturas o livro *História do menino que lia o mundo* foi presenteado a mais de 2 mil alfabetizados. Entre eles, muitos se emocionaram ao tocá-lo, cheirá-lo, porque era a primeira vez em sua vida que tinham um livro em suas mãos.

A *Pedagogia da solidariedade* e do trabalho popular

Nossa lembrança de Paulo Freire nos diz que ele vivia de forma simples, nunca se distanciando do seu povo. Um ho-

---

[23] Roseli Salete Caldart, *Pedagogia do Movimento Sem Terra*, São Paulo: Expressão Popular, ed. 3, 2004.
[24] Paulo Freire, *Pedagogia do oprimido*, Rio de Janeiro: Paz e Terra, 2019, p. 43.
[25] Cf. MST, "Paulo Freire e a Pedagogia do Trabalho Popular", *op. cit.*

mem que estudou e escreveu até o fim de sua vida, capaz de indignar-se com a injustiça cometida em qualquer parte do mundo. Lembremos de seu último escrito, inacabado, deixado sobre a mesa, em forma de Carta Pedagógica, que trata do assassinato de Galdino Jesus dos Santos — índio pataxó, em Brasília. Assim ele se despediu de nós: "Desrespeitando os fracos, enganando os incautos, ofendendo a vida, explorando os outros, discriminando o índio, o negro, a mulher não estarei ajudando meus filhos a ser sérios, justos e amorosos da vida e dos outros[...]".[26] Como Frei Sergio Görgen afirma em um depoimento de outubro de 2020:

> Paulo Freire é um educador que respeita o povo, que ouve, e que ama o povo. Isso é revolucionário. Não ensina só pelo que escreve. Ensina pela dedicação ao povo por onde passou. Ele é uma pessoa doce, querida, dada, simples. A forma como tratou e trata as pessoas, não tem nada de falso em Paulo Freire.

Seu exemplo de solidariedade era visível aos que o liam ou o encontravam. Para Dom Pedro Casaldáliga, outro grande inspirador do trabalho do MST, que dialogava com Freire sobre o trabalho de alfabetização do povo pobre e oprimido que encontrou no Araguaia, "Paulo Freire é o educador-mor do Brasil, e em boa medida de todo o terceiro mundo, e um oportuníssimo reeducador também do primeiro mundo solidário. Graças a ele a educação se fez conscientização e libertação".[27]

---

[26] Paulo Freire, *Pedagogia da indignação*, Rio de Janeiro: Paz e Terra, 2021, p. 77.
[27] Cf. MST, "Paulo Freire e a Pedagogia do Trabalho Popular", *op. cit.*, p. 12.

Para os Sem Terra, Paulo Freire é exemplo de educador, que educou em si próprio a solidariedade como valor humano, e como pedagogia de quem se importa com a dor e sofrimento do outro. Um homem sensível, aberto para o mundo. Desde cedo cultivou a solidariedade, desatrelada do assistencialismo. Solidário com as vítimas da opressão nos alertou para não nos iludirmos de que para sair da condição de opressão basta mover-se para o lugar do opressor. Grande engano! Trocando de papéis, nada muda, ninguém se liberta. Somente a conscientização e a consequente mudança de práxis, sem vingança, nos libertará do vírus do ódio que habita tanto o opressor quanto o oprimido.

Ele era solidário com aqueles que ainda não sabiam ler e escrever e, sobretudo, sofria imensamente ao encontrar alguém com fome. Mais uma vez, o MST se sente inspirado por Paulo Freire nas ações de solidariedade feitas neste tempo trágico de pandemia da Covid-19, com as ações de saúde e a distribuição de alimentos produzidos nos assentamentos e acampamentos para as famílias trabalhadoras que moram nas periferias urbanas. Buscamos realizar ações de generosidade de modo a compreender as necessidades e as formas de resistência destas pessoas e assim ajudá-las a pensar como a lógica da vida social pode ser mais justa, acreditando que podemos nos organizar e lutar para isto. É possível construir uma sociedade em que, como nos exorta agora em sua carta recente o papa Francisco, seremos *fratelli tutti* [todos irmãos].

Paulo Freire foi profundamente solidário com os camponeses do Brasil, do Chile, da África. Deles se aproximou para ouvi-los e ajudá-los a ler o mundo. Foi solidário ao vir ao encontro dos jovens monitores em 1991 e ao acompanhar os Sem Terra em Marcha a Brasília, em 1997. Não podendo estar lá, que era seu desejo, assistiu desde sua casa pela televisão, caminhando de um lado para o outro, como Nita sempre nos conta. Vibrava a cada passo dado pelos marchantes. Acreditava que o MST em marcha estava cruzando as fronteiras do medo, da submissão, do analfabetismo, da aceitação da opressão. Alegrava-se e orgulhava-se da coragem que segurava dias e dias o MST nas estradas, marchando com suas próprias pernas, com os pés sangrando, sem parar, lutando pela dignidade humana, não só para si, mas para a classe trabalhadora. Considerava a dedicação dos Sem Terra ao dever e ao direito de mudar o mundo:

> A eles e elas, sem-terra, a seu inconformismo, à sua determinação de ajudar a democratização deste país devemos mais do que às vezes podemos pensar. E que bom seria para a ampliação e a consolidação de nossa democracia, sobretudo para sua autenticidade, se outras marchas se seguissem à sua. A marcha dos desempregados, dos injustiçados, dos que protestam contra a impunidade, dos que clamam contra a violência, contra a mentira e o desrespeito à coisa pública. A marcha dos sem-teto, dos sem-escola, dos sem-hospital, dos renegados. A marcha dos que sabem que mudar é possível.[28]

Para o MST tem sido especialmente importante o exemplo e as reflexões de Paulo Freire sobre o trabalho de base com as comu-

---

[28] Paulo Freire, *Pedagogia da indignação*, op. cit., p. 61.

nidades camponesas. Seu livro *Extensão ou comunicação?*, escrito em 1968 e lido pelos iniciadores do MST, continua lido e relido por boa parte de nossa militância, especialmente da que atua nos assentamentos. Tal obra é referência em nossa tarefa de formar pedagogos e pedagogas da produção, da saúde, da cultura. No trabalho com as comunidades camponesas, suas reflexões inspiram uma nova forma de atuação dos técnicos: "Se não for capaz de crer nos camponeses, de comungar com eles, será no seu trabalho, no melhor dos casos, um técnico frio. Provavelmente, um tecnicista; ou mesmo um bom reformista. Nunca, porém, um educador da e para as transformações radicais".[29]

Essa reflexão orienta o *Diálogo de Saberes*, um dos métodos de trabalho de base construído para avançar nas práticas de agroecologia nos assentamentos de reforma agrária. Nesse trabalho, o aprendizado do diálogo é fundamental porque

> se faz contraditória uma assistência técnica promotora da "invasão cultural". A orientação política do Setor de Produção, Cooperação e Meio Ambiente (SPCMA), de dar prioridade à agroecologia abre o caminho. Todavia, a superação da relação "antidialógica" e prescritiva coloca outras exigências à formação de técnicos. Frente à magnitude de tal desafio, a base filosófica e epistemológica do Diálogo de Saberes busca entrelaçar o materialismo histórico e dialético, a pedagogia libertadora de Paulo Freire e a agroecologia.[30]

---

[29] Paulo Freire, *Extensão ou comunicação?*, Rio de Janeiro: Paz e Terra, 2021, p. 127.
[30] Tardin, Guhur e Resende *apud* MST, "Paulo Freire e a Pedagogia do Trabalho Popular", *op. cit.*, p. 128.

O ENCONTRO DE PAULO FREIRE COM O MST

Ao falar para o MST, em 1996, alguns meses antes de sua morte, Paulo Freire continuou nos convocando a refletir sobre o que estamos fazendo:

> No fundo, o processo de reforma agrária inaugura uma nova história dos homens e das mulheres. Inaugura uma nova cultura, a cultura que nasce de um processo de transformação do mundo, e por isso mesmo, ele implica em transformações sociais.[31]

Por esses motivos, para todos que se assumem, como o MST, como guardiões e continuadores da construção da pedagogia do oprimido, Paulo Freire sempre será, o *Patrono da Educação Brasileira*. "Por mais que o ataquem nós lutaremos pela sua memória e sua história".[32] Paulo Freire tornou-se uma *causa*. Por isso a elite não o quer como patrono. Ele representa o povo de D. Hélder Câmara, de D. Pedro Casaldáliga, de D. Tomás Balduíno; de Darcy Ribeiro, Josué de Castro, Florestan Fernandes. Do povo acampado, assentado, construindo escolas, alfabetizando, produzindo alimentos sem veneno, cultura que educa para a liberdade que somente se realiza com a garantia de preservação da vida.

Nosso compromisso é garantir que nenhuma cerca ou muro impeça Paulo Freire de estar no meio do povo. Em 1964, não tivemos força de impedir sua prisão e exílio por dezesseis anos. Nos tempos autoritários de hoje, teremos que juntar forças, para impedir que aprisionem o seu legado. E

---

[31] MST, "Paulo Freire e a Pedagogia do Trabalho Popular", *op. cit.*, pp. 111-112.
[32] Chico Buarque de Hollanda em homenagem ao patrono da educação brasileira Paulo Freire. CNTE Brasil, Semana Freireana, 19 set. 2020.

a melhor forma de fazer isso é apresentando suas obras aos próprios oprimidos de nosso contexto histórico, ajudando-os a compreender as contradições presentes nesta relação de opressão, e assim vislumbrar as possibilidades de superação, somente alcançada, através da luta popular e de uma formação libertadora, humanizadora.

Sabemos que a boniteza de seu legado está germinando em todo o mundo, na celebração do centenário de seu nascimento. Este legado constrói e fortalece práticas libertadoras, humanizadoras. Nestas quatro décadas de luta pela terra, lutamos por educação, por dignidade, pela autonomia e libertação do povo. Nossa tarefa continua: ontem, hoje, amanhã e depois de amanhã

Referências bibliográficas

Andreola, Balduino Antonio; Ribeiro, Mario Bueno. *Andarilho da esperança: Paulo Freire no CMI*. São Paulo: AESTE, 2005.

Brandão, Carlos Rodrigues. *História do menino que lia o mundo*. São Paulo: Expressão Popular, 2014.

Belato, Dinarte. "Os sujeitos do desenvolvimento rural". *Revista Coragem de Educar*, n. 2, Três Passos, 1995, pp. 16-18.

Caldart, Roseli Salete. *Pedagogia do Movimento Sem Terra*. São Paulo: Expressão Popular, ed. 3, 2004.

_____ (org.). *Escola em movimento*. Instituto de Educação Josué de Castro. São Paulo: Expressão Popular, 2013.

_____. "Caminhos para transformação da escola: Pedagogia do MST e Pedagogia Socialista Russa". In: Caldart, Roseli Salete e Villas Bôas, Rafael Litvin (orgs.). *Pedagogia Socialista: legado da revolução de 1917 e desafios atuais*. São Paulo: Expressão Popular, 2017, pp. 261-285.

Camini, Isabela. *Escola itinerante: na fronteira de uma nova escola*. São Paulo: Expressão Popular, 2009.

Freire, Paulo. *Pedagogia do oprimido*. Rio de Janeiro: Paz e Terra, ed. 78, 2019.

_____. Entrevista à jornalista Marta Luz, Rádio Juazeiro (1983). "Paulo Freire e a Pedagogia do Trabalho Popular". *Boletim da Educação*, Movimento dos Trabalhadores Rurais Sem Terra (MST), n. 15, São Paulo, 2020, pp. 93-99.

_____. *Extensão ou comunicação?* Rio de Janeiro: Paz e Terra, ed. 23, 2021.

_____. *Cartas à Guiné-Bissau: Registro de uma experiência em processo*. Rio de Janeiro: Paz e Terra, ed. 8, 2021.

_____. *Educação como prática da liberdade*. Rio de Janeiro: Paz e Terra, ed. 50, 2021.

_____. *À sombra desta mangueira*. Rio de Janeiro: Paz e Terra, ed. 13, 2021.

_____. *Pedagogia da indignação: cartas pedagógicas e outros escritos*. Rio de Janeiro: Paz e Terra, ed. 6, 2021.

Freire, Paulo e Guimarães, Sérgio. *A África ensinando a gente: Angola, Guiné-Bissau, São Tomé e Príncipe*. Rio de Janeiro: Paz e Terra, ed. 4, 2019.

Haddad, Sérgio. *O educador: um perfil de Paulo Freire*. São Paulo: Todavia, 2019.

Movimento dos Trabalhadores Rurais Sem Terra (MST). "Paulo Freire e a Pedagogia do Trabalho Popular". *Boletim da Educação*, n. 15, São Paulo, 2020.

Tardin, José Maria; Guhur, Dominique Michèle Perioto e Rezende, S. A. "Diálogo de Saberes no encontro de culturas". *Boletim da Educação*, Movimento dos Trabalhadores Rurais Sem Terra (MST), n. 15, São Paulo, 2020, pp. 127-131.

Este artigo foi feito com depoimentos orais e escritos de Lucas Cupsinski, Frei Sérgio Görgen, Maria Salete Campigotto e Rita Zanotto, em setembro-outubro de 2020.

DOIS TESTEMUNHOS:
UMA VERDADE

José Eduardo Cardozo
Mayra Cardozo

Primeiro testemunho, por José Eduardo Cardozo

> *Será correto mesmo que a forma prevaleça sobre a substância?*
>
> PAULO FREIRE

Em dezembro de 1988, eu tinha 29 anos. Procurador municipal de carreira, eu era o chefe da Assessoria da Secretaria dos Negócios Jurídicos do Município de São Paulo, respondendo diretamente ao secretário Cláudio Lembo, na administração do então prefeito Jânio Quadros. Após um resultado eleitoral surpreendente, Luiza Erundina de Sousa tomaria posse como a primeira mulher que governaria a cidade de São Paulo no dia 1º de janeiro de 1989.

Erundina escolheu um corpo de secretários que faria corar de inveja algumas equipes ministeriais. Nomes da envergadura de Marilena Chauí, de Paulo Singer e do grande educador Paulo Freire tinham sido escolhidos para integrarem o seu secretariado. Era uma equipe que tinha reconhecidamente o *status* político de Ministério. Eu era o mais desconhecido e o mais jovem de todos os escolhidos. Conhecendo Luiza Erundina desde a época em que foi líder da bancada de vereadores do Partido dos Trabalhadores (PT), ela me surpreendeu com o convite para ser o seu secretário de governo. É fato que, ao lado da futura secretária do Bem-Estar Social, a profa. Aldaíza Sposati, eu era um dos poucos membros do futuro primeiro escalão da Prefeitura que conhecia a máquina municipal. Mas, para mim, assumir aquela Secretaria era uma tarefa intimidadora. Nunca havia passado pela minha cabeça que, sendo um modesto advogado e um procurador municipal que ainda ensaiava os seus primeiros passos na vida acadêmica, seria convidado para integrar e auxiliar na coordenação de uma equipe de secretários daquela envergadura, repleta de pessoas que sempre foram para mim grandes referências intelectuais, políticas, humanistas e éticas. Era até assustador ser colega de alguns dos meus "mitos". Confesso, hoje, que não me achava à altura daquela missão. Mas acabei aceitando o desafio, com a paixão dos militantes que abafa medos e o senso de responsabilidade que, ao se fazer presente, nos incita a coragem de lutar diretamente pelas nossas utopias. Ter uma mulher, nordestina, de esquerda, comandando a maior cidade do país, com aquela equipe de governo, apesar de todo o preconceito dominante na cidade de São Paulo, era um marco político histórico para todos os que, como eu, acreditam que a construção de uma sociedade justa e igualitária é possível. Optei por dar vazão ao meu desejo de auxiliar a construir aquele governo e de honrar o voto de confiança que Erundina me dera. Se ela achava que eu poderia ser útil, eu faria o possível para responder às suas expectativas, não só com lealdade absoluta, mas com a coragem necessária para enfrentar os desafios políticos e administrativos que certamente se colocaram no meu caminho.

No momento em que aceitei aquele desafio, Paulo Freire já era um "mito" para mim (uso aqui a palavra no seu significado correto, hoje, aliás, tão ultrajado). Desde o meu primeiro ano na Faculdade de Direito da Pontifícia Universidade Católica de São Paulo (PUC-SP), em 1977, tomei contato com a sua obra. Ainda calouro, um brilhante professor de uma das cadeiras do ciclo básico comum a todas as faculdades (Problemas Filosóficos e Teológicos do Homem Contemporâneo — PFTHC), Mario Sérgio Cortella, pediu a leitura de uma obra publicada em língua espanhola, cujo nome era *Concientización*. Eu nunca havia ouvido falar do seu autor e me espantei ao saber que era um brasileiro.

A leitura de *Concientización* me marcou de maneira profunda. Provavelmente deve ter sido durante a sua leitura que decidi me tornar professor, ou melhor, um educador.

Nos anos seguintes, passei a ser monitor do professor Cortella em suas aulas na PUC-SP. Ele me ensinou a dar os primeiros passos na docência. Transformou-se em uma referência de vida para mim e tornou-se um grande e especial amigo. Por aquelas coincidências da vida, anos depois, ele seria o secretário municipal de Educação que substituiu Paulo Freire quando este decidiu deixar o governo de Luiza Erundina. Permaneceríamos juntos, unidos por Paulo Freire, mas agora como colegas de uma mesma equipe de governo.

Mas, a grande verdade é que, desde que Cortella me apresentou o livro *Concientización*, eu me tornei um ávido leitor das obras Paulo Freire. Vibrei com o seu retorno ao Brasil em 1979, ano em que eu era presidente do Centro Acadêmico da 22 de agosto da Faculdade de Direito da PUC-SP. Todavia, até dezembro de 1988, não tinha tido a oportunidade de conhecer o meu "mito" pessoalmente. Foi na primeira reunião do futuro secretariado de Luiza Erundina que tive essa oportunidade.

Eu havia recebido a incumbência de redigir os primeiros atos do governo da futura comandante da Prefeitura de São Paulo que seriam assinados no momento da sua posse. Eles deveriam ser discutidos e aprovados naquela reunião. Com certo nervosismo e elevada dose de insegurança, apresentei as propostas de decretos para a futura prefeita e para os membros da sua futura equipe de governo. Fiz uma síntese do seu conteúdo e a leitura dos atos para que pudessem ser adequadamente discutidos.

Para minha felicidade e alívio, todos gostaram muito das propostas. Logo após terem sido aprovadas pelos presentes, Paulo Freire pediu a palavra. Com o seu delicioso sotaque pernambucano, entoado por uma voz suave, macia, humilde e envolvente, me dirigiu a palavra: "Dr. Cardozo, será que o senhor pode me esclarecer uma dúvida?". "Claro que sim professor", respondi prontamente. E ele então disse: "gostei muito, muito mesmo das propostas. Queria cumprimentá-lo com afetividade. Mas na leitura dos decretos feita pelo senhor, se é que ouvi bem, eles seriam assinados pelo 'prefeito de São Paulo'. É isso mesmo? No caso não seria 'prefeita de São Paulo'?"

A pergunta me pegou de surpresa. Mas respondi, de pronto, o que tinha como óbvio: "Professor, o problema é que pela legislação, o nome jurídico do cargo que será assumido por Luiza Erundina é prefeito, no masculino. É o que diz a lei. Nós não podemos mudar formalmente aquilo que a lei diz pelo fato de a eleita ser agora uma mulher".

Paulo Freire me olhou fixamente com um olhar intrigado. E, com a sua habitual doçura pedagógica, voltou a dialogar comigo: "Entendi. Quer dizer que pela lei, formalmente, o cargo é prefeito, o que então exige que uma mulher, ao ser eleita, seja chamada de prefeito. É isso? Mas me permita um último comentário e, por favor, não me queira mal por isso. Será correto mesmo que a forma prevaleça sobre a substância? Eu me enganarei muito se eu defender que a lei deve ceder à realidade? Não seria melhor que a linguagem formal da lei fosse ajustada sempre que uma mulher esteja no comando de uma Prefeitura, para que a substância prevaleça sobre a forma e não o inverso? Isso seria um pecado jurídico muito grave?"

A doçura pedagógica do autor de *Conscientización* me derrubou. Ele tinha toda razão. Eu e todos os secretários dissemos, sob aplausos, que os decretos seriam assinados então pela "prefeita de São Paulo".

E no dia 1º de janeiro de 1989 os decretos passaram a denominar Luiza Erundina de Sousa "prefeita" de São Paulo. A assessoria técnico-legislativa da Secretaria de Governo, em um primeiro momento, resistiu a seguir a nova grafia. Queria que os decretos fossem publicados na forma legal de "prefeito", uma vez que era o que dizia a lei. Tive de impor a minha autoridade, mas não deixei de argumentar e de tentar convencer a todos: "vocês querem que a forma jurídica prevaleça sobre a realidade? É isso mesmo?" E a minha ordem foi seguida. E desde então não me recordo de alguma mulher ser, em São Paulo ou em qualquer outra cidade do país, chamada de "prefeito". Paulo Freire, pedagogicamente, nos ensinou que a substância deveria prevalecer sobre a forma jurídica machista incorporada às nossas leis.

Anos depois, a vida me levou a ser convidado para integrar uma nova equipe de governo. Novamente, para o meu orgulho, seria comandado por uma mulher. Eu seria o ministro da Justiça da primeira chefe do Poder Executivo Federal, Dilma Rousseff.

Durante a campanha presidencial de 2010, em uma reunião dos seus dirigentes, os publicitários da nossa candidata colocaram uma discussão interessante. Em língua portuguesa, tanto as expressões "presidente da República" como "presidenta da República" são corretas. Na avaliação deles, utilizar a expressão "presidenta da República" teria uma força simbólica, mas poderia chocar os ouvidos das pessoas. Qual expressão utilizaríamos? Defendi com unhas e dentes que a expressão "presidenta da República" fosse utilizada. Houve polêmica. Afinal a palavra "presidente" poderia servir tanto para um homem como para uma mulher. Dilma Rousseff, por fim, decidiu: queria o uso da expressão "presidenta da República" durante a campanha eleitoral, pouco importando que chocasse os ouvidos das pessoas ou não. A carga simbólica da expressão, afirmou, seria pedagógica.

Em 2010, anos depois da sua morte, Paulo Freire fez com que, mais uma vez, a substância prevalecesse sobre a forma. Seria pedagógico, mesmo que doesse nos ouvidos dos eleitores o som de que a Presidência da República deveria ser exercida por uma mulher.

Segundo testemunho, por Mayra Cardozo

Meu pai e minha mãe sempre me disseram que Paulo Freire me conheceu quando eu era praticamente um bebê e me pegou no colo. Eu não me lembro. Tinha apenas cinco anos de idade quando ele morreu. O que sei a respeito, portanto, é de ouvir dizer. Meu pai sempre se orgulhou de ter se tornado amigo dele quando foram secretários do governo de Luiza Erundina da cidade de São Paulo. Diz com orgulho que ele escreveu uma carta linda de apoio para a sua candidatura a vereador. Minha mãe se lembra com detalhes do jantar que tiveram, antes de eu nascer, na casa dele com a sua esposa, a doce e querida Nita Freire.

Para quem cresceu com o desejo de se tornar uma professora, chega a ser frustrante não lembrar de ter brincado no colo de Paulo Freire, um dos maiores educadores de todos os tempos. Mas ter contato com as suas obras me conforta. Posso sentir em cada palavra dos seus livros que eu não só estive com ele, mas que o conheci e o conheço bem. Toda vez que trago seus textos para debates em sala de aula sinto que ele tinha razão quando dizia que "o educador se eterniza em cada ser que educa". E eu fui e sou educada por Paulo Freire. Ele está eternizado em mim.

Os ensinamentos que aprendi nas obras Freire me fizeram evoluir como pesquisadora, que dá agora os seus primeiros passos na vida acadêmica, como professora, como advogada e como ser humano. A cada dia seus ensinamentos me instigam mais a me reconhecer como um agente de transformação. Afinal, lembremos que segundo ele a educação não transforma o mundo, a educação muda as pessoas, as pessoas transformam o mundo. E eu quero ajudar a transformar o mundo, livrando-o do preconceito, da opressão, da exploração, da violência e da intolerância.

Nesses dias, curiosamente, ao sair de uma aula de mestrado, ouvi a seguinte frase de um colega: "eu não acredito no potencial que a educação pode ter para a consubstanciação do Estado Democrático de Direito". Não posso negar que fiquei entristecida e irritada ao ouvir essa ideia de uma pessoa que, como eu, está se preparando para ser um educador mais graduado. Ser um educador que desconhece e minimiza o papel transformador que a educação desempenha na sociedade é como ser um motorista que dirige por uma estrada sem saber para onde ela vai. Foi Paulo Freire que me ensinou a importância do ato de educar na preparação e na humanização das novas gerações. Ele dizia que "se a educação sozinha não transforma a sociedade, sem ela tampouco a sociedade muda".

Mas aquilo que nos choca também nos faz refletir. Ver uma ideia dessa natureza expressa por alguém que teve a rara oportunidade de frequentar um curso de mestrado ou de doutorado, não deixa de ser um reflexo da crise educacional brasileira, uma educação bancária em que apenas se deposita conhecimento e se aniquila qualquer possibilidade de desenvolvimento de pensamentos críticos. Contudo, Paulo Freire também já havia me ensinado que: "seria uma atitude muito ingênua esperar que as classes dominantes desenvolvessem uma forma de educação que permitisse às classes dominadas perceberem as injustiças sociais de forma crítica".

Por isso não devo desprezar ou, simplesmente, "cancelar" quem não teve a oportunidade de conhecer Paulo Freire como eu tive. É necessário fazer com que a crítica pedagógica chegue às mentes de todos, inclusive daqueles que se preparam para reproduzir as concepções dominantes, deseducando a pretexto de ensinar. É por esse motivo que a cada dia renovo comigo mesma, enquanto professora que está nos primeiros passos da sua carreira, meu compromisso eterno com o pensamento de Paulo Freire. Na cabeceira da minha cama deixo o livro *Educação como prática de liberdade* para que eu nunca me esqueça do que ele disse. Como educadora que hoje sou e quero continuar a ser durante toda a minha vida, pretendo cada vez mais me empoderar do meu papel de agente de transformação social, compreendendo a educação como um processo sociopolítico, levando a consciência crítica e o conhecimento capaz de reveçar a alienação e de inspirar os meus educandos a afetuosamente transgredir o que deve ser transgredido no plano dos padrões culturais opressivos.

Apesar de não me lembrar do nosso encontro presencial quando eu era um bebê, sei que com Paulo Freire me encontro a cada dia, a cada hora em que me defronto com o lindo desafio de ser uma educadora que sempre aprende educando. Ele me transforma sempre. E, com isso, eu me sinto forte para poder ajudar, por meio da educação, a transformar o mundo.

Uma verdade

Somos pai e filha. Somos educadores. Ao longo das nossas vidas desempenhamos e desempenharemos muitas funções, ocuparemos diferentes postos, exerceremos funções de diversas naturezas e teremos múltiplos papéis sociais. Nunca deixaremos, porém, de ser pai e filha. Do mesmo modo, nunca deixaremos de ser educadores, com as suas vidas e pensamentos próprios convivendo e se respeitando afetuosamente. Sempre seremos educadores que encontram em Paulo Freire a referência, a orientação e a luz que ilumina os nossos caminhos. Sem ele, talvez fôssemos apenas professores. Mas nunca, provavelmente, seríamos educadores.

Muitos certamente dizem, a seu modo, o que aqui dizemos e expressam o mesmo sentimento que possuímos. Paulo Freire estará incorporado nos seus educandos para sempre. Ele, enquanto ser de carne e osso, partiu e nos deixou. Ficou apenas a saudade e o desejo de que um dia — se outra vida realmente existir — possamos reencontrá-lo. Mas ele, enquanto ser de ideia e de pensamento, sobrevive e não morrerá nunca. Jamais. Ele estará sempre presente em cada educador crítico que, ao entrar na sala de aula, sabe a estrada pedagógica que segue, educando com fraternidade e doçura, negando as formas de educação bancária e despertando a reflexão crítica nos seus educandos. Ele estará presente em todos aqueles que acordaram para perceber que, na vida humana, a substância tem um significado mais importante que a forma e o preconceito, mesmo que doa nos ouvidos dos eleitores. Ele estará sempre presente ao lado dos explorados, dos oprimidos e daqueles que tomaram consciência de que a neutralidade pedagógica é um engodo, uma farsa, uma forma de se fazer uma assepsia estúpida da criticidade do ato de pensamento. Todo ser humano sempre pensará, viverá, sonhará e se comunicará a partir da forma que aprendeu e aprende a ver o mundo. Por isso, a educação é transformadora quando rompe com os laços de opressão e de dominação entre seres humanos, permitindo o desenvolvimento da consciência crítica.

Que venham os intolerantes, os "lacradores", os autoritários, os ditadores, os reprodutores de asnices, os negacionistas insanos, os produtores de *fake news*, os censuradores e os idiotas truculentos. Que venham tentar deturpar, violentar, desqualificar a obra de Paulo Freire. Que venham tentar mudar nomes de escolas e de ruas. Que venham tentar queimar seus livros. Diante da estupidez, responderemos com a crítica pedagógica. Diante da violência e da intolerância, responderemos com a altivez e a tranquilidade dos que sabem que estão do lado certo da vida humana e da história. Diante do gesto de arma formado pelas mãos, responderemos com o símbolo do coração formado pelas nossas. Sempre teremos Paulo Freire a nos guiar, a nos amparar e a nos dar força para transformarmos a estupidez, por mais arraigada que seja, em pensamento crítico e transformador.

Saberemos resistir e conseguiremos vencer, mais cedo ou mais tarde. Afinal, temos Paulo Freire ao nosso lado. Ele nunca nos abandonará.

DIREITOS HUMANOS
E EDUCAÇÃO LIBERTADORA EM PAULO FREIRE

José Geraldo de Sousa Junior

Em texto recente, a propósito do livro *Educação, diversidade, direitos humanos e cidadania: escritos e compromissos*, organizado por Lúcia Helena Pulino e Clerismar Aparecido Longo, conclui meu escrito com uma nota evocativa:

> Trata-se, diz freireanamente a professora Pulino, no prefácio, de forjar "a escrita e a leitura como direito e dever de mudar o mundo", o que significa compreender, ainda com Paulo Freire, conforme mostram Ana Maria Araújo Freire e Erasto Fortes Mendonça em *Direitos humanos e educação libertadora* — livro ao qual em breve pretendo fazer um mergulho evocativo que resgate a saga de Paulo Freire sob a perspectiva da inter-relação entre os direitos humanos e educação libertadora. Trata-se, em suma, conforme diz Erasto, na dedicatória manuscrita de "compreender a educação como prática social humanizadora" e de, com Paulo Freire, "assumir nossa causa comum, a dos direitos humanos".

Eis que, para cumprir minha promessa, e a convite da própria Ana Maria Araújo Freire — também conhecida como Nita Freire —, que se propôs assumir a tarefa entre a sua alta responsabilidade política e sua amorosa lealdade, com a preparação desta obra que celebra o centenário do educador pernambucano, em edição histórica acolhida pela Editora Paz e Terra, concluí a leitura da obra e a trago como pano de fundo de minha contribuição.

Mas o faço com uma nota prévia, recuperada de um momento de forte emoção para mim, então reitor da Universidade de Brasília (UnB), quando pude realizar as cerimônias do jubileu da universidade em 2012, com um conjunto de eventos marcados por muito simbolismo, entre os quais a outorga do título de doutor *honoris causa*, *post-mortem*, a Paulo Freire.

Na cerimônia, ainda mais elevada em seu significado pelo discurso de Nita Freire, especialmente convidada pela Reitoria para o protocolar elogio ao homenageado, ensaiei uma aproximação que me parecia importante fazer, tratando-se da UnB: "Paulo Freire e Darcy Ribeiro: o reencontro possível".

Lembrei um fato para mim significativo nesse sentido. Entre os dias 8 e 9 de junho de 1991, deu-se em Niterói, Rio de Janeiro, um evento singular na história da educação brasileira, com imenso valor simbólico para o processo de redemocratização do país. O seminário "Ciep – Crítica e autocrítica" que permitiu a reunião de profissionais de diferentes áreas com o próposito de debater alternativas aos modelos de educação oferecidos pela rede pública.[1] Era também a primeira vez, desde o retorno do exílio, que se encontravam em ato público os mestres Paulo Freire e Darcy Ribeiro.

Uma série de fatores se alinhou em suas trajetórias para conduzi-los a este momento de eclipse. A despeito de nunca

---

[1] "CIEP — Critica e autocrítica", Niterói, 8-9 jun. 1991.

terem trabalhado juntos, esses pensadores e criadores estiveram sempre lado a lado na história do Brasil, da América Latina e da UnB, irmanados pelo desejo de emancipar através da educação.

Por suas ações revolucionárias — Paulo Freire em Recife, com seu projeto de alfabetização universal, e Darcy Ribeiro em Brasília, na fundação de uma universidade com inovadora proposta de ensino — podem ser considerados intelectuais de importância tanto teórica quanto política, dada a capacidade de transbordar a dimensão do discurso sobre a dimensão da prática. Foram ambos, por esta mesma razão, forçados a deixar o país em 1964.

Freire e Darcy, como me indicou Layla Jorge em sua pesquisa para o meu texto, acompanharam um ao outro intelectualmente durante anos, ligados por uma amizade baseada no respeito e na admiração mútuos. Sobre esta relação, diria Paulo Freire, por ocasião do referido seminário, em 1991:

> Eu sou amigo do Darcy, nós somos da mesma idade, possivelmente eu sou mais velho um ano que Darcy, mas eu comecei o meu querer bem a Darcy por uma admiração ao intelectual Darcy, quando ambos éramos, faz tempo, muito jovens. [...] Eu me lembro ainda hoje da emoção com que eu estive diante da cara moça, quase menina, da sua inquietação. E daí em diante ficamos, mesmo que não com encontros assíduos, mas ficamos sempre sabendo um da existência do outro. [...] essas estórias, esses pedaços de estórias, no fundo, fazem parte da nossa história, da nossa história de educadores, de intelectuais deste país,

por isso mesmo de políticos deste país, um pedaço da história maior que é a história nossa de nós todos no Brasil.[2]

Quando do seu regresso, Paulo Freire se instalou em São Paulo como professor da Universidade de Campinas e atuou como secretário de Educação do município de São Paulo. Darcy Ribeiro, coincidentemente, atuou como secretário de Educação do Rio de Janeiro e investiu na criação e coordenação dos Centros Integrados de Educação Pública (Ciep). Sobre o desenvolvimento deste último projeto, organiza o seminário em Niterói e convida Paulo Freire para uma oportunidade de reafirmarem a sua cumplicidade.

Na conferência de encerramento, Paulo Freire coloca:

> Eu diria a vocês, que homens como Darcy, a quem eu me junto, não encerram coisa nenhuma, inclusive encontros como esse. A gente tá no mundo é pra abrir, por isso mesmo não vamos fechar esse encontro de hoje, de jeito nenhum. [...] Eu quero, então, trazer para ti [Darcy] não só o meu querer bem, porque tu sabes que há muito tempo eu já te dei, mas a minha solidariedade de educador, de cara que pensa um pouco também a educação desse país. E a vocês todos e todas o grande abraço de um cara que também briga por uma escola melhor, por uma escola mais séria, mais competente, mas, sobretudo, por uma escola que provoque alegria.[3]

---

[2] Lia Faria e Rosemaria J. Vieira Silva. O encontro das águas: diálogos entre Paulo Freire e Darcy Ribeiro. *Vertentes*, São João del-Rei, n. 31, jul.-dez. 2008.
[3] *Ibidem.*

Ao que replica Darcy:

> Paulo é a consciência e a emoção da educação brasileira, [...] Paulo é a sabedoria da educação brasileira. Mas eu acho que o traço fundamental é esse: um respeito de educador pelo educando. [...] As ideias se encarnam nas pessoas. E, quando se encarnam, elas ganham a possibilidade de existirem, de se perpetuarem.[4]

Nesse momento, somos convidados pela força da data a refletir novamente sobre a importância de seguirmos encarnando e perpetuando nosso respeito pela educação. Trata-se da comemoração dos noventa anos de nascimento do educador Paulo Freire, aniversário que nos inspira a recordar (do latim *ricordare*, tornar a passar pelo coração) sua proposta de educação como prática da liberdade, da mudança, da esperança, da autonomia e da indignação.

Na Universidade de Brasília, a homenagem a Paulo Freire, que foi membro de seu Conselho Diretor durante o ano de 1985, coincidiu com a realização da Semana Universitária, evento em que a universidade se abria para o público externo, com mais de quinhentas atividades distribuídas nos quatro *campi*. O objetivo foi deslocar os papéis de aluno e professor para descobrir, como Paulo Freire já nos apontou, que a educação somente se faz no contato com o ser concreto, inserido em sua realidade histórica. A outorga do *honoris causa* a Paulo Freire foi uma oportunidade para fazer o encontro entre dois gigantes que também permaneceram encarnados nas ações de

---

[4] *Ibidem.*

educandos e educadores quando experimentaram "a gestão democrática da educação pública", conforme tão bem documentada na organização do livro *Direitos humanos e educação libertadora*.

Como uma atualização bem organizada de um experimento que não pode ser considerado datado e que se faz necessário sobretudo na conjuntura de deliberado esvaziamento da função emancipatória da educação pública o livro é, segundo os seus organizadores

> uma reunião de escritos e falas de Paulo Freire. Apresenta, sob um ponto de vista inédito, a experiência do educador como secretário de Educação da cidade de São Paulo, entre 1989 e 1991. A esses textos, acrescentaram-se outros, escritos por alguns daqueles que compartilharam com Freire o sonho de reinventar a escola da Rede Municipal paulistana e democratizar a educação pública de qualidade.[5]

A chave de leitura que Paulo Freire indica para extrair significado da obra está em *Direitos humanos e educação libertadora*, título que é justificado na extensão de uma concepção muitas vezes lançada em seus trabalhos, segundo a qual a educação não transforma o mundo, transforma as pessoas que transformam o mundo. Por isso, em sua justificativa, ele recupera essa chave: "A educação não é a chave, a alavanca, o instrumento

---

[5] Paulo Freire, *Direitos humanos e educação libertadora*, Rio de Janeiro: Paz e Terra, [Texto de capa], 2019.

para a transformação social. Ela não o é, precisamente porque poderia ser". Explicitando:

> É exatamente porque a educação se submete a limites que ela é eficaz [...]. Se a educação pudesse tudo, não haveria por que falar nos limites dela. Mas constata-se, historicamente, que a educação não pode tudo. E é exatamente não podendo tudo que pode algumas coisas, e nesse poder alguma coisa se encontra a eficácia da educação. A questão que se coloca ao educador é saber qual é esse poder ser da educação, que é histórico, social e político.[6]

Por esse motivo que em sua apresentação, Ana Maria Araújo Freire situa a proposta filosófica de Paulo Freire a partir da perspectiva de autonomia no sentido utópico de "um inédito viável de humanização", que pôde ser orientado por uma gestão apta a traduzir a compreensão "ético-político-antropológica de uma epistemologia crítico-educativo-conscientizadora, que, em última instância, tem como ponto central a humanização de todos e todas", portanto, um programa para "dignificar as gentes, as pessoas", sendo assim, substantivamente, uma política de educação em e para os direitos humanos.[7]

Isso o confirma Paulo Freire. A educação em direitos humanos pressupõe "compreensão política, ideológica do professor" para se constituir em

---
[6] *Ibidem*, p. 39.
[7] *Ibidem*, apresentação de Ana Maria Araújo Freire, pp. 14-15.

educação para os direitos humanos, na perspectiva da justiça, [que] é exatamente aquela educação que desperta os dominados para a necessidade da briga, da organização, da mobilização crítica, justa, democrática, séria, rigorosa, disciplinada, sem manipulações, com vistas à reinvenção do mundo, à reinvenção do poder. [...] Essa educação para a liberdade, essa educação ligada aos direitos humanos nesta perspectiva, tem que ser abrangentes, totalizante, tem a ver com o conhecimento crítico do real e com a alegria de viver.[8]

É em função disso que o querido amigo e colega Erasto Fortes Mendonça, ex-diretor da Faculdade de Educação da nossa UnB, também coordenador geral de Educação em Direitos Humanos, da Secretaria de Direitos Humanos da Presidência da República — durante o governo do presidente Luiz Inácio Lula da Silva —, não hesita em inserir em seu prefácio a educação na modelagem conduzida por Paulo Freire gestor, como um programa exaltado de educação em direitos humanos, "tomada como eixo articulador de um processo de gestão educacional".[9]

O livro, forte em enunciados recolhidos ou colecionados do próprio Paulo Freire, reúne material organizado e anotado por Erasto Fortes e Nita Freire, distribuído em cinco grandes blocos, para além dos seus elementos pré-textuais: (I) A chegada e o início da gestão do educador Paulo Freire na Secretaria Municipal de Educação de São Paulo; (II) Entrevistas

---

[8] *Ibidem*, pp. 39-40, 43.
[9] *Ibidem*, prefácio de Erasto Fortes Mendonça, p. 26.

de Paulo Freire sobre a educação na Rede Municipal de São Paulo; (III) Depoimentos sobre dificuldades encontradas na Secretaria Municipal de Educação de São Paulo; (IV) Testemunhos dos que caminharam com Paulo Freire no sonho de "mudar a cara" da escola da Rede Municipal de São Paulo; (V) A despedida e o fim da gestão do educador Paulo Freire à frente da Secretaria Municipal de Educação de São Paulo.

Nessa obra, organizador e organizadora, junto com Paulo Freire, refletiram sobre a experiência gestora de democratizar a educação pública de qualidade compartilhada com nomes como Luiza Erundina de Sousa, Mario Sergio Cortella, Coletivo do Núcleo de Ação Educativa, Lisete R. G. Arelaro, Ana Maria Saul, Ivanna Sant'Ana Torres e outros.

Esse registro pode ser considerado uma avaliação inspirada no presente para aplicar-se ao futuro, que corresponde ao nosso atual presente, o qual abriu as portas para o obscurantismo político e pedagógico silenciador, acovardado, militarizado, censurado, sem ideologia ou partido — quer dizer, com a pretensão ideológica exclusivista e partidariamente subjugadora. Em um texto escrito a seis mãos, assinado por Luiza Erundina, Paulo Reglus Neves Freire e Mario Sergio Cortella se sobressai a autorreflexidade dos cogestores da experiência democrática e emancipadora

> Nesse processo, a autonomia da escola tem se construído, as unidades de ensino deixam de ser meros desaguadouros das políticas centrais, o orçamento e o planejamento deixam de ser assuntos apenas de técnicos e especialistas e se explicitam, progressivamente, as prioridades, as necessidades de recursos, as dificuldades,

os interesses de vários grupos sociais e as limitações do município enquanto esfera de poder, sendo, por isso, um excelente instrumento de construção e de afirmação da cidadania.[10]

É nesse passo que mais se faz necessária a atitude, seguindo o pensamento de Paulo Freire, de desconfiar da capacidade bancária, presente na sobredeterminação de conteúdos mesmo que de boa qualidade programática, mas que não abrem a consciência possível dos sujeitos que se põem em condição de emanciparem-se.

Essa é uma questão que não se pode perder de vista ao se examinar dados referidos à consciência e às representações sobre modos de inserção dos indivíduos no social a partir da intrassubjetividade de suas relações. Para Lucien Goldman, importante sociólogo romeno-francês, o qual se destacou na sociologia do conhecimento nos anos 1960, a vida social é concebida como um conjunto de processos por meio dos quais os grupos humanos tentam realizar um equilíbrio satisfatório com a sociedade e a natureza e, nestes processos, os fatos da consciência constituem um elemento ao mesmo tempo essencial e não autônomo. Aliás, tal pensador é expressamente referido por Paulo Freire em *Pedagogia do oprimido*: "Muitos, porque aferrados a uma visão mecanicista, não percebendo esta obviedade, a de que a situação concreta em que estão os homens condiciona a sua consciência do mundo e esta as suas

---

[10] Luiza Erundina de Sousa, Paulo Reglus Neves Freire e Mario Sergio Cortella, "Aos que fazem conosco a educação pública de São Paulo". In: Paulo Freire, *Direitos humanos e educação libertadora*, op. cit., p. 347.

atitudes e o seu enfrentamento, pensam que a transformação da realidade se pode fazer em termos mecânicos".[11]

Para Goldman, tanto os processos de conjunto como o seu âmbito consciente se chocam com inúmeros obstáculos factuais ou estruturais mais ou menos duradouros que constituem a realidade empírica desse mundo ambiente, com reflexos ativos de natureza deformante na consciência do indivíduo.

> Na relação que daí resulta, entre o indivíduo e o mundo ambiente, as reações do primeiro, tanto ao nível dos indivíduos como ao nível do conjunto do grupo, nunca se traduzem por respostas unívocas, mas por um campo mais ou menos vasto de respostas possíveis, campo no interior do qual as diversas atualizações se podem suceder em ritmos mais ou menos frequentes.[12]

É sempre muito problemático, portanto, estabelecer um padrão para estas respostas e, para chegar a uma aproximação razoável, Goldman formulou dois pressupostos, a partir dos quais qualquer conjunto de condições delimita um campo de respostas possíveis, sem contudo gerar uma resposta determinada de maneira unívoca.

> Conforme o nível em que se situa a investigação, o essencial nunca será pois conhecer a consciência efetiva do grupo num dado momento, mas sim o campo no interior do

---

[11] Paulo Freire, *Pedagogia do oprimido*, Rio de Janeiro: Paz e Terra, 2019, p. 175.
[12] Lucien Goldman, *Epistemologia e filosofia política*, Lisboa: Editora Presença, 1978, p. 31. Goldman é uma das referências citadas por Paulo Freire na *Pedagogia do oprimido*.

qual esses conhecimentos e essas respostas podem variar sem que haja modificação essencial das estruturas e dos processos existentes.[13]

Goldman separa, assim, a consciência efetiva ou real dos grupos de sua consciência máxima possível para assinalar que a consciência real dos grupos só raras vezes se aproxima de sua consciência possível, âmbito no qual se exprime a visão de mundo, coletivamente elaborada no plano do pensamento conceitual e no plano da criação de um imaginário de personagens, de objetos e de relações.

O conceito de consciência possível, a partir de Goldman, com o qual Paulo Freire expressamente opera, ganha notável relevância para a interpretação de processos de ação política e para a compreensão das representações coletivas sobre as relações sociais, mostrando os limites da análise que se oriente apenas para a observação da consciência real insuficiente para revelar os aspectos mais importantes da realidade.

É esse processo, diz Nair Heloisa Bicalho de Sousa, motivada pela leitura de Nita Freire em aludir à "pedagogia dos direitos humanos", que, como proposta freireana, permite a "inserção crítica dos homens e das mulheres na sociedade ao possibilitar-lhes terem voz, dizerem a sua palavra, biografarem-se".[14] E também possibilita a orientação da "construção de saberes, práticas pedagógicas e metodologias participativas da

---

[13] *Ibidem.*
[14] Ana Maria Araújo Freire, "Acesso à justiça e a pedagogia dos vulneráveis", In: José Geraldo de Sousa Junior (org.). *Introdução crítica ao direito à comunicação e à informação.* O Direito achado na rua, vol. 8. Brasília: FAC/UnB Livros, 2017, pp. 69-77.

educação em direitos humanos"[15] para, enfim, constituir uma base consistente, apta a formar um programa de educação *em* e *para* os direitos humanos. Aos cem anos, o pensamento de Paulo Freire permanece vivo e instigante, a bulir com as nossas mais conscientes mobilizações.

Referências bibliográficas

Freire, Ana Maria Araújo. "Acesso à Justiça e a Pedagogia dos Vulneráveis". In: Sousa Junior, José Geraldo de (org.). *Introdução crítica ao direito à comunicação e à informação*. O Direito achado na rua. Brasília: FAC/UnB Livros, vol. 8, 2017.

Freire, Paulo. *Direitos humanos e educação libertadora: Gestão democrática da educação pública na cidade de São Paulo*. Organização de Ana Maria Araújo Freire e Erasto Fortes Mendonça. Rio de Janeiro: Paz e Terra, ed. 4, 2019.

_____. *Pedagogia do oprimido*. Rio de Janeiro: Paz e Terra, ed. 78, 2019.

Goldman, Lucien. *Introdução à sociologia*. Porto: Editora Nova Crítica, s/d.

_____. *The Human Sciences and Philosophy*, Jonathan Cape Ltd. London, 1969.

---

[15] Nair Souza, "Retrospectiva histórica e concepções da educação *em* e *para* os direitos humanos". In: Pulino, Lúcia Helena Zabotto (org.). *Educação em e para os direitos humanos*. Biblioteca Educação, Diversidade Cultural e Direitos Humanos, vol. 2, Brasília: Paralelo 15, 2016, pp. 73-124.

_____. *Epistemologia e filosofia política*. Lisboa: Editora Presença, 1978.

Pulino, Lúcia Helena Zabotto (org.). *Educação em e para os direitos humanos*. Biblioteca Educação, Diversidade Cultural e Direitos Humanos, vol. 2. Brasília: Paralelo 15, 2016.

Pulino, Lúcia Helena Zabotto e Longo, Clerismar Aparecido (orgs). *Educação, diversidade, direitos humanos e cidadania: escritos e compromissos*. São Paulo: Editora Letra e Voz, 2020.

Sousa Junior, José Geraldo de. "Paulo Freire e Darcy Ribeiro: o reencontro possível". Brasília: *Revista do Sindjus*, n. 76, set.-out. 2011.

_____. "Educação, diversidade, direitos humanos e cidadania". *Estado de Direito*, 14 out. 2020. Disponível em: http://estadodedireito.com.br/educacao-diversidade-direitos-humanos-e-cidadania/.

PAULO FREIRE:
UM JUSTO ENTRE AS NAÇÕES

Leonardo Boff

Meu primeiro contato com Paulo Freire foi com seus livros. Ele estava no exílio e eu, a partir de 1970, no Brasil. Como professor de teologia no Instituto Franciscano de Teologia e Filosofia em Petrópolis, ao lado das aulas acadêmicas e de minha presença nas comunidades periféricas da cidade, mantinha um seminário aberto a quem quisesse sobre temas sempre relacionando a teologia com problemas sociais, em especial a pobreza, pois esta é a perspectiva fundacional da Teologia da Libertação.

Todas as terças-feiras a partir das 19 horas havia uma sessão do seminário. A ela acorriam pessoas de várias idades e profissões vindas de Petrópolis, do Rio de Janeiro e de Juiz de Fora. Nunca eram menos que cinquenta ou até mesmo setenta pessoas. Nesses encontros, debatíamos temas sempre ligados à teologia da libertação como: chaves para decifrar os discursos ideológicos das classes dominantes; desafios da reforma agrária popular; o poder e seus usos e abusos; várias dimensões da pobreza e como enfrentá-las e outros temas afins.

Dedicamos várias sessões de exposição e discussão de dois livros seminais de Paulo Freire, *Educação como prática de liberdade* e *Pedagogia do oprimido*. Este estudo teve profundas consequências, pois, mais do que tudo, tratava-se de incorporar o método de Paulo Freire a uma perspectiva libertária e profundamente humanística.

Desta participação surgiram muitas lideranças em Juiz de Fora e no Rio de Janeiro, fossem no campo da política partidária, no campo da educação, da atividade sindical ou da prática jornalística. Até hoje estes seminários são lembrados como decisivos na definição de vida e de trabalho de muitos participantes.

Meu encontro pessoal com Paulo Freire se deu no seio do Conselho da revista internacional *Concilium*. Trata-se de uma revista publicada, no início, mensalmente, a partir dos anos de 1970, reunindo as contribuições dos grupos mais progressistas das Igrejas, em nível ecumênico e também dos distintos saberes em diálogo com a sociedade e com a teologia. A nata do pensamento crítico europeu e norte-americano fazia-se aí presente. Teólogos famosos como Hans Küng, Karl Rahner, Josephe Ratzinger, J.B. Metz, Jürgen Moltmann, o ortodoxo Sizoulas, Jean-Yves Congar, Pierre Chenu, Christian Duquoc, Jean-Pierre Jossua, e outros da Espanha e da Itália, faziam parte do grupo, cerca de 25 pessoas.

Sempre na semana de Pentecostes de cada ano, reunia-se o grupo *Concilium* normalmente em Nimega, na Holanda, mas também em outras cidades como Paris, Madri e Bonn. Dedicavam-se três dias de debate sobre a situação geral do mundo e das Igrejas. Em seguida, como resultado dos debates, montavam-se as temáticas dos números a serem publicados. Para cada número temático da revista (sexualidade, ecumenismo, reforma da Igreja, direitos humanos, família, ecologia etc.) eram escolhidos dois coordenadores de diferentes países para detalharem o tema em diversos capítulos e convidar especialistas do mundo inteiro para escreverem sobre eles.

Ao lado deste grupo ecumênico, eram convidados estudiosos de vários ramos das ciências, fossem da biologia, da sociologia ou da cosmologia para animar as discussões e enriquecer o diálogo interdisciplinar. Entre eles estava, por exemplo, o conhecido filósofo alemão Jürgen Habermas. Durante três anos, se bem me lembro, participou também Paulo Freire, que nos anos 1980 era responsável pela temática da educação no Conselho Mundial das Igrejas em Genebra.

Foi nesse contexto que conheci Paulo Freire. Eu era o editor da publicação de *Concilium* junto à Editora Vozes, de Petrópolis, e, ao mesmo tempo, o único teólogo da América Latina. Posteriormente, por insistência minha, foi incorporado o verdadeiro iniciador da teologia da libertação, o peruano Gustavo Gutiérrez. Juntos pudemos dar uma contribuição singular à reflexão teológica que era de cunho quase que exclusivamente acadêmico, sem referências a incidências práticas que concerniam aos pobres, às injustiças mundiais ou às mudanças da sociedade.

Ao nos encontrarmos conversávamos sobre o Brasil, sobre a dureza da ditadura militar e a perseguição política geral que atingia também a Igreja da libertação. Freire mostrava um imenso pesar e saudades do Brasil. Adorava suco de pitanga. Ao chegar, logo após os cumprimentos, perguntava: "Trouxe a garrafa de suco de pitanga?". Ao recebê-la, abraçava-a quase em lágrimas. Era o símbolo de seu Nordeste e do Brasil que entranhadamente estremecia.

Suas intervenções no grupo, falando em inglês, eram sempre ouvidas com a maior atenção. Depois das sessões, Freire sempre comentava comigo as diversas opiniões com observações pertinentes e também com certa doçura crítica. Lembro-

-me de duas intervenções que revelavam o educador que sempre foi.

A primeira delas ocorreu depois de ouvir por horas as intervenções eruditas de teólogos e de outros saberes. Freire pediu a palavra e disse mais ou menos o seguinte: "É muito bom e é um grande aprendizado ouvir todos vocês. Mas me pergunto para quem vocês estão falando? Falam uns para os outros? Qual é o destinatário de tantas ponderações e ideias? Quase não ouço palavras que se referem à maioria da humanidade que vive fora de nosso mundo ocidental e acadêmico. São as que são exploradas pelos países centrais nos quais vocês estão vivendo. Vejo que são críticos às práticas da Igreja Católica" — era o tempo do papa João Paulo II — "mas não percebo críticas às sociedades de vocês e às relações de exploração que possuem com os países periféricos ou do grande Sul. Desculpem-me, tenho a impressão de que são funcionais a essas sociedades. Na perspectiva nossa que as vemos de fora e sofremos a influência delas em nossos países, estas sociedades surgem como opressoras. Todo pensamento, por mais erudito, não pode deixar de ser crítico cultural e socialmente, saber de que lugar social fala e como é funcional ou crítico em face da própria realidade nacional."

Numa outra intervenção, Freire voltou à carga com uma ponderação semelhante: "Concordo com os conteúdos das reflexões aqui feitas que são também minhas. Mas sempre me questiono: como vamos levar tudo isso para o grande público, para aqueles que não dominam o nosso dialeto científico? Se não soubermos dizer de forma simples, quem sabe até metafórica, o que cientificamente pensamos, é sinal de que para nós mesmos nem tudo está claro e realmente é compreendido.

Devemos buscar linguagens de comunicação para que o saber seja acessível ao maior número possível de leitores e que possam participar e tenham condições de enriquecê-lo. Junto com o saber vem o comunicar o que sabemos. Então, estabelecemos uma comunidade de aprendentes, de pensadores, de humanos que juntos constroem os conhecimentos, tão necessários para darmos conta da complexidade de nossas realidades sociais."

Aqui aparece a permanente preocupação de Paulo Freire segundo a qual todos são portadores de saber e todos construímos coletivamente o que sabemos e precisamos saber. Mas há uma condição, a de sempre estarmos abertos ao diálogo, a aprendermos uns com os outros e a apreciarmos todas as diferenças. É isso que nos humaniza, mais ainda, nos une enquanto irmãos e nos faz a todos sujeitos participativos do destino pessoal e coletivo. Para isso precisamos, além de uma mente desperta, de um coração capaz de sentir e de amar. Só com a amorosidade se constrói a comunidade humana, melhor dito, uma sociedade menos malvada na qual não seja tão difícil o amor. Amar é tudo. Toda transmissão de saberes e, mais que tudo, toda educação é um ato de amor para com o outro.

Na época, não havia trabalhado com mais intensidade a relevância da esperança e do verbo esperançar. Na última fase de sua vida, foi a sua grande preocupação e contribuição. Na perspectiva dos excluídos e dos empobrecidos, todas as esperanças são frustradas por mecanismos sociais sem sentido de solidariedade e de compaixão com os sofredores deste mundo. Os poderosos passam ao largo do samaritano assaltado e caído na estrada e seguem, insensíveis, o seu destino. É a esperança que sempre devolve o sentido à vida, levanta caído e abre caminho onde parece não haver nenhum. Daí que cunhou a palavra *esperançar*. Trata-se de superar a letargia de quem espera que, um dia, as coisas irão melhorar. Ao contrário, esperançar faz a esperança acontecer, é aquele dinamismo que se recusa a simplesmente esperar mas que coloca passos e práticas que fazem nascer a esperança ativa, aquela que constrói em antecipação, mesmo que seminalmente, o futuro bom que queremos. Hoje no desmantelamento do paradigma dominante que já não nos fornece nenhuma promessa nem inspira nenhuma esperança, esperançar é uma atitude a ser suscitada e apoiada na construção não só de um mundo possível, mas principalmente de um mundo necessário. Dentro deste mundo necessário, devem caber os outros mundos culturais, a natureza incluída, todos dentro da única e grande Casa Comum.

Paulo Freire, com seu esperançar, confere conteúdo concreto aos nossos sonhos viáveis, à nossa esperança ativa por um mundo mais humano, amoroso e fraternal. Ele se conta entre um dos fundadores da teologia da libertação e sabia-o com certo entusiasmo. Toda a sua educação fortalece aquela ação que liberta a liberdade cativa, por isso *libert-ação*. Ele ensinou a nós, teólogos da libertação, como trabalhar com o povo, como arrancar de suas angústias e esperanças a valorização de seus saberes vindos de experiências e de feitos, e como criar as condições de que, junto a eles, cada um se torne protagonista de seu próprio destino. Nossa gratidão a ele é imorredoura.

Paulo Freire emerge como um dos sábios da humanidade que nos ensinou a aprender sempre e a nos autoeducarmos permanentemente junto com os outros e através dos outros. Por isso ele merece o título maior da tradição hebraica, fundada nos textos bíblicos: Paulo Freire se fez um justo entre as nações.

CARTA A
PAULO FREIRE

Luiz Inácio Lula da Silva

Quem conhece Paulo Freire pelos seus livros sabe do grande pensador que ele foi, um dos mais notáveis da história da pedagogia mundial.

Mas quem como eu teve o prazer e a honra de conviver com ele, em momentos históricos como a fundação do Partido dos Trabalhadores, sabe também da sua extraordinária generosidade e do seu profundo amor pelos seres humanos, sobretudo pelos oprimidos, aos quais dedicou sua obra e sua vida.

Paulo Freire foi um dos maiores brasileiros do século XX. Doutor *honoris causa* de 51 universidades do Brasil e do exterior. Autor do clássico *Pedagogia do oprimido*, a terceira obra mais citada do mundo na área de ciências humanas. Um educador genial, que atraía e segue atraindo atenção internacional para suas ideias.

Mas Freire foi também o exemplo mais completo de um verdadeiro revolucionário. Acreditava na revolução pacífica e democrática, na participação popular, na transformação do mundo por aqueles que foram "roubados do seu direito de ser", como os definia. Sua arma para mudar o mundo era a educação. Essa mesma arma que até hoje faz tremer os inimigos da construção de um mundo mais justo.

Das muitas lições que Paulo Freire nos legou, duas hão de ser destacadas. A primeira é que mestre é aquele que, ao ensinar, aprende. É aquele que sabe que não possui a verdade toda, que o conhecimento não é propriedade sua. Um conceito que só poderia ser formulado por quem tem a grandeza de respeitar a sabedoria dos humildes e reconhecer a existência do outro, acima das barreiras sociais e dos preconceitos.

A segunda grande lição do mestre é que a educação nunca foi neutra, mas que ela será sempre uma ferramenta de libertação popular ou um instrumento de dominação dos opressores sobre os oprimidos. Paulo Freire optou por pensar e fazer a educação no mais amplo sentido que pode ter a palavra liberdade.

Foi um eterno jovem de barbas brancas. Definia-se como "um velho que não se deixa envelhecer". Avesso a conselhos, que dizia não dar nem a seus netos, abria exceções para dizer aos estudantes: "Não deixem morrer em vocês os jovens que vocês estão sendo e os meninos que vocês foram. Não permitam matar em vocês a curiosidade permanente diante do mundo."

Defendia com unhas e dentes o direito à pergunta, e acreditava que não saber é o ponto de partida para saber. Para ele, alfabetizar era conscientizar — era, portanto, um ato político.

Dizia que a grande dor de um contingente imenso do povo brasileiro era não saber ler nem escrever, e, assim, não se reconhecer sujeito de sua própria história.

Por isso, quis alfabetizar milhões de brasileiros, que na época não tinham sequer o direito ao voto. Por essa razão, foi perseguido pela elite do atraso, expulso da universidade, preso e exilado pela ditadura militar, acusado de ser um perigoso subversivo internacional, inimigo de Deus e do povo brasileiro.

Fez do exílio um longo e fértil exercício de aprendizado, apesar da saudade que, segundo suas próprias palavras, sentia da família, dos amigos, do nosso chão, das cores, dos cheiros, do gosto da comida e até das nuvens do céu do Brasil. Reverenciado em todos os cantos, viajou pelo mundo como educador, ora ensinando, ora aprendendo, o que para ele sempre foi uma coisa só.

De volta ao Brasil, falando a uma plateia de jovens num programa de auditório, relembrou os crimes da ditadura e manifestou o seguinte desejo:

> O meu gosto é que nós todos, brasileiros e brasileiras, meninos, velhos, maduros, que nós todos tomemos um tal gosto pela liberdade que jamais seja possível no Brasil voltarmos àquela experiência do pesado silêncio sobre nós.

Paulo Freire não viveu para ver que, quatro décadas depois do fim dos anos de chumbo e de sangue, de torturas e de assassinatos cometidos pelo regime, o autoritarismo tentaria novamente impor seu pesado silêncio sobre nós, inclusive repetindo contra ele as mesmas acusações dos tempos da ditadura.

Não por acaso, os autoritários de plantão que hoje perseguem e tentam calar Paulo Freire, um quarto de século depois de sua morte, são os mesmos que querem destruir a educação pública, que sufocam as universidades, que negam a ciência e abominam a arte e a cultura, que boicotam a vacina e o distanciamento social, e dizem "e daí?" para meio milhão de brasileiros mortos.

Paulo Freire será sempre imensamente maior do que todos eles. A perseguição que sofre depois de morto só faz aumentar a venda de seus livros e o interesse, inclusive dos mais jovens, pelas suas ideias. Com toda certeza, consideraria uma honra ser declarado inimigo nº 1 dessa extrema direita violenta e obscurantista.

Imagino Paulo Freire munido da mais profunda indignação, mas, ao mesmo tempo, de sua infinita paciência, com um giz na mão, diante de uma improvável sala de aula ocupada por fascistas terraplanistas, escrevendo no quadro verde a seguinte lição:

"A Terra é redonda e gira em torno do sol, e o amor será sempre maior que o ódio."

Paulo Freire vive.

OS 100 ANOS
DE PAULO FREIRE

Luiza Erundina

*Se nada ficar destas páginas, algo, pelo menos,
esperamos que permaneça: nossa confiança no povo,
nossa fé nos homens e na criação de um mundo
em que seja menos difícil amar.*

PAULO FREIRE

Dia 19 de setembro de 2021 comemora-se o centenário de nascimento de Paulo Freire — Patrono da Educação Brasileira.

Com enorme alegria e emoção, recebi da minha amiga Nita Freire o honroso convite para participar desta publicação, ao lado de tantas e tantos outros admiradores e amigos de Paulo Freire, orgulho e honra do povo brasileiro, educador consagrado em todo o mundo, especialmente nas mais famosas universidades de vários países.

Eventos ocorrem em todo o Brasil desde 2020, ocasião do aniversário de 99 anos do grande mestre, marcando o início das comemorações do centenário do dia em que Paulo Freire chegou ao planeta Terra. Por meio dos discursos dos seus participantes, tais celebrações expressaram a figura humana que foi Paulo Freire e, ao mesmo tempo, destacaram o precioso legado que deixou e que o torna imortal.

Associo-me, pois, às justas e merecidas homenagens prestadas a esse genial educador brasileiro, cujas raízes estão plantadas no solo árido do sertão nordestino que forjou sua personalidade forte, sensível e amorosa. Sua presença no mundo foi fecunda e inspiradora.

Essas suas palavras, impressas nas páginas de *Pedagogia da autonomia*, dizem bem como ele se via como professor:

> Não posso ser professor a favor simplesmente do homem ou da humanidade, frase de uma vaguidade demasiado contrastante com a concretude da prática educativa. Sou professor a favor da decência contra o despudor, a favor da liberdade contra o autoritarismo, da autoridade contra a licenciosidade, da democracia contra a ditadura de direita ou de esquerda. Sou professor a favor da luta constante contra qualquer forma de discriminação, contra a dominação econômica dos indivíduos ou das classes sociais.

Paulo Freire é um dos brasileiros mais homenageados no exterior, sua obra tornou-se leitura obrigatória para os que se dedicam à pesquisa e à prática educativas, está entre as mais citadas da história e é um dos autores mais lido do mundo. Registre-se, ainda, que foi laureado com 29 títulos de doutor *honoris causa* de diversas universidades espalhadas pelo globo e que foi alvo de honrarias da Comunidade Internacional, como o prêmio da Unesco de Educação para a Paz, na década de 1980. É, também, um dos escritores de língua portuguesa mais traduzidos e o seu método de alfabetização de jovens e adultos é aplicado em muitos países.

Conheci Paulo Freire primeiro em razão, justamente, de seu método de alfabetização de jovens e adultos, que passamos a adotar no nosso trabalho com os camponeses no interior da Paraíba. Também tivemos como fonte de inspiração sua obra mais famosa, a *Pedagogia do oprimido*.

Naquele tempo, início da nossa militância junto aos setores populares da sociedade, Paulo Freire era a nossa principal referência. No entanto, ele logo foi preso como um perigoso "subversivo" e teve que se exilar para não desaparecer, como aconteceu com tantos outros opositores do regime civil-militar. O "crime", a razão pela qual era perseguido pela ditadura, era seu trabalho de educação, que não só alfabetizava em tempo recorde os trabalhadores do campo e da cidade como também os conscientizava sobre sua dura realidade de pobreza e opressão. A arma que usava contra o arbítrio e a força bruta da ditadura militar era a conscientização que transforma o trabalhador em sujeito político e, como tal, em agente transformador de si mesmo e do meio social em que vive e em que é oprimido.

À luz dos seus ensinamentos, a mulher e o homem do campo e da periferia pobre das cidades descobriam as reais causas das injustiças e desigualdades de que eram vítimas. O passo seguinte era a tomada de consciência dos seus direitos de cidadania e do próprio poder de conquistá-los por meio da mobilização, da organização e da luta coletiva.

Na década de 1970, perseguida pela ditadura militar, fui vetada, por razões ideológicas, de integrar o corpo docente da Universidade Federal da Paraíba (UFPB), o meu estado de origem, e, então, resolvi migrar para São Paulo, tentando fugir do cerco que se fechava contra mim.

Ao chegar na cidade, fiz concurso público para assistente social da prefeitura da capital paulista. Bem classificada, fui admitida e lotada na então Secretaria de Bem-Estar Social, que me designou para trabalhar nas favelas e nos cortiços da periferia, onde encontrei camponeses expulsos do seu lugar de origem pelo latifúndio. Aí, então, me dei conta de que a luta no campo pelo direito à terra para trabalhar e a luta na cidade grande pela terra para morar era a mesma luta, e que só terá fim quando o povo tiver força política suficiente para conquistar a Reforma Agrária e a Reforma Urbana, ou seja, a democratização da terra como um direito de todos.

Também atuei, como servidora pública, no programa de alfabetização de adultos do governo militar nos municípios brasileiros, o Mobral. Como coordenadora do programa e contando com uma equipe de profissionais competentes e comprometidos politicamente, conseguimos, de forma clandestina, adotar o método de alfabetização de Paulo Freire com o uso de apostilas, elaboradas pela nossa equipe, e que substituíram o material da Editora Abril, fornecido pelo governo militar a todas as cidades do país. Fizemos isso correndo sérios riscos, visto que os servidores que trabalhavam junto ao povo eram permanentemente vigiados.

No processo de resistência ao regime militar, percebemos, em um dado momento, que a luta reivindicativa dos movimentos sindical e populares não era suficiente para enfrentar a ditadura e nem para transformar a realidade no interesse dos trabalhadores e trabalhadoras. Era necessário, pois, um instrumento mais eficaz na luta que travávamos, ou seja, um partido político, sem, contudo, abandonarmos a luta sindical nem a reivindicativa dos movimentos populares. Foi quando

Lula nos convidou para nos juntarmos a ele e a outros companheiros na construção de um partido político, o Partido dos Trabalhadores (PT), que nasceu no início da década de 1980 e do qual eu e Paulo Freire éramos filiados.

Essa foi a minha primeira experiência político-partidária que procurei articular com as experiências profissional e sindical, no sentido de fortalecer o sonho de transformar a realidade, na perspectiva da construção de uma nova sociedade. A partir de então, integrei-me ao processo de formação do PT e iniciei a minha militância política na criação dos núcleos de base do partido.

Meu primeiro encontro pessoal com Paulo Freire aconteceu logo após o seu retorno do exílio, no fim da década de 1970, por ocasião da formatura de uma turma de assistentes sociais das Faculdades Metropolitanas Unidas (FMU), que me escolheu paraninfa e Paulo Freire patrono. A solenidade de formatura realizou-se fora do espaço da universidade, porque sua direção discordava da escolha dos formandos, a mim e a Paulo Freire, por nos considerar "subversivos".

Foi um momento mágico poder abraçar alguém cuja imagem e história de vida povoaram o meu imaginário na juventude e inspiraram o meu sonho de ver o nosso povo emancipado e respeitado em sua dignidade e em seus direitos de cidadania.

Eu esperava que, naquela ocasião, Paulo Freire fizesse um discurso ressentido e de denúncia das arbitrariedades e violência da ditadura militar contra ele e os demais opositores. Ao contrário disso, ele mostrou doçura e falou do seu afeto pelas pessoas, do seu amor pela vida, da alegria de poder estar com sua gente, se deliciar com as comidas típicas do Nordeste e do quanto era feliz por estar de volta para, segundo ele, "reaprender" o seu país. Enfim, não falou do passado, nem do que havia sofrido no exílio. Falou, sim, do presente e do futuro e do quanto estava contente naquele momento.

Essa foi uma lição que ele me deu naquele extraordinário e inusitado primeiro encontro. Incrível ver que ele conseguira transformar a dura e cruel experiência de um longo período de exílio, quase 16 anos, e projetá-la em uma perspectiva de esperança e de fé na vida e em um futuro luminoso para todas e todos os brasileiros.

Pouco tempo depois fui eleita vereadora à Câmara Municipal de São Paulo pelo PT — o que serviu de pretexto para me demitirem após dez anos lecionando naquela universidade. É verdade que há muito queriam se livrar de mim, por causa de minhas posições político-ideológicas. Bem que tentaram, mas no final de cada ano letivo os alunos faziam um abaixo assinado exigindo o meu retorno no ano seguinte.

Como vereadora, apresentei e consegui que fosse aprovado um Requerimento à Mesa Diretora da Câmara Municipal, que conferia a Paulo Freire o título de "Cidadão Paulistano", entregue a ele em uma sessão solene a que compareceu e que levou consigo dona Elza Freire, sua primeira esposa.

Anos depois, no segundo ano de mandato de deputada estadual na Assembleia Legislativa, fui eleita, também pelo PT, prefeita do Município de São Paulo, primeira mulher a ocupar esse cargo. Foi, sem dúvida, uma vitória inusitada, não só para o PT, o meu partido de então, mas para toda a esquerda brasileira. Antes da posse, fui a Uiraúna, na Paraíba, cidade onde nasci, para visitar minha gente, beber na fonte e reiterar meu compromisso de luta com o meu povo. Passei por várias cidades do estado, nas quais vivi em busca de oportunidades para estudar. Campina Grande foi uma delas, e de lá telefonei a Paulo Freire para convidá-lo para ser o secretário de Educação do nosso governo, embora sem muita expectativa de que ele aceitasse, pois sabia de sua aversão a cargos públicos. Mesmo assim, ousei fazer o convite. Liguei para sua residência em São Paulo e quem atendeu foi Nita Freire, sua segunda esposa, que informou que ele se encontrava em Campinas dando aula na Unicamp. Então, liguei e consegui falar com ele. Foi enorme minha alegria e surpresa ao ouvi-lo dizer ao telefone: "Eu jamais pensei assumir novamente um cargo público, mas não ficaria em paz com a minha consciência se recusasse a colaborar com a primeira experiência de governo democrático popular. Eu aceito o convite". Do outro lado da linha, a alguns milhares de quilômetros de distância, me emocionei com a sua resposta e generosidade. Estava, portanto, escolhido o primeiro nome para o meu secretariado. O Nordeste e o país inteiro vibraram e aplaudiram a minha escolha.

A partir de 1º de janeiro de 1989, data da posse da prefeita, Paulo Freire era o secretário municipal de Educação de São Paulo, cargo em que permaneceu por dois anos e meio, marcando definitivamente a história da educação na maior cidade do país, terceira maior do mundo. As crianças pobres das periferias, a quem ele chamava de "os meninos populares", se tornaram sua paixão de educador e, para elas, criou uma "escola alegre".

Foi um excepcional gestor na condução da pasta. Formou uma equipe de auxiliares a quem delegou poder e autonomia. Exercia autoridade de forma democrática e enfrentava situações difíceis com muita tranquilidade. Dizia que o trabalho educativo exige paciência histórica porque é um processo de longo prazo. Assumiu uma Secretaria com prédios e equipamentos deteriorados, os educadores desmotivados e sem qualquer orientação pedagógica. Em entrevista a um jornal, em 19 de fevereiro de 1989, menos de dois meses de gestão, ele afirmou: "Se não apenas construirmos mais salas de aula, mas as mantivermos bem cuidadas, zeladas, limpas, alegres, bonitas, cedo ou tarde a própria boniteza do espaço requer outras bonitezas: a do ensino competente, a da alegria de aprender, a da imaginação criadora tendo liberdade de exercitar-se, a da aventura de criar".

Dedicou-se à formação permanente dos educadores e defendia ardorosamente melhores salários para os professores. A propósito, ele me escreveu a seguinte carta, em julho de 1990: "Prezada Erundina, se há algo que não precisamos fazer, você e eu, é tentar convencer, você a mim, e eu a você, de que é urgente, entre inúmeras mudanças neste país, mudar a escola pública, melhorá-la, democratizá-la, superar seu autoritarismo, vencer seu elitismo. Este é, no fundo, seu sonho, nosso sonho. A materialização dele envolve, de um lado, o resgate de uma dívida histórica com o magistério, de que melhores salários menos imorais são uma dimensão fundamental, de outro, a melhoria das condições de trabalho, indispensáveis à materialização do próprio sonho. Suprem estas condições a possibilidade do trabalho coletivo para a efetivação da reorientação curricular e a formação permanente dos educadores e das educadoras, que não se pode realizar a não ser mudando-se também o que se entende hoje por jornada de trabalho nas escolas".

E continua o mestre:

Se há muito estou certo e absolutamente convencido hoje de que, só na medida em que experimentamos profundamente a tensão entre "insanidade" e a sanidade, em nossa prática política, de que resulta nos tornarmos autenticamente sãos, é que nos faremos capazes de separar as dificuldades, só aparentemente intensas, possíveis que se nos apresentam na busca da concretização de nossos sonhos.

Na verdade, querida Erundina, é isso o que você vem sendo e é isso o que você vem fazendo ao longo de sua vida de militante, amorosa da verdade, defensora dos ofendidos, entregue sempre à boniteza doida de servir.

O texto que se segue, de produção coletiva, amorosamente militante também, é uma espécie de grito manso, de apelo, em busca da concretização de nossos sonhos. Do amigo, Paulo Freire.

Depois de dois anos e meio, ele me pediu para deixar o cargo, justificando: "A equipe que formei e que vou deixar é plenamente capaz de continuar o trabalho que começamos. Quero ir para casa, para escrever sobre a experiência que realizamos". Relutei em aceitar a sua saída, porém eu sabia do quanto o cargo lhe pesava. Outra questão que lhe custava muito era conviver com as críticas injustas e ofensivas da mídia a nossa gestão, com preconceito e discriminação contra nós.

Todos nós que convivemos com ele no governo nos lembramos, com emoção, de sua presença humilde e discreta nas reuniões do secretariado, da profundidade e riqueza de suas intervenções. Ele nos marcou a todas e todos com a beleza da sua sabedoria e coerência, e com a leveza do seu afeto e da sua compreensão humana.

A última vez que estive com o meu amigo Paulo Freire foi no ato de lançamento do seu livro *Pedagogia da autonomia*. Ele escreveu no meu exemplar: "Para Erundina, com a mesma esperança, com a mesma força com que briguei a seu lado, pela educação em São Paulo. Com o querer bem de Paulo Freire". Vi, na ocasião, como ele estava feliz e, brincando, me disse: "Como vê, estou cumprindo a promessa que fiz a você. Este é o sétimo livro que escrevi depois que saí do governo".

Terminando o mandato de prefeita em 1992, fui eleita deputada federal pelo Partido Socialista Brasileiro (PSB) em 1998, e como deputada tive a oportunidade e a alegria de prestar mais uma homenagem ao saudoso mestre Paulo Freire, que já havia partido. Sou autora da Lei nº 12.612, de 13 de abril de 2012, que declara Paulo Freire "Patrono da Educação Brasileira", aprovado por unanimidade pela Câmara dos Deputados e pelo Senado Federal, e sancionado pela então presidenta Dilma Rousseff, primeira mulher eleita presidente da República do Brasil, justo tributo do povo brasileiro, por meio de seus legítimos representantes no Congresso Nacional, a um dos maiores educadores e filósofos da educação do Brasil e do mundo.

A acirrada luta ideológica que se trava no Brasil desde 2016 fez emergir no cenário político nacional grupos de extrema direita que compõem o bolsonarismo e que escolheram, entre outros alvos da sua sanha violenta, a história e o legado de Paulo Freire que pretendem destruir. Tentam, desesperadamente, retirar-lhe o título de "Patrono da Educação Brasileira".

Em 2017, entraram no Senado Federal com uma Sugestão Legislativa, propondo a revogação do referido título, o que gerou indignação e forte repulsa no Brasil, e em vários países do mundo, contribuindo para a derrota da matéria naquela Casa.

Contudo, a perseguição continua com a participação pessoal do próprio presidente Jair Bolsonaro. Três projetos de lei de iniciativa de deputados bolsonaristas tramitam na Comissão de Educação da Câmara dos Deputados desde o início da atual legislatura, com o mesmo objetivo: revogar a Lei nº 12.612/2012, que declara Paulo Freire "Patrono da Educação Brasileira".

Se conseguissem aprovar, significaria, simbolicamente, condená-lo mais uma vez ao exílio. Seria uma enorme humilhação para nós, brasileiras e brasileiros, diante do olhar atento do mundo civilizado e democrático e, principalmente, dos países que o acolheram durante os longos anos de exílio e lhe propiciaram as melhores condições para que ele continuasse suas pesquisas e publicações em vários idiomas que não era o seu, e que integram sua valiosa obra.

Vale registrar que o patrimônio documental do Paulo Freire foi incluído no Programa Internacional Memória do Mundo, pertencente à Unesco, que tem por objetivo contribuir para a paz e a segurança no mundo, por meio da Educação, das Ciências Naturais, Sociais, Humanas e por intermédio da comunicação e da informação.

O reconhecimento do Acervo de Paulo Freire por uma instituição ligada à ONU, reforça a sua relevância internacional e a necessidade de que seu legado seja devidamente valorizado e protegido.

Voltemos à ameaça da retirada o título "Paulo Freire: Patrono da Educação Brasileira"; como na primeira tentativa, resistiremos com todos os meios de que dispusermos para impedir que tais ofensa e violência se concretizem. Transformaremos, pois, todos os atos de celebração do Centenário para manifestar nossa profunda indignação e gritar a plenos pulmões: Paulo Freire VIVE e será sempre o "Patrono da Educação Brasileira".

São Paulo, 13 de julho de 2021

O ENCONTRO
DE PAPA FRANCISCO COM PAULO FREIRE

Marcelo Barros

Quem procurar nas palavras do papa Francisco citações diretas ou explícitas de algum livro de Paulo Freire, provavelmente não encontrará nada textual. No entanto, a mensagem e a herança viva de Paulo Freire estão presentes a cada página e em quase cada linha das alocuções anuais do pontífice às entidades católicas que cuidam de educação, assim como em suas encíclicas e, principalmente, em sua proposta de um Pacto de Educação Global.

Em 25 de maio de 2015, o papa Francisco recebeu, em audiência privada, dona Ana Maria Araújo Freire. No encontro, ela pediu que fossem abertos os arquivos do Vaticano, na tentativa de compreender qual a influência das ideias de Freire nos pontificados mais recentes. Conforme testemunho de dona Ana Maria, naquela conversa, o papa afirmou que, na Argentina, tinha lido o livro *Pedagogia do oprimido*.[1]

Enquanto não forem publicados os resultados desta pesquisa, podemos apenas lembrar que, a cada ano, o papa encontra os participantes da Plenária da Congregação para a Educação Católica e sempre insiste na educação baseada no diálogo, propondo o que ele chama de "humanizar a educação". Aliás, o papa sempre fala em "educação humanizadora". E

---

[1] Revista Fórum, "Papa recebe viúva de Paulo Freire e diz que leu *Pedagogia do oprimido*", 25 mai. de 2015. Disponível em: http://revistaforum.com.br/noticias/papa-recebe-viuva-de-paulo-freire-e-diz-que-leu-pedagogia-do-oprimido/.

essa educação se faz como propunha Paulo Freire: através do diálogo e em interação com o mundo: "Toda educação deve ser um diálogo entre as pessoas (homens e mulheres) que, mediatizados pelo mundo, o 'pronunciam', isso é, o transformam e, transformando-o, o humanizam para a humanização de todos".[2] É nesse ponto que entra o papel próprio de uma espiritualidade humana, ecumênica e transreligiosa.

Na sua vídeo-mensagem "Por um novo Pacto Educativo Global", o papa Francisco afirmou: "A educação é, sobretudo, uma questão de amor e responsabilidade que se transmite, ao longo do tempo, de geração em geração. Por conseguinte, a educação apresenta-se como o antídoto natural à cultura individualista". Nessa ocasião, renovou

> o convite para o diálogo, no qual todos possam colocar seus talentos e habilidades na construção de processos educacionais que visem a desenvolver uma nova solidariedade universal e mais acolhedora. O objetivo é reavivar o compromisso em prol e com as gerações jovens, renovando a paixão por uma educação mais aberta e inclusiva, capaz de escuta paciente, diálogo construtivo e mútua compreensão.[3]

Em suas encíclicas, o pontífice sempre retoma esse ensinamento freireano. Na Laudato Si', afirma: "A educação será ineficaz e os seus esforços estéreis, se não se preocupar também por difundir um novo modelo relativo ao ser humano, à vida, à sociedade e

---

[2] Paulo Freire, *Extensão ou comunicação*, Rio de Janeiro: Paz e Terra, 2021, p. 51.
[3] Papa Francisco, "Na educação habita a semente da esperança". *Vatican News*, 15 mai. 2020.

à relação com a natureza".[4] Esse trecho passa a impressão de retomar a proposta de deixar de lado uma concepção bancária da educação por um projeto educador integral.

Já em 1965, portanto há quase cinquenta anos, Paulo Freire escrevia:

> O ser humano é um ser de relações e não só de contatos. Não apenas está no mundo, mas com o mundo. Estar com o mundo resulta de sua abertura à realidade, que o faz ser o ente de relações que é. [...] No jogo constante de suas respostas, no próprio ato de responder, a pessoa vai mudando a si mesma. Organiza-se. Escolhe a melhor resposta. [...] Nas relações que o ser humano estabelece com o mundo há, por isso mesmo, uma pluralidade na própria singularidade. [...] E também há uma nota presente de criticidade. Ademais, é o ser humano e somente ele é capaz de transcender. A sua transcendência, acrescente-se, não é um dado apenas de sua qualidade "espiritual". [...] A sua transcendência está também para nós, na raiz de sua finitude. Na consciência que tem dessa finitude. Do ser inacabado que é e cuja plenitude se acha na ligação com seu Criador (ou para os que não creem em Deus, na relação íntima e misteriosa com o mistério mais profundo que dá sentido à sua vida).[5]

Na encíclica Fratelli Tutti, o texto que nos parece mais freireano é este no qual o papa nos convoca:

---

[4] Papa Francisco, Laudato Si' [carta encíclica], Vaticano: Libreria Editrice Vaticana, 24 mai. 2015.

[5] Paulo Freire, *Educação como prática da liberdade*, Rio de Janeiro: Paz e Terra 2021, pp. 55-56.

Convido à esperança que nos fala duma realidade que está enraizada no mais fundo do ser humano, independentemente das circunstâncias concretas e dos condicionamentos históricos em que vive. Fala-nos duma sede, duma aspiração, dum anseio de plenitude, de vida bem-sucedida, de querer agarrar o que é grande, o que enche o coração e eleva o espírito para coisas grandes, como a verdade, a bondade e a beleza, a justiça e o amor. A esperança é ousada, sabe olhar para além das comodidades pessoais, das pequenas seguranças e compensações que reduzem o horizonte, para se abrir aos grandes ideais que tornam a vida mais bela e digna. Caminhemos na esperança.[6]

Recife, fevereiro de 2021

Referências bibliográficas

Freire, Paulo. *Educação como prática da liberdade*. Rio de Janeiro: Paz e Terra, ed. 50, 2021.

_____. *Extensão ou comunicação?* Rio de Janeiro: Paz e Terra, ed. 23, 2021.

Papa Francisco, Laudato Si' [carta encíclica]. Vaticano: Libreria Editrice Vaticana, 24 mai. 2015.

_____. Fratelli Tutti [carta encíclica]. Vaticano: Libreria Editrice Vaticana, 3 out. 2020.

---

[6] Papa Francisco, Fratelli Tutti [carta encíclica], Vaticano: Libreria Editrice Vaticana, 3 out. 2020.

O LEGADO
E A DÍVIDA

Marcos Guerra

Introdução

Para melhor entender o tema que pretendo abordar ao longo deste texto, torna-se necessário um mínimo de referenciais históricos e políticos.

Após breve referência ao papel decisivo de Paulo Freire em relação à alfabetização de jovens e adultos, cuja primeira experiência de massa aconteceu em Angicos, no Rio Grande do Norte, abordo a importância de seu legado, destacando inevitavelmente o atual e crescente número de analfabetos e o quanto nos resta de "dívida educacional" a quitar.

O trabalho em Angicos e outras cidades do Rio Grande do Norte foi desenvolvido no âmbito da cooperação internacional para a América Latina, lançada pelo então presidente dos Estados Unidos John Kennedy, conhecida como a Aliança para o Progresso, em estreito vínculo institucional com a Superintendência de Desenvolvimento do Nordeste (Sudene). Apresentam-se a seguir alguns dos principais dados sobre a referida "Aliança", cuja atuação no Brasil gerou contestação e divergências políticas.

O legado e a dívida

É inegável o imenso legado humanista e filosófico deixado por Paulo Freire. Legado que transcende a educação, ultrapassa fronteiras e se enriquece de múltiplas contribuições. Resta-nos saber se nós brasileiros temos sido depositários fiéis de tão precioso legado. Sobretudo os diferentes governantes desde a redemocratização, incluindo o Executivo e o Legislativo. Temo que estejamos quase todos como "depositários infiéis", salvo raríssimas exceções.

Sem dúvida, dentre os educadores, em particular no mundo acadêmico, o reconhecimento da obra de Paulo Freire tem ajudado a enriquecer o referido legado, através de estimulante intercâmbio, pesquisas, publicações e tantas outras contribuições. Legado que não se resume a livros, artigos, palestras, entrevistas, testemunhos, mas inclui tantas outras formas que o próprio Paulo utilizou para comunicar suas ideias e convicções.

Por outro lado, em alguns currículos universitários persiste a empobrecida e temerosa incorporação meramente discursiva e ritualista das ideias de Paulo Freire. De modo que podemos todos nos indagar: não seria desafiador examinar as iniciativas institucionais e informais que tentam responder aos novos tempos? Não seria mais fiel e provocador reexaminar nossas práticas em sala de aula? Como os professores respondem à altura as necessidades dos estudantes oriundos de classes mais modestas — homens e mulheres negros, brancos e indígenas — em seu fazer cotidiano?

Infelizmente, temos um vergonhoso contraponto nos três níveis da federação. São raríssimas as iniciativas públicas, com ou sem a contribuição de universitários e profissionais da educação, que colocam em prática de forma atualizada as propostas de Paulo Freire, incluindo as novas técnicas e os novos meios de comunicação, desde o mais simples celular que hoje está ao alcance de quase todos. Para isso, precisamos de iniciativas que mantenham, entretanto, toda a filosofia da educação para a liberdade, as práticas pedagógicas condizentes, e alguns dos pré-requisitos preconizados desde as "40 horas de Angicos", incluindo dentre outros itens um custo acessível, uma resposta rápida, o impacto de uma ação mobilizadora de massa e uma preparação adequada dos que vão atuar como "coordenadores" dos Círculos de Cultura.

Governantes e parlamentares foram e são generosos nas "homenagens" e nos discursos. Em 2012, Paulo Freire foi designado merecidamente Patrono da Educação Brasileira, título hoje contestado, mesmo com projeto de lei já sancionado. Infelizmente, na maioria dos órgãos a homenagem se resumiu à entronização de um belo retrato na parede.

É muito importante nos lembrarmos da preocupação permanente de Freire em associar teoria e prática, denunciando as situações que não integravam ambos os termos. Sua permanente preocupação com a busca teórica, as referências históricas e culturais e, ao mesmo tempo, com a infinita possibilidade do novo, que chamou de "inédito viável", conforma um desafio permanente para subsidiar a procura pela igualdade, justiça, direitos, respeito e valorização de cada um e de todos. Em vida, ele afirmou que não queria ser seguido ou copiado, e sim "reinventado". Sempre preocupado com o desafio do "aqui e agora". Freire também era um mestre no diálogo, na capacidade de escuta, sem temer a contradição.

Uma de suas preocupações acentuadas se relacionava com a quantidade de analfabetos. Marginalizados, em sua maioria vítimas da violenta desigualdade e da falta de oportunidades, sem acesso aos direitos universais, até mesmo para aqueles inscritos em nossas Garantias Constitucionais. Veremos mais adiante os números do analfabetismo, índices alarmantes, persistentes e vergonhosos, que justificam a preocupação e nos desafiam até hoje.

O trabalho de Paulo Freire se consolidou numa época de transição e contou com a decisiva participação dos estudantes, quando estávamos mobilizados em luta pela Reforma Universitária, chegando até mesmo à "Greve do 1/3" que introduziu a participação estudantil nos órgãos decisórios das universidades públicas. Éramos 100 mil estudantes nas universidades gratuitas e de qualidade e fomos convidados a contribuir para mudar a situação que denunciávamos. Juntos, e cada um na sua especialidade, podíamos sonhar com um outro Brasil.

Em meados de 1962, iniciamos um diálogo com Paulo Freire, quando a União Nacional dos Estudantes (UNE) e a nossa União Estadual dos Estudantes (UEE-RN) estimularam seus integrantes a engajar-se em atividades que dessem algum retorno à parte dos 71 milhões de brasileiros, então excluídos do acesso à saúde, à educação, à moradia, à água, ao saneamento, ao trabalho, à terra, ao transporte e a tantos outros direitos e serviços públicos sem os quais suas dignidades não são respeitadas. Já sabíamos que não tínhamos igualdade de oportunidades se comparados com a minoria privilegiada.

Em nosso Rio Grande do Norte, tínhamos intensa participação dos universitários em três sólidas atividades de alfabetização de jovens e adultos:

1. Desde 1957, na Rádio Rural, onde nasceu o Movimento de Educação de Base (MEB), que também se

espalhou pelo Brasil, estimulado pela Igreja Católica e conveniado com o MEC;
2. Em 1961, com a campanha "De pé no chão também se aprende a ler", desenvolvida pela prefeitura de Natal; e
3. Em 1962, nos trabalhos com Paulo Freire, que depois de Angicos foram estendidos para Mossoró e Natal e se preparavam para instalação em Caicó e Macau.

Além da alfabetização e dos serviços voluntários junto à comunidade, essa época foi marcada por múltiplas atividades culturais inovadoras e com grande criatividade, como o Centro Popular de Cultura (CPC) e a UNE Volante. Tais atividades influenciaram o teatro, o Cinema Novo, a Música Popular Brasileira e outras artes, atividades nas quais vários nomes significativos surgiram ou se consolidaram no período.

Era um período de grande mobilização política e social, na transição entre Juscelino Kubitschek, Jânio Quadros e João Goulart, no qual ficava evidente o clamor pelas reformas básicas, mas também de reunião das forças reacionárias que pretendiam impedir mudanças políticas, econômicas e sociais que viessem ameaçar alguns de seus privilégios.

Neste clima, o presidente João Goulart convidou Paulo Freire para implantar o Programa Nacional de Alfabetização (PNA), dirigido pelo MEC.[1] Sua Presidência abrira algumas outras frentes que respondiam às reivindicações populares, quando de repente, em abril de 1964, tudo isso foi brutalmente reprimido, com rapidez e selvageria inesperadas.

---

[1] O PNA foi criado pelo Decreto n. 53.465, de 21 de janeiro de 1964, e extinto em 14 de abril de 1964, por exigência de Castelo Branco, antes de sua posse.

Número de analfabetos

Quanto ao analfabetismo no Brasil, tínhamos e temos taxas alarmantes. E o legado de Paulo Freire nos desafia. Como dizia nosso querido Betinho, "quem tem fome tem pressa". Urgência que estimulou Paulo Freire a reinventar a alfabetização de jovens e adultos, baratear seus custos e reduzir o tempo dedicado à aprendizagem. Inspirou-se em diferentes autores e conhecimentos, e em sua própria história. Como relata em uma de suas publicações em artigo na revista *O Correio da Unesco*: "aprendeu com suas próprias palavras", escrevendo no chão, no quintal de sua casa. Acrescenta ainda que "a leitura do universo antecede a leitura da palavra e, por isso, a leitura desta não pode prescindir da leitura daquele". E, mais adiante reafirma que "sempre considerei a alfabetização de adultos como um ato político e um ato de conhecimento e, por isso mesmo, como um ato criador".[2]

Em 1960, 16 milhões de brasileiros com 15 anos ou mais eram analfabetos, representando então 39,6 % da população. Hoje temos um maior número de analfabetos, o que é inexplicável — se analisamos com lupa as "estatísticas".

Não se incluíam as taxas pouco divulgadas ou mesmo escamoteadas, evidenciadas pelo educador e estatístico Alceu Ferraro[3] sobre o analfabetismo na população com 10 anos ou mais e fora da escola, assim como aquela com 5 anos ou mais, na mesma situação. Compartilhamos algumas das conclusões

---

[2] Paulo Freire, O mundo e a palavra: uma leitura crítica do universo. *Correio da Unesco*, abr. 1984, pp. 29-31.
[3] Alceu Ravanello Ferraro, Analfabetismo e níveis de letramento no Brasil: o que dizem os censos? *Revista Educação e Sociedade*, Campinas, dez. 2002.

de seus estudos, e a convicção que os alunos com 5 anos ou mais e aqueles com 10 anos ou mais, que não tiveram acesso ao ensino básico ou que dele foram excluídos, têm ainda hoje pouquíssimas oportunidades de se alfabetizar. Vejamos, entretanto, o que mais importa:

São pessoas e não porcentagens. Tratados como cidadãos de segunda classe, privados de direitos, sem igualdade de acessos e com muitíssimas limitações em seu cotidiano. Não esqueçamos que a alfabetização a que se tem direito, mesmo em campanhas de massa, será sempre fruto de um trabalho individual, de cada um. Costumo comparar com aprender a andar de bicicleta. Por mais sugestões, estímulos, dicas, o desafio do equilíbrio é vencido, ou não, de forma individual.

Aqueles que não conseguem se alfabetizar são tratados de forma preconceituosa por aqueles que assimilam analfabetismo à ignorância. E isso não se limita ao Brasil. Lembro-me que, num momento em que se procurava mudar tal visão preconceituosa, fui convidado a publicar um artigo sobre o assunto na mencionada revista da Unesco, em um número especial intitulado "Alfabetização: escada para o desenvolvimento". Em meu texto, procurei acentuar a necessidade e as vantagens de se reconhecer e valorizar a identidade cultural do analfabeto, nos programas nacionais e na própria Unesco.[4]

Está comprovado que tais limitações impostas aos analfabetos se estendem na maioria dos casos a seus descendentes, por razões estruturais de nossa sociedade. Por outro lado, cinquenta anos após as "40 horas de Angicos", pudemos constatar o orgulho dos ex-alunos quando informavam que todos os seus filhos

---

[4] Marcos Guerra. Les racines culturelles de l'alphabetisation. *Courrier de l'Unesco*, ano 37, fev. 1984, pp. 6-8.

"tinham frequentado a escola". Apontavam filhos que concluíram cursos universitários e se referiam a alguns que exerciam funções gerenciais na região, inclusive em outros estados.

Uma triste conclusão quanto ao legado de Paulo Freire: hoje temos mais analfabetos em números absolutos que em 1962, e não podemos nos deixar enganar pela percentagem menor porque o número total da população brasileira aumentou.

Em 2019, tínhamos 11 milhões de analfabetos com 15 anos ou mais, e uma ilusória percentagem de 6,6%, o que pode tranquilizar algumas consciências. Infelizmente, devemos incluir os analfabetos funcionais que são mais de 38 milhões de brasileiros, segundo os números disponíveis, o que resulta em 29% de analfabetismo — um de cada três brasileiros com dificuldades para ler e escrever.[5] Voluntariamente as estatísticas deixam dúvidas. O correto seria que o Instituto Brasileiro de Geografia e Estatística (IBGE) aplique a metodologia pactuada com a Unesco: o recenseador entrevista o recenseado, que comprova a capacidade de ler um texto simples e de redigir um bilhete ou uma mensagem simples. Mas o nosso respeitado IBGE insiste num recenseamento "declaratório", no qual o informante responde sobre a existência ou não de analfabetos em cada domicílio. Assim, prevalece o conhecido ditado, "cada cabeça, uma sentença". Aplicam-se, então, diferentes concepções sobre "ser analfabeto". Para alguns saber assinar o nome já lhes basta e assim se declaram como alfabetizados. Além disso, por razões culturais e de prestígio, alguns se negam a reconhecer a existência de analfabetos naquela residência. Final-

---

[5] Gilberto Costa, Analfabetismo resiste no Brasil e no mundo do século 21, *Agência Brasil*, 8 set. 2019.

mente, o IBGE tem apresentado dificuldades para desagregar as estatísticas que evidenciariam o analfabetismo de crianças e jovens acima mencionados, excluídos do ensino básico. Em 1994, quando presidi o Conselho Nacional dos Secretários de Educação (Consed), tentamos obter estas estatísticas desagregadas, sem sucesso nem maiores explicações.

Continuamos sendo motivo de vergonha no fórum internacional. Apesar de dispormos de métodos e técnicas, conhecimento acumulado, recursos humanos e financeiros, o Brasil integra ainda hoje na Unesco o seleto grupo E-9, grupo dos nove países mais populosos do hemisfério sul (Bangladesh, Brasil, China, Egito, Índia, Indonésia, México, Nigéria e Paquistão) que representam 53% da população mundial, e detém péssimos resultados em matéria de alfabetização. Progressos significativos neste grupo de países representariam um grande avanço para o conjunto. Para isso há atenção particular, estímulos como o programa Education For All (EFA). Fica difícil admitir a confissão recente do próprio MEC: sobre "o gasto" [sic] com Educação Básica em 2020, como o menor da década: "o MEC encerrou o exercício de 2020 com a menor dotação desde 2011, R$ 143,3 bilhões [...] e a educação básica encerrou com a menor execução da década, 10,2 % menor em comparação a 2019."[6]

Em maio de 1997, na Jordânia, em reunião de avaliação intermediária promovida conjuntamente pelo grupo Unesco-Unicef-BIRD (Banco Mundial), confesso ter ficado constrangido ao constatar que nosso MEC não tinha sequer um

---

[6] Todos pela Educação. Execução orçamentária do MEC, 6º relatório bimestral, consolidado do exercício 2020, p. 31.

relatório consistente a apresentar. Além disso, não houve propostas. Mesmo com nossa vasta experiência e reputação com múltiplos programas de alfabetização de jovens e adultos, o Brasil se ausentou de posições de liderança. Era um indicador visível do que viria a seguir e que persiste até hoje. Contraste este ainda mais evidenciado no primeiro dia de reuniões, quando chegou a triste notícia de que Paulo Freire falecera. Tínhamos plena ciência da falta que ele nos faria, pois todos sabíamos de seu prestígio junto aos referidos órgãos e aos diferentes ministros da Educação.

Honrar o legado de Paulo Freire exige outra atitude — e resultados condizentes. Mais ainda quando constatamos que, dentre os nove países, somente o Brasil tem a possibilidade de trabalhar com uma única língua — excetuadas poucas comunidades isoladas de povos originários que representam menos de 400 mil brasileiros. Segundo a Unesco, o Brasil está em situação mais vantajosa do que o próprio México, onde 10% da população não fala o espanhol, mas somente idiomas dos povos indígenas.

A dívida educacional

O professor Alceu Ravanello Ferraro estudou igualmente o que chamou de "dívida educacional". Ele apresenta uma excelente síntese em seu artigo "Direito à Educação no Brasil e dívida educacional: e se o povo cobrasse?"[7]

---

[7] Alceu Ravanello Ferraro. Direito à Educação no Brasil e dívida educacional: e se o povo cobrasse?. *Educação e pesquisa*. São Paulo, mai.-ago. 2008, pp. 273-289.

Para ele, "a não realização do direito público subjetivo de cada cidadão e cidadã à Educação Fundamental completa, conforme estabelecido na Constituição de 1988" viola os direitos fundamentais da pessoa humana, e gera uma dívida. Com os dados do Censo de 2000, estimou-se que, naquele ano, o Estado brasileiro devia, aos 119,6 milhões de pessoas de 15 anos ou mais, a astronômica cifra de 325,5 milhões de anos de estudo não realizados na idade própria — uma média de quase três anos por pessoa.

O autor define um parâmetro para o cálculo da dívida, constituída "pelo número de anos de estudo que estejam faltando a cada cidadão e cidadã em particular e ao conjunto deles e delas para atingirem esse mínimo de oito anos de estudo assegurados pela Constituição, ou seja, para chegarem à conclusão do Ensino Fundamental". Tudo conforme o Artigo 6º da nossa Constituição Federal, que indica precisamente a educação dentre os Direitos Sociais.

Para entender as razões de tal marginalização, Ferraro cita, dentre outros, o geógrafo Milton Santos, que estuda a pobreza gerada na sociedade brasileira: "A pobreza estrutural, que de um ponto de vista moral ou político equivale a uma dívida social. Ela é estrutural e não mais local, nem mesmo nacional; torna-se globalizada, presente em toda parte do mundo." Pobreza "produzida publicamente", na qual "os pobres não são incluídos nem marginalizados, eles são excluídos". E ainda, "obedece agora a cânones científicos [...], e é movida por um mecanismo que traz consigo a produção das dívidas sociais e a disseminação da pobreza numa escala global".

Finalmente, Ferraro nos questiona:

E se o povo cobrasse? Acreditará o povo que tem contas de educação escolar a cobrar do Estado? Poderão as pessoas humildes acreditar que o Estado está em dívida com elas, e que elas têm o direito e dispõem dos meios para cobrar escola(rização)? Está posto aí, certamente, um grande desafio para educadores e educadoras populares no sentido freireano, voltados/as para uma pedagogia conscientizadora e libertadora

E acrescenta, lembrando com lucidez os escritos de Paulo Freire em sua *Pedagogia da indignação*, "por sua vez, o povo assim educado poderá tornar-se capaz de educar o Estado".

A dívida com os analfabetos

A alfabetização conforme Paulo Freire concebeu e praticou parece vergonhosamente esquecida e abandonada. Prevalece ainda a ordem do general Castelo Branco que extinguiu o PNA do MEC. Até hoje predomina a reação dos setores dominantes que temiam os resultados de uma educação para a liberdade e a conscientização. Suponho que isso tem a ver com o voto livre e consciente, além do desprezo diante das naturais exigências de cada cidadão que conhece seus direitos e os deveres dos governantes.

Que saibamos, no MEC, depois da redemocratização, com o mesmo espírito e pré-requisitos originais, apenas o então ministro Cristovam Buarque abriu diálogo no sentido de retomar o projeto de Paulo Freire. Foi demitido antes de chegarmos a uma proposta concreta.

Contribui para a dívida educacional o desvio institucional em relação aos projetos de alfabetização de jovens e adultos. Englobada num conjunto maior, pomposamente apelidado de EJA, Educação de Jovens e Adultos, a atividade foi relegada pouco a pouco aos órgãos e às chefias de níveis subalternos, nas sucessivas remodelações institucionais do MEC, perdendo créditos. Atualmente temos a inexplicável determinação de "expulsar Paulo Freire do MEC", propalada por alguns políticos. Não se deram conta que ele saiu dessa instituição desde abril de 1964.

"Não tenho medo da Aliança para o Progresso"

Um pouco da história ajuda a entender o impacto desta afirmação de Paulo Freire sobre nossas relações com a Aliança para o Progresso, e seu projeto para o Nordeste. Com a posse de John Kennedy em janeiro de 1961, e os resultados de Fidel Castro em Cuba, a partir de 1959, os Estados Unidos se apressaram em buscar formas de diminuir a influência da Revolução Cubana, principalmente na América Latina.

Retiraram do freezer o modelo do Plano Marshall inspirado pela Doutrina Truman, para apoiar a recuperação econômica de dezessete países europeus dizimados pela Segunda Guerra Mundial, numa transferência de capital que alcançou o valor de US$ 131,3 bilhões,[8] cujo principal objetivo foi assim resumido: "os Estados Unidos devem ter como política

---
[8] André Cabette Fábio, O que foi o Plano Marshall, e por que o conceito ressurge com o coronavírus, *Infomoney*, 25 mar. 2020.

apoiar os povos livres que estão resistindo a tentativas de subjugação por minorias armadas ou por pressões externas. Acredito que nós devemos auxiliar os povos livres para conduzirem seus próprios destinos."

E apelaram para técnicos que haviam participado da implantação do Plano Marshall na Europa Ocidental, num contexto totalmente diferente. Dentre os quais, o embaixador Lincoln Gordon, e seu adido militar Vernon Walters. Mencionada desde a posse de Kennedy, o lançamento formal da Aliança para o Progresso foi num batismo de fogo, na Conferência de Punta del Leste, conforme indico a seguir.

Como o assunto tem sido sobretudo silenciado e algumas vezes tratado de forma superficial, pretendo aqui trazer alguma luz sobre o legado de Paulo Freire no que se refere à relação com a Aliança para o Progresso. Sua análise e suas decisões sobre o assunto demonstram lucidez estratégica e realismo pragmático. E como ficou patente no processo de decisão entre nossos parceiros, confirmam sua grande abertura, equivalente à sua conhecida capacidade de diálogo. Ideias e atitudes que permitiram um debate franco e respeitoso, sem medo da contradição, no qual ficaram claras as divergências táticas, e uma visão conjunta sobre a pretendida estratégia da Aliança para o Progresso.

A natureza e os objetivos principais da Aliança para o Progresso são claramente explicitados em inúmeras publicações.[9] Dentre outras, com muita nitidez, além de várias referências bem conhecidas, algumas delas explicitadas mais

---

[9] John Dewitt, The Alliance For Progress: Economic Warfare In Brazil (1962-1964). *Journal of Third World Studies*, 2009, pp. 57-76.

adiante no discurso do Che Guevara, temos um capítulo inteiro sobre a Aliança para o Progresso (doravante "Aliança") no importante testemunho de Arthur M. Schlesinger Jr., em seu *A Thousand Days*.

> A antiga ordem na América Latina estava nitidamente desmoronando. Não havia mais qualquer dúvida quanto à preservação do status quo. A única questão no momento era sobre quais seriam os moldes do futuro. Lá estava Fidel Castro, o apaixonado líder da Revolução Cubana, em suas costas pesavam gerações infelizes e desunidas, mas também pesava a confiança do comunismo no outro hemisfério [...]. A esquerda democrática na América Latina havia se virado contra Fidel, ele se tornaria cada vez menos um símbolo da Revolução e cada vez mais um ícone da influência soviética.[10]

Em agosto de 1961, na reunião extraordinária conhecida como a Conferência de Punta del Leste, os objetivos da Aliança foram abertamente denunciados pelo então ministro da Economia de Cuba, Ernesto Che Guevara. Cuba não admitia a separação entre a economia e a política, e denunciava o caráter da conferência "concebida contra o exemplo que Cuba significa em todo o continente americano".[11] Seu longo discurso inclui breve relato sobre mudanças sociais e políticas em Cuba e, ao mesmo tempo, disseca documentos apresentados

---

[10] Arthur M. Schlesinger Jr, *A Thousand Days — JFK in the White House*. Boston: Mariner Book, 1965, p. 187.
[11] Ernesto Che Guevara. *Punta del Este: proyecto alternativo de desarrollo para America Latina*. Ocean Press e Ocean Sur, 2006, p. 154.

na Conferência. Cita vários trechos evidentemente intervencionistas. Lembrou a fracassada agressão da Baía dos Porcos, no trimestre anterior e cobrou garantia de que não haveria nova agressão às fronteiras de Cuba. Num segundo discurso, Che Guevara demonstrou que o documento da Conferência não condena a agressão econômica de que são vítimas os países da América Latina. Sem obter respostas, perguntou ainda qual seria o mecanismo de distribuição dos recursos da Aliança para o Progresso, e solicitou posições claras e garantias quanto à nefasta atuação de monopólios estrangeiros, e em relação à compra de produtos primários, referindo-se à então conhecida "deterioração dos termos de troca entre produtos primários e industrializados", delatada pelos países não alinhados.

Vale lembrar que um dos objetivos da Conferência de Punta del Leste era isolar Cuba, a qual foi excluída da Organização dos Estados Americanos (OEA) em 31 de janeiro de 1962, com quatorze votos a favor, e a abstenção do Brasil. Um pedido de reintegração foi aceito somente 47 anos depois, em 2009, quando recebeu a aprovação dos 34 países membros. As relações bilaterais com os Estados Unidos foram retomadas somente em 2014, e o presidente de Cuba voltou a participar das reuniões de cúpula a partir de 2015.

Lançada a Aliança para o Progresso, como vimos anteriormente, muitos governadores procuravam obter financiamento para suas atividades, como fez o Rio Grande do Norte.

Em setembro de 1962 o secretário da Educação do Rio Grande do Norte, Calazans Fernandes, foi ao Recife para uma primeira conversa com Paulo Freire. Logo após houve um convite formal do governador Aluízio Alves para que

Paulo viesse conhecer de perto o Serviço Cooperativo de Educação (Secern) do Rio Grande do Norte, autarquia então recém-criada por exigência da Sudene para não misturar as contas e as atividades do Governo com aquelas definidas num futuro Acordo entre o Rio Grande do Norte e a Agência dos Estados Unidos para o Desenvolvimento Internacional (USAID). Ao Secern caberia de forma descentralizada definir e implantar, dentre outros, o projeto de alfabetização de jovens e adultos.

Segundo relato do próprio Calazans Fernandes,[12]

> [A]s tratativas esbarraram em dois pontos:
>
> A questão ética, já que Paulo Freire era funcionário público;
>
> A questão ideológica, decorrente dos recursos serem da Aliança para o Progresso, contra a qual Miguel Arraes havia se insurgido, em contraposição a Aluízio Alves, que apoiava a Ajuda Americana.

Para Paulo Freire, sua participação dependia de algumas condições, conforme relata, entre outros escritos, no livro *Cartas a Cristina*:[13]

- Assinatura de um convênio entre o Governo do Rio Grande do Norte e a Universidade do Recife, estabelecendo que a Secretaria da Educação do Rio Grande

---

[12] Calazans Fernandes e Antonia Terra, *40 Horas de esperança — o método Paulo Freire: política e pedagogia na experiência de Angicos*, São Paulo: Editora Ática, 1994.
[13] Paulo Freire, *Cartas a Cristina*, Rio de Janeiro: Paz e Terra, 2021.

do Norte assumiria a responsabilidade dos gastos de transporte e diárias da equipe do Serviço de Extensão Cultural (SEC), além de gratificação a ser estipulada;
- Quanto a ele, o Estado pagaria apenas os traslados até Natal, os pernoites e as refeições, visto que já era pago pela Universidade do Recife;
- O fato de colaborar com o Governo do Rio Grande do Norte não o impediria de colaborar igualmente com o Município de Natal (em sua campanha "De pé no chão também se aprende a ler");
- A coordenação dos trabalhos deveria ser entregue à liderança universitária, em estreita relação com o secretário da Educação;
- O governador do estado deveria precaver-se de, durante os trabalhos, fazer visitas aos centros ou aos círculos de cultura para evitar exploração política.

No mesmo livro, Paulo Freire indica que "havia uma contradição entre as posições políticas do prefeito Djalma Maranhão, homem de esquerda, e o governador Aluízio Alves, homem do centro." E acrescenta que, quando perguntado pelo secretário Calazans sobre a Aliança para o Progresso, respondeu-lhe que:

> minhas relações se darão com o governo do Rio Grande do Norte, através de sua Secretaria; em segundo lugar, o que me importa é a autonomia que a liderança universitária e eu tenhamos para decidir, o que me importa é a seriedade do senhor e o respeito do Governo às exigências que faço. De onde vem o dinheiro não me importa se eu puder

trabalhar com independência em favor do sonho político a que me entrego e sirvo. Estou certo que, se a Aliança para o Progresso pretende realmente cooptar-nos, desistirá em pouco tempo pela impossibilidade de fazê-lo.[14]

E assim foi.

A proposta do Governo era assinar um Acordo com a USAID. Técnica e politicamente um estado da federação não pode assinar tal compromisso de forma direta, o que foi resolvido com a interveniência da Sudene e do MEC. Com a ajuda de Celso Furtado e Nailton Santos, da Sudene, e de Philip Schwabb, diretor de educação da USAID para o Nordeste.

Naturalmente, houve debates na hora de decidir se aceitaríamos participar do programa de alfabetização com o Governo Aluízio Alves, com financiamento da Aliança para o Progresso. Os financiamentos para a Educação (reforma e ampliação de escolas do ensino básico, formação de professores, e a alfabetização de jovens e adultos) totalizariam 4 milhões de dólares, segundo Calazans Fernandes, o equivalente à arrecadação estadual de um ano inteiro.

As principais conversas foram em Natal com o prefeito de Natal, Djalma Maranhão, e com o secretário de Educação Moacyr de Goes, e sua equipe. E em Pernambuco, os debates foram com o governador Miguel Arraes e um de seus auxiliares diretos, Marcos Correia Lins, e com o Movimento de Cultura Popular (MCP). Foram longos e repetitivos debates, quase sempre realizados nos locais do SEC, em Recife, mas algumas vezes em Natal, na prefeitura ou na sede da UEE.

---

[14] *Ibidem*, p. 221.

Pelo que lembro, somente o Moacyr de Goes permaneceu irredutível em favor de um veto. Numa conversa decisiva sobre o assunto, Paulo Freire perguntou claramente ao Djalma Maranhão se a prefeitura poderia cuidar da alfabetização dos 100 mil jovens e adultos previstos no programa da Secretaria da Educação do Rio Grande do Norte. Não existiam dados atualizados, mas sobre um total de 1,2 milhões de habitantes no estado, a estimativa era de 67% de analfabetismo dentre os adultos. Djalma respondeu que, diante da pequena capacidade do orçamento do município de Natal, com população estimada em menos de 180 mil habitantes, não era possível atender a tal número no curto prazo e não mais se opôs à possibilidade de uma ação com o governo estadual.

Aliás, em entrevista publicada pela professora Pelandré, mais adiante citada, Paulo Freire afirma publicamente algo que tem sido repetido sobre as doações ou empréstimos da cooperação internacional, desde o início da descolonização, se nos referimos novamente aos dirigentes dos países não alinhados, também conhecidos como o grupo dos 77. A professora cita Paulo nestes termos:

> O fato de a experiência ter sido realizada com recursos da Aliança para o Progresso, que pode parecer para alguns críticos uma contradição ideológica, era visto por Freire como uma maneira legítima de utilizar um recurso que na verdade não era de quem se dizia possuidor.

Mais de uma vez, o secretário da Educação Calazans Fernandes se mostrou curioso sobre o conteúdo de nossas reuniões e, enfim, sinalizou sua impaciência ao argumentar que os encontros atrasavam o andamento dos trabalhos, temor que não se justificava diante dos fatos.

Na época, o impacto político denunciado pelos que se opunham ao nosso trabalho com a Secretaria da Educação do Governo Aluízio Alves tinha como base os mesmos argumentos apresentados por Che Guevara, mas as repercussões locais eram de curto prazo. Dentre as quais salientamos:

- A afirmação de que contribuir para o sucesso do Governo influenciaria a sucessão do Rio Grande do Norte, para a qual se esperava como candidato da esquerda o então prefeito de Natal, já mencionado;
- Que poderia credenciar o próprio Aluízio Alves como candidato natural do Nordeste à vice-presidência da República, prejudicando eventualmente a possível candidatura de Miguel Arraes;
- Finalmente, tanto o governo estadual quanto a própria Aliança inibiriam ou mesmo impediriam a autonomia e a liberdade de expressão ao longo do processo educativo.

No mesmo sentido, reagiam colegas das entidades estudantis, como a UEE-RN e a UNE. Esse era um fato relevante já que eu havia sido eleito para a presidência da UEE em novembro de 1962, em uma memorável campanha pelo voto direto. O veto da UNE, coerente com sua política, não podia ser ignorado pelo nosso Rio Grande do Norte sem desgastar nossa unidade. A exemplo do debate franco e civilizado ocorrido com participação de Paulo Freire, o debate com os colegas da UEE e da UNE girou em torno da participação de um dirigente da UEE em atividade com a Aliança para o Progresso. Várias reuniões permitiram aprofundar a discussão, encerrada finalmente em julho de 1963. Pouco antes, em reunião ocorrida em Vitória, o Conselho Nacional da UNE decidiu pela incompatibilidade da minha participação no referido trabalho de alfabetização, e na presidência da UEE. Restou-me escolher. E renunciei à presidência da entidade, que ficou em boas mãos, com a posse do vice-presidente Vivaldo Costa.

A lucidez e a visão estratégica já mencionados fizeram com que Paulo Freire afirme categoricamente, ao encerrar a última reunião sobre o assunto com nossos parceiros da prefeitura de Natal e do governo de Pernambuco: "Não tenho medo da Aliança. Ela que tenha medo de mim".

Assim também concluíram múltiplos analistas e alguns dos numerosos autores que escreveram sobre o assunto. Destaco uma afirmação dos autores Juan de Onis e Jerome Levinson, o primeiro dos quais esteve em Angicos no período, e em maio de 1963 escreveu um elogioso artigo publicado no *New York Times*. Em livro publicado em 1970, *The Alliance That Lost Its Way* [A Aliança que se perdeu no caminho],[15] podemos ler uma conclusão:

> O programa de Paulo Freire era naturalmente subversivo em sua base técnica de deliberada provocação e em seu propósito de desenvolver uma consciência crítica, criando um senso de capacidade e responsabilidade moral no indivíduo para mudar sua vida e o mundo em torno de

---

[15] Juan Levinson e Juan de Onis, *The Alliance That Lost Its Way — A Critical Report on the Alliance for Progress*, Chicago: Quadrangle Books, 1970.

si. Numa sociedade paternalista hierárquica, onde a palavra do coronel era lei, esta ênfase sobre o pensamento crítico e sobre a ação do indivíduo e da comunidade era destrutiva dos valores tradicionais. O programa de Freire era revolucionário no mais profundo sentido do termo.

Em janeiro de 1964, a insatisfação com a técnica pedagógica de Freire e a inquietação em torno do conteúdo político do programa levaram a Aliança a cortar seu suporte financeiro ao Programa (exatamente três meses antes do golpe contra Goulart).

Coincide com afirmação do jornalista Luiz Lobo, que esteve várias vezes em Angicos e inclusive fez um documentário único sobre as "40 horas de Angicos", disponível no YouTube.

Na revista *Em Aberto*, Luiz Lobo escreve:

> Mas, no fundo, no fundo, o que determinou mesmo fim do projeto não foram os Círculos de Cultura em lugar das salas de aula, não foi a valorização da cultura popular; menos ainda as palavras geradoras. O notável silêncio que até hoje envolve Angicos e o método Paulo Freire, e o impedimento de retomá-lo foi um conceito só: a conscientização. Alfabetizado ainda vai, mas com consciência de cidadão, também já é querer demais.[16]

Coroando suas reflexões sobre o tema, não resisto a citar mais uma vez Paulo Freire, em trecho de sua 11ª carta a Cristina, em livro citado anteriormente: "Como estive certo em dar a

---

[16] Luiz Lobo, A experiência em Angicos, *Em Aberto*. Brasília, jul.-dez. 2013.

minha contribuição ao programa. Como estiveram errados os que me criticaram por isto".

"As 40 horas de Angicos"

Vale salientar que "a contribuição ao programa" (da Aliança para o Progresso) foi inestimável, e de maneira recíproca. O interesse e a publicidade suscitados pela atividade muito se devem ao fato dessa ser uma das primeiras atividades da Aliança para o Progresso que era de fato palpável e bem sucedida. A experiência de Calazans Fernandes como jornalista, junto à sua rede de contatos, promoveu uma grande repercussão, naturalmente alimentada pelo até então inesperado resultado efetivo de aprendizagem dos participantes da atividade.

Além do impacto que a intensa aprendizagem dos alunos e seus professores provocou sobre a comunidade, outros dados permitem aquilatar as repercussões de tal atividade.

Duas menções abaixo demonstram que, quando lhes interessava consolidar com a Sudene e governos da região alguns projetos da Aliança para o Progresso, o próprio embaixador Lincoln Gordon prestigiava nosso trabalho. Um exemplo é a carta que escreveu ao governador Aluízio Alves, em maio de 1963, após uma visita que fez ao estado divulgada pela imprensa local e inserida no livro *40 horas de esperança*. Embora não tenha ido a Angicos, mas somente a Macau, muito perguntou e muito ouviu sobre as "40 horas".

Mais adiante, envolvido com a preparação do golpe de Estado, o embaixador tratou de outras "prioridades". Em um depoimento sobre o assunto, em 1987, aparentemente esqueceu nosso trabalho, e chegou a mencionar o próprio Paulo Freire de forma mesquinha.

A seguir cito trechos dessa entrevista que ao todo soma 88 páginas do arquivo disponível na Library of Congress.[17] Após referir-se à Sudene, à Igreja Católica e sua influência, Gordon trata do assunto:

> GORDON: [...] A Conferência Nacional [...] é um corpo muito influente. Mas, na verdade, descobri que junto aos bispos havia uma enorme diversidade de opiniões políticas. Elas podiam ir da mais conservadora à mais radical. Havia debates tensos sobre problemas como o de apoiar ou não reformas, ou debates sobre a alfabetização de adultos. Havia um famoso programa de alfabetização nos anos 1960 liderado por um cara chamado Paulo Freire. Era um novo sistema de alfabetização por sílabas em vez de letras, que aparentemente fazia aprender muito mais rápido. Mas os livros de texto que eram usados traziam muita consciência de classe. Ao invés de gravuras de Joãozinho e Maria, por assim dizer, eles encontravam imagens de patrões e camponeses, e o texto que eles estavam aprendendo podia dizer coisas bem desagradáveis sobre os patrões.
>
> Q: Eram as famosas *40 horas de Angicos*, ou algo assim?

---

[17] Em uma entrevista a Library of Congress, em 30 set. 1987, publicada em 1998, o ex-embaixador assim se refere ao prof. Paulo Freire, e às "40 horas de Angicos", após menção a entrevistas com D. Hélder Câmara e referências à Conferência Nacional dos Bispos do Brasil (CNBB). Library of Congress. Entrevista com A. Lincoln Gordon, 30 set. 1987. Disponível em: http://www.loc.gov/item/mfdipbib000431.

G: Acredito que sim.

Q: Como nós abordamos isso? Quero dizer, alfabetização era uma pedra angular da Aliança para o Progresso. Era um programa que, pelo menos, afirmava que em quarenta horas poderiam fazer alguém alfabetizado o suficiente para votar, o que poderia ser realmente revolucionário. Mas ao mesmo tempo o processo era, em si mesmo, suspeito. Como você lidava com isso?

G: Sobre isso, seria melhor perguntar a alguém que estava realmente trabalhando na nossa missão, no nordeste, em Recife. Éramos a favor da alfabetização de adultos, assim como de expandir a educação elementar e secundária. *O que lembro do problema específico no programa de Freire é que era altamente controverso tanto dentro da Sudene quanto em nossa missão regional. Nosso pessoal achava que a reivindicação de originalidade do método de Freire era um pouco exagerada, mas de qualquer modo, não gostávamos dos livros.* Por outro lado, não tínhamos nenhum controle sobre os livros que eram usados. Acho que nenhum dinheiro nosso foi destinado a dar suporte à produção desses livros em particular. Mas parte do nosso dinheiro era usada para programas de alfabetização de adultos. Os detalhes de quantos debates tivemos sobre isso eu não tenho certeza, sabia apenas na época. Já não me lembro mais.

Fica evidente que a Aliança não tinha interesse em continuar as atividades com Paulo Freire, do mesmo modo como a ditadura militar de 1964 interrompeu suas ações como educador no Brasil. Nada explica nem justifica que, após a redemocratização, o trabalho de massa não tenha sido retomado pelo

O LEGADO E A DÍVIDA

MEC. Houve atividades isoladas, iniciativas locais, cujas características naturalmente não poderiam atingir o mesmo resultado obtido em Angicos e o que se seguiu com estímulo do próprio MEC e de Paulo Freire, antes da brutal interrupção e perseguição.

Existem poucas publicações sobre as questões operacionais e a vivência concreta. Não cabe aqui detalhar o como e o porquê das "40 horas", pois já foram suficientemente divulgadas e estudadas.

Ouso, entretanto, recomendar dentre tantas obras, duas matérias filmadas disponíveis no YouTube, e duas leituras-síntese, que fornecem uma visão de conjunto:

1. Um vídeo disponível a partir do filme preto e branco realizado na época pelo jornalista Luiz Lobo, para mobilizar futuros alunos em outros municípios. Disponível no YouTube,[18] em duas partes, ou ainda no portal Fórum EJA;[19]

2. O documentário *40 horas na memória*,[20] realizado pelo jornalista Passos Junior, na TV Ufersa, da assessoria de comunicação da Universidade Federal Rural do Semiárido, que tem sede em Angicos. Poder-se-á obter mais informações no portal da universidade;[21]

3. Publicação do Instituto Nacional de Estudos e Pesquisas Educacionais Anísio Teixeira (Inep), em 1981, *Sobre as*

---

[18] Disponível em: https://youtu.be/2QG1UhHClqc> e https://youtu.be/G48P5UP4Sag.
[19] Disponível em: http://forumeja.org.br/quarentahorasdeangicos.
[20] Disponível em: https://youtu.be/PkN97kOriJc.
[21] Disponível em: https://assecom.ufersa.edu.br/40-horas-na-memoria/.

40 horas de Angicos, 50 anos depois, que teve como organizadores Marcos Guerra e Célio da Cunha;[22]

4. E a síntese da pesquisa da professora Nilcéa Lemos Palandré, publicada em 2002, um dos raros trabalhos acadêmicos de peso que se interessou em uma avaliação científica da experiência das 40 horas.[23] No qual ela conclui na Parte IV de seu edificante e gratificante livro, sobre o que chama de "Três segredos da eficácia de Angicos: promoção humana, professores preparados e motivados & imersão intensiva". Aliás, cita algo que para nós foi sempre grande preocupação e motivo de dúvidas:

> Os sujeitos de Angicos retiveram os conteúdos aprendidos, guardam lembranças que os deixam felizes, porém trazem a marca de quem viveu se escondendo, sem ter tido tempo de entender o porquê dos acontecimentos, uma vez que participaram de um projeto que só lhes trouxe alegria, prazer e confiança em si e num futuro melhor.
>
> As lembranças estão registradas apenas na memória, pois as provas materiais, os bens escolares, as apostilas, os cadernos, os bilhetes, as cartas foram destruídos para que não fossem presos ou traíssem aqueles que os conduziram a uma liberdade por muitos nem sonhada. Porém o despertar das consciências e os conhecimentos adquiridos, as habilidades de leitura e escrita continuam viva, e não houve repressão capaz de apagá-los.

---

[22] Marcos Guerra e Célio da Cunha, *Em Aberto: Sobre as 40 horas de Angicos, 50 anos depois*, Inep, jul.-dez. 2013.

[23] Nilcéa Lemos Palandré. *Ensinar e aprender com Paulo Freire: 40 horas 40 anos depois*. Biblioteca Freireana, São Paulo: Cortez, 2002.

Além destas, também indico uma leitura do discurso do presidente João Goulart na sessão de encerramento do curso de alfabetização, realizada em Angicos no dia 2 de abril de 1963, que está reproduzido na revista do INEP acima mencionada. Em sua fala, assim como na do aluno Antonio Ferreira e na do governador Aluízio Alves, fica evidenciada a absoluta urgência da alfabetização de adultos no menor prazo como parte integrante do legado. Entusiasmado, o governador ampliou sua meta, e dos 100 mil cidadãos previstos no programa com o MEC e a USAID, passou-se para 300 mil. E o presidente João Goulart, na mesma semana, já se referia a possíveis 6 milhões de analfabetos a menos no Brasil, a partir de um programa cuja direção confiaria a Paulo Freire.

Terminada a aula e encerrada a solenidade, o aluno Antonio Ferreira pediu a palavra. Silêncio constrangido na mesa com as autoridades e no protocolo da Presidência. Um sussurro: "Eita! quebrou o protocolo!". O presidente Goulart autorizou a fala, ao mesmo tempo em que seu Antonio perguntou: "Quebrei o quê?". Em seu discurso, Antonio disse entre outras coisas:

> Peço que continue o curso de aula para nós todos, não tão somente no Rio Grande do Norte como em todos os lugares por aí que têm necessidade, de milhares e milhares que não sabem as primeiras letras do alfabeto. São pessoas que têm necessidade, para melhorar a situação do Brasil, para mais tarde servir mesmo para o senhor presidente da República, para o governador do Estado e para todos nós [...]. Naquele tempo anterior veio o presidente Getúlio Vargas matar a "fome da barriga" — que é uma

doença fácil de curar. Agora, na época atual, veio o nosso presidente João Goulart matar a precisão da cabeça, que o pessoal todo tem necessidade de aprender. Temos muita necessidade das coisas que nós não sabia, e que hoje estamos sabendo.[24]

Naturalmente, evoluíram desde então as necessidades e as exigências do país, da sociedade e de cada cidadão. Como evoluíram as possibilidades de resposta, a mobilização de novos equipamentos e meios para atender à alfabetização. Vale salientar que temos uma nova definição de *alfabetização* conforme decisão na 38ª Conferência Geral da Unesco, realizada na França, em 2015.[25] Tal definição dará mais trabalho ao recenseador do IBGE, vistas as características de conhecimento a avaliar.

Temos plena consciência que o legado de Paulo Freire permanece entre nós, consistente, desafiador e encorajador. Sabemos também que não se poderia obter os mesmos resultados em uma ação de nível micro, isolada. A Unesco tem valorizado o efeito multiplicador de campanhas de massa, e

---

[24] Marcos Guerra e Célio da Cunha, *Em aberto: sobre as 40 horas de Angicos, 50 anos depois*, op. cit.
[25] Sob o título "Recomendação sobre a aprendizagem e a educação de adultos", cito o item I, inciso 4: "A alfabetização é um elemento-chave da aprendizagem e da educação dos adultos. Ele consiste num *continuum* de aprendizagem e aquisição de competências que permitem aos cidadãos de aprender de forma contínua e de participar plenamente da vida da comunidade, do local de trabalho e da sociedade em geral. Ela inclui a capacidade de ler e de escrever, de identificar, compreender, interpretar, criar, comunicar e calcular, utilizando suportes impressos e escritos, assim como a aptidão a resolver os problemas no contexto cada vez mais tecnológico e rico em informações. Ela é um meio essencial para reforçar os conhecimentos, as aptidões e as competências das pessoas, para lhes ajudar a enfrentar os desafios evolutivos e as complexidades da vida, da cultura, da economia e da sociedade."

vários artigos do clássico *The Challenge of Illiteracy* [O desafio do analfabetismo] insistem em discutir o tema.[26]

Ainda da Unesco, temos novidades:

a) O grupo E-9, anteriormente mencionado, se integra a um grupo maior, a "Aliança Mundial para a Alfabetização" que já definiu sua estratégia para o período 2020-2025. Agrega a inclusão digital e o uso de computadores e assimilados;

b) Aumenta para 773 milhões de adultos a população que beneficiará da prioridade estratégica;

c) Com a adoção dos Objetivos de Desenvolvimento Sustentável (ODS), e suas metas a atingir em 2020, a alfabetização nos países do grupo E-9 muda de categoria. Os ODS foram incluídos na Declaração de Incheon e agora estão indicados no seu Plano de Ação como SDG4-Education 2030 ("educação inclusiva e de qualidade, e garantia de oportunidades de aprendizagem ao longo da vida").

Esperamos que nosso MEC não continue sofrendo com mudanças institucionais de nível, de hierarquia e no acesso aos recursos humanos e financeiros que dão resultados mais frágeis. Na falta de uma política pública estimulada pelo MEC, seria excelente se pudéssemos estabelecer "consórcios", ações de cooperação como aquelas que vêm se multiplicando entre estados e prefeituras para resolver grandes questões, muitas vezes com a participação de ONGs e do setor privado. Agora mesmo, em plena pandemia de Covid-19, alguns consórcios preencheram

---

[26] Morsy Zaghlou (org.). *The Challenge of Illiteracy: From Reflection to Action*. Nova York: Unesco e Garland Publishing, 1994.

lacunas deixadas pela falta de iniciativa ou de planejamento do Governo Federal. Desde anos anteriores, em nosso Nordeste, municípios menores se juntam para implantar centros hospitalares mais abrangentes, comprar equipamentos caros para obras públicas e outros grandes investimentos.

Ainda nos resta um grande desafio. Mesmo com um quadro geral pouco animador, poderíamos conquistar alguns *territórios livres do analfabetismo*, nos termos da Unesco. Temos plena consciência que o legado de Paulo Freire permanece entre nós, consistente, desafiador e encorajador. Temos a convicção que é a ação de proximidade com as pessoas que alcança grandes resultados. A Unesco tem valorizado o efeito multiplicador de campanhas de massa, como já aconteceu em países árabes, na África Negra (ao sul do Saara), na América Latina e mesmo em países europeus.

Aprofundemos os termos do legado. E vamos renová-lo!

Referências bibliográficas

Calazans Fernandes e Antonia Terra. *40 Horas de esperança — o método Paulo Freire: política e pedagogia na experiência de Angicos*. São Paulo: Editora Ática, 1994.

Dewitt, John. The Alliance For Progress: Economic Warfare In Brazil (1962-1964). In: *Journal of Third World Studies*, vol. 26, no. 1, 2009, pp. 57-76. Disponível em: http://www.jstor.org/stable/45198829.

Guerra, Marcos. Les racines culturelles de l'alphabetisation. *Courrier de l'Unesco*, ano 37, fev. 1984, pp. 6-8.

Guerra, Marcos e Cunha, Célio da (orgs.). *Em Aberto: Sobre as 40 horas de Angicos, 50 anos depois*. Instituto Nacional de Estudos e Pesquisas Educacionais Anísio Teixeira (INEP). Brasília, v. 26, n. 90, jul.-dez. 2013.

Guevara, Ernesto Che. *Punta del Este: proyecto alternativo de desarrollo para America Latina*. Ocean Press e Ocean Sur, 2006.

Ferraro, Alceu Ravanello. Analfabetismo e níveis de letramento no Brasil: o que dizem os censos? *Revista Educação e Sociedade*. Campinas, vol. 23, n.81, dez. 2002.

_____. Direito à Educação no Brasil e dívida educacional: e se o povo cobrasse?. *Educação e pesquisa*. São Paulo, v. 34, n. 2, mai.-ago. 2008, pp. 273-289.

Freire, Paulo. O mundo e a palavra: uma leitura crítica do universo. *Correio da Unesco*, ano 12, n. 4, Brasil, abr. 1984, pp. 29-31.

_____. *Cartas a Cristina*. Rio de Janeiro: Paz e Terra, ed. 4, 2021.

Levinson, Jerome e Onis, Juan de. *The Alliance That Lost Its Way — A Critical Report on the Alliance for Progress*. Chicago: Quadrangle Books, 1970.

Lobo, Luiz. A experiência em Angicos. *Em Aberto*. Brasília, v. 26, n. 90, jul.-dez. 2013.

Palandré, Nilcéa Lemos. *Ensinar e aprender com Paulo Freire: 40 horas 40 anos depois*. Biblioteca Freireana. São Paulo: Cortez, 2002.

Schlesinger Jr, Arthur M. *A Thousand Days — JFK in the White House*. Boston: Mariner Book, 1965.

Zaghlou, Morsy (org.). *The Challenge of Illiteracy: From Reflection to Action*. Nova York: Unesco e Garland Publishing, 1994.

PAULO FREIRE:
HISTÓRIA DECISIVA, MERECIDA REVERÊNCIA!

Mario Sergio Cortella

Descendente de italianos pelo lado paterno, desde criança me habituei (primeiro apenas ouvindo e só depois, crescido, participando) a uma das formas mais animadas para brindar a existência: em voz alta, com as pessoas em quase círculo, os braços se movendo para cima com taças nas mãos e, no tilintar do choque suave e proposital dos cristais, um expressivo e ruidoso anseio: *Cent'anni!*

Cem anos! Intenso desejo de vitalidade! É exatamente esse que se cumpre no centenário do nascimento de Paulo Freire. A persistência de uma inspiração longeva, de uma presença relevante, de uma influência fundamentada e de uma ascendência fidedigna.

Todo esse reconhecimento, no entanto, não o isenta de ser alvo de inconformidades ou objeções; Freire jamais cogitou a hipótese de não haver oposição ao pensamento que construiu. Como ele mesmo afirmava, "educação tem lado". Isso ainda significa que não dá para fazê-la ou pensá-la de forma neutra, uma vez que está inserida em uma sociedade com interesses diversos e frequentemente conflitantes.

Se conosco estivesse em sua presença física, Paulo Freire não estranharia certas recusas ao seu pensamento e, provavelmente, frente a elas, diria, em palavras por mim agora imaginadas: "Veja, foi por isso que escrevi algumas coisas, discuti e sugeri outras, assim como adotei práticas que não tivessem como horizonte qualquer simulada unanimidade e nem despropositados confrontos".

E, como o lado da educação que ele sempre defendeu é o que encarna a edificação de uma Humanidade que abrigue a liberdade, a igualdade e a fraternidade, quem tem antipatia por esse lado muito provavelmente continuará desagradado com o pensamento freireano.

Cabe ressaltar que Paulo jamais seria contra que fosse alguém contra ele; ele seria contra que quem fosse contra ele não pudesse ser contra ele! Um democrata convicto, propositor também do diálogo como caminho para a superação de divergências e para a aproximação de convicções, inclusive na elaboração de consensos provisórios, Freire recusaria com veemência o silenciamento da discordância somente pela discordância.

As ocasionais desaprovações que pensamentos e práticas de Paulo Freire encontram nem sempre o são de maneira fidedigna e nem sempre livres de distorções, tanto em relação ao pensamento em si quanto no que diz respeito à própria trajetória que cumpriu, e, portanto, vários dos rótulos atribuídos a esses pensamentos e práticas nitidamente não correspondem à realidade.

Muitas dessas invectivas não resultam de mera indisposição passageira, mas, sim, de uma rejeição aos efeitos libertários que a filosofia freireana, quando encarnada em condutas individuais e comunitárias, pode favorecer em uma sociedade. A simpatia que Paulo Freire angaria no campo político que deseja erigir uma vida coletiva permeada pelas expressões de autonomia e emancipação produz em certas pessoas, que assim não pensam, um desprezo e uma repulsa, os quais beiram a demonização de ideias dele.

Ora, qual foi a grande ofensa política original da filosofia, com a sua corresponde metodologia, no ideário de Paulo Freire? Foi procurar, por intermédio da Educação Popular, a partir de uma de suas trilhas efetivas, a Alfabetização de Jovens e Adultos, de modo a inserir dentro do sistema político e social pessoas que, em vez de serem colocadas à margem, estivessem presentes como atores conscientes e que, em vez de criaturas submissas, assumissem a autorias de seus caminhos.

Dizendo de outro modo, e para tal usando expressão de Lima Barreto, "o Brasil não tem povo; tem público", Paulo Freire não sonhava com uma sociedade de espectadores, mas de partícipes; sonhava (o seu "inédito viável") e intencionava, de modo diligente, que a outrora "plateia" se moldasse como interveniente.

Cabe observar que a Alfabetização de Jovens e Adultos, da qual a práxis freireana é esteio contemporâneo, representa um excerto da Educação Popular, que, como conceito ampliado, está muito mais ligada à formação de cidadania, aos laços de solidariedade, à ação política organizada do que a uma mobilização partidária. Vale reforçar: quando se fala que Paulo Freire vinculava educação e política, é preciso lembrar que, nesse contexto, política não é sinônimo de partido (este é apenas uma de suas formas). Política é sinônimo de presença e ação na vida de uma comunidade e, assim, toda ação também no campo da educação tem reflexo na coletividade e toda ação da coletividade tem reflexo na educação.

Se neste momento alguém falasse para Freire sobre a discussão em torno de, digamos, uma "escola sem partido", ele certamente perguntaria "e quem vem defendendo 'escola com partido', para ter de ser confrontado?". E recordaria, como sempre advogou, que a escola não deve ser partidarizada, não deve ser instrumento de doutrinação de qualquer natureza.

Ainda assim, poderia Paulo Freire completar: a escola desse modo não *deve ser*, mas existe o risco de *poder ser*. Por isso, precisamos ficar atentos. O que não pode se ausentar da escola é a política, entendida como ação social, interferência no meio de vivência, isto é, a capacidade de desenvolvimento independente de uma comunidade de vida. A tarefa da educadora e do educador é lidar com política, mas jamais como um movimento catequizador, proselitista, sectário ou doutrinário no âmbito do trabalho escolar.

Essa interface entre política e educação, examinada por Paulo Freire de forma correta, é foco central da ira de muitos de seus antagonistas, especialmente no Brasil. O fato de um brasileiro com tamanha presença e reconhecimento intelectual no mundo não ser unânime na própria nação sugere estranheza; porém, pode ser compreensível. Inadmissível, contudo, é que ele seja atacado, primeiro, por algo que não fez (como a acusação presente no primarismo de vê-lo como compositor da indigência da escola pública entre nós) e, segundo, por meio de críticas sem fundamento e razoabilidade.

Cabe insistir: Paulo Freire não é imune à crítica, desde que seja esta substantiva, densa, honesta. Claramente, é possível haver pessoas contrárias ao ideário freireano com substância; "ele deve estar equivocado", "talvez não seja desse modo", "há uma outra perspectiva" são expressões que o próprio procuraria entender e dialogar com interesse sincero e cortês.

Freire, ao contrário de muitos de seus adversários ideológicos, nunca trouxe a retórica furiosa, o argumento da ameaça, o impulso da ofensa para o debate. Acredito inclusive que, em determinados momentos, Paulo Freire até riria de certos comentários ou insinuações. Não obstante, costumava levar muito a sério quem tinha argumentos contra ele.

Se alguém, por exemplo, dissesse "o senhor está enganado ao fazer um pareamento do pensamento de John Dewey com a educação democrática" ou "não concordo com a aproximação que faz da teoria explicativa da aprendizagem em Jean Piaget", ele jamais responderia num tom esnobe, advertindo com um "você não entende nada, eu viajei por inúmeros países como convidado para proferir conferências, eu é que sei das coisas, ensinei em Harvard, tenho dezenas de títulos de doutor *honoris causa* pelo mundo afora, meus livros são traduzidos em dezenas de idiomas".

A postura dele nessa circunstância (hipotética?) seria muito mais dizer "vamos sentar aqui, me explica esse teu juízo". A razão argumentativa fazia de Paulo Freire alguém que acolhia a divergência, sem que aceitasse qualquer fala, mas que procurava compreender o argumento antes de consentir ou recusar.

A propósito, ele era um ouvinte esmerado. Na condição de secretário municipal de Educação de São Paulo, foi uma liderança implacável em relação à decência, à organização, à coerência e à atitude metodológica. Nunca admitiu a negligência e nem a desconsideração com as pessoas que o procuravam ou interpelavam e entendia que todas as solicitações deveriam ser consideradas.

Paulo Freire prestava atenção de modo genuíno em quem falava com ele; tinha o hábito de pôr a mão de leve no ombro da pessoa enquanto essa dizia algo e a ouvia detidamente. Como autoridade pública da maior secretaria da maior cidade do país, por não ser demofóbico, não temia estar no meio da população, e quantas vezes fosse abordado, parava e ficava ouvindo as pessoas por um tempo admissível, desde que não colidisse com outras tarefas.

Como ele, dialogando agora com toda essa história, comemoramos — juntamos as memórias — o legado da sua vida; honramos a obra universal que construiu, semeando-a cotidianamente e também a honramos impedindo que este legado seja desrespeitado por depreciações falaciosas.

Para Paulo Freire, o diálogo não era um mero dispositivo ferramental; era, e com ele aprendemos, a essência de uma coexistência reciprocamente respeitadora e fértil, e de uma comunhão íntegra com a vida.

PAULO FREIRE E O RELÓGIO DO APOCALIPSE[*]

Noam Chomsky

---
[*] Traduzido por Bhuvi Libanio.

Todo janeiro, um grupo de cientistas e analistas políticos se encontra para avaliar como o mundo está. Eles também apresentam o que é uma medida sucinta do que estimam ser as perspectivas para a sobrevivência do ser humano, o Relógio do Apocalipse (*Doomsday Clock*), com os ponteiros a certa distância da meia-noite. Meia-noite significa fim inglório para a experiência humana na Terra.

Essas reuniões começaram há 75 anos, depois da demonstração de que a inteligência humana havia ascendido — ou talvez, descendido — ao ponto de criar meios de virtualmente destruir a vida na Terra. Isso foi em agosto de 1945, a destruição de Hiroshima e Nagasaki, cada qual por uma única arma atômica; dias que ficaram gravados de forma indelével na memória. Pouco tempo depois disso, o Relógio do Apocalipse foi criado. O ponteiro dos minutos foi posicionado em sete para a meia-noite.

A capacidade de quase destruição não foi alcançada em 1945, mas ficou claro o suficiente que provavelmente o progresso tecnológico alcançaria esse nível. E isso aconteceu em 1953, quando os Estados Unidos e a União Soviética explodiram bombas termonucleares. O ponteiro de minutos foi então posicionado em dois para a meia-noite.

O ponteiro de minutos oscila desde então, a depender da situação do mundo, mas nunca havia alcançado novamente dois minutos, até o governo de Trump. A cada ano em que Trump era presidente, o ponteiro se aproximava mais da meia-noite. Por fim, os analistas desistiram dos minutos e começaram a mover o ponteiro de segundos: cem segundos para a meia-noite, é o que o relógio marca hoje.

Durante os últimos anos, as preocupações passaram de guerra nuclear para destruição do meio ambiente. Em 1945, não havia tal consciência, mas a era atômica foi acompanhada por aquilo que os geólogos hoje reconhecem como uma nova era na história da geologia, o Antropoceno, período no qual a atividade humana causa impactos ambientais severos em âmbito global. Sobretudo, a atividade humana está aquecendo a Terra de forma extremamente perigosa. É possível que alcance em breve um ponto de inflexão no qual a descida até uma catástrofe inimaginável se torne irreversível. Essas preocupações também são levadas em consideração ao acertar o relógio.

Os Estados Unidos e o Brasil estão dedicados a uma corrida entusiasmada para o desastre, sob a liderança dos presidentes Trump e Bolsonaro. O principal comprometimento político de Trump era expandir o mais rápido possível o uso de combustível fóssil enquanto desmantelava o aparato regulatório que, de algum modo, abrandava o impacto destrutivo. Seu seguidor brasileiro se dedicou a acelerar a transformação da Amazônia de sumidouro de carbono em fonte de emissão de carbono, o que acarretará consequências devastadoras para o Brasil — na verdade, para o mundo —, conforme a floresta tropical se transforma em savana. Essas têm sido as contribuições mais recentes para a vida humana oferecidas pelo Colosso do Norte e pelo Colosso do Sul, como foram apelidados.

As vítimas mais diretamente afetadas pela destruição da Amazônia são habitantes indígenas, que sempre estiveram na linha de frente, protegendo-a das devastações provocadas pelos bárbaros do "mundo civilizado", que estão dedicados a destruí-la — esse é o padrão encontrado no mundo inteiro: as primeiras nações no Canadá, os nativos americanos nos Estados Unidos, os aborígenes na Austrália, os povos tradicionais da Índia e os demais semelhantes a eles em outros lugares. No Brasil, eles encaram um genocídio em potencial. Imploram com desespero e eloquência por ajuda para se defenderem e para protegerem seus arredores da destruição. O genocídio iminente carrega consigo também a destruição de grandes fontes de conhecimento científico e de riqueza cultural, tradições e línguas ricas, grandiosidades que os forasteiros mal reconhecem. Conforme Paulo Freire chamou atenção, esses são tesouros insubstituíveis da criatividade e da compreensão humanas ao longo dos tempos. A tragédia está em curso diante de nossos olhos. Com frequência, olhos insensíveis e incompreensíveis.

Há muitos anos, um terceiro fator foi acrescentado aos cálculos dos analistas do Relógio do Apocalipse: um ataque geral à verdade, que incluiu a desinformação com frequência deliberada e gerou o que foi denominado "infodemia". Um elemento nesse ataque é o desprezo pela ciência, pelo conhecimento, pela razão. Chega ao nível de desmantelar as instituições de educação e cultura. Nos Estados Unidos, o impulso básico da infodemia foi capturado com perspicuidade por um de seus proponentes mais distintos, o âncora predileto do presidente Trump, que ele homenageou com a medalha presidencial da liberdade: o falecido Rush Limbaugh. Limbaugh ensinou suas dezenas de milhões de ouvintes que há "a encruzilhada do engano: governo, academia, ciência e mídia. Essas instituições hoje são corruptas e existem em virtude do engano."

    Sendo assim, devemos nos livrar dessa praga. O presidente Trump seguiu em frente, fazendo isso de várias maneiras. Uma delas foi, e ainda é, uma constante enxurrada de mentiras, erodindo a ideia, propriamente dita, de que a verdade existe. Seu governo foi marcado por episódios extraordinários de rejeição à ciência por desprezo, acompanhados de ataques agressivos à mídia, à academia e a quaisquer integrantes do governo que ainda fugissem às aspirações totalitárias dele. Cientistas e repórteres de ciências lastimaram o fato de Trump ter "depreciado o papel da ciência na elaboração de políticas federais, enquanto impedia ou atrapalhava projetos de pesquisa no país inteiro e marcava uma transformação do governo federal, cujos efeitos, especialistas dizem, podem reverberar por anos". Os principais alvos dos ataques de Trump aos fatos e à razão, focados no meio ambiente e no clima, preocupam, porque "Trump os dispensou, apesar do consenso científico global". No entanto, os ataques vão muito além e chegam aos "efeitos de químicos em mulheres grávidas, insumos agrícolas e muito mais". Especialistas alertaram para o fato de que "no governo federal o desprezo por habilidades é hoje o pior que já existiu. Ele é difuso".

    Os custos são muito altos. Estima-se que as mortes por Covid, devido a essa maleficência, estão na casa das centenas de milhares. Muito mais severo é o impacto no comportamento direcionado ao aquecimento global, uma ameaça real à existência. Não é um problema, Trump assegurou à sua base eleitoral de adoradores, enquanto acelerava a corrida para o suicídio da espécie, a fim de garantir lucro em curto prazo para seu eleitorado de extrema riqueza e poder corporativo.

Não é difícil encontrar equivalentes para esse quadro sinistro no segundo maior país do hemisfério ocidental, a pátria do grande educador Paulo Freire. Também não é difícil encontrar eco histórico sinistro, entre eles, o pronunciamento do companheiro de Franco, o general fascista Millán Astray: "*Abajo la inteligencia! Viva la muerte!*" [Abaixo a inteligência! Viva a morte!]

A analogia não está equivocada. Não vivemos os anos 1930, mas há semelhanças que não deveriam ser ignoradas. Podemos relembrar a famosa observação de Antonio Gramsci sobre o estado do mundo em sua época: "A crise consiste, precisamente, do fato de que o velho está morrendo e o novo não pode nascer; nesse interregno, uma grande variedade de sintomas mórbidos aparece."

Hoje, a ordem neoliberal dos últimos quarenta anos está visivelmente instável, e o que não faltam são sintomas mórbidos. Na época de Gramsci, havia dois caminhos na crise profunda: social-democracia e fascismo. Não alcançamos esse estágio, mas os sintomas estão aparentes, inclusive indicações ameaçadoras de que a doutrina de Astray está se estabelecendo. A menos que essas tendências sejam superadas, os sintomas, além de mórbidos, serão letais — e o Relógio do Apocalipse, relíquia de um passado mais esperançoso.

As pessoas que acertaram o relógio em cem segundos estavam certas em incluir a infodemia e tudo o que a acompanha, junto com as crises existenciais da guerra nuclear e da destruição do meio ambiente. A não ser que os ataques ao conhecimento e à razão sejam superados, não há esperança de confrontar as ameaças à sobrevivência. Há soluções possíveis para essa crise imensa neste momento peculiar na história humana. Elas podem ser implementadas com sucesso e resultar em um mundo melhor, mas não sem alimentar o dom humano da inteligência e extirpar o instinto de morte que está à espreita nos cantos da psique humana.

O cerne da tarefa que encaramos é a educação. Uma educação apropriada. O que isso significa tem sido um tópico bastante contestado há séculos. Durante o período do Iluminismo, dois modelos foram contrapostos. Um deles era o de despejar água dentro de um recipiente, com um pouco do conteúdo despejado fora para examinação. Acertadamente, o modelo foi ridicularizado por pensadores iluministas. Todos nós, por certo, vivenciamos a experiência de assistir a aulas pelas quais não tínhamos o menor interesse, estudar para as provas finais, tirar uma boa nota e, algumas semanas depois, não nos lembrarmos sobre o que era a aula.

Infelizmente, esse é o modelo que tem sido amplamente seguido. Nos Estados Unidos, onde foi imposto, ele é chamado de "ensinar para a prova". Espera-se que crianças "aprendam" apenas o suficiente para passar na prova — coloco a palavra "aprendam" entre aspas porque isso não é, de jeito nenhum, aprendizado. O método ficou mais comum durante os anos neoliberais, por motivos compreensíveis. Quem está sujeito a ataques sistemáticos deve ser privado de meios de resistência. Uma modalidade é o treinamento para ser passivo e obediente. Nem deveríamos nos surpreender com o fato de que "ensinar para a prova" tenha se tornado política federal, com seu pico neste milênio.

Esse modo de educar faz sentido para administradores e burocratas e, mais profundamente, para pessoas que querem se certificar de que não haverá qualquer interferência em suas regras para a ordem social. Seu efeito é tornar estudantes "tão estúpidos e ignorantes" quanto for possível para um ser humano — tomando emprestada a expressão de Adam Smith em sua severa crítica às consequências da divisão do trabalho e seu impacto na pessoa que passa a vida executando "algumas operações simples". Smith adotou o conceito comum do Iluminismo de que "conhecimento não existe para ser despejado na alma como um licor, mas sim para ser aproximado e elucidado gentilmente a partir dela; nem a mente deve ser preenchida de fora para dentro, como um recipiente, como se estivesse sempre estimulada e acordada" (filósofo neoplatonista Ralph Cudworth). Conforme James Harris expressou a compreensão evolutiva, "nada é mais absurdo do que o senso comum de instrução, como se a ciência [com o sentido de conhecimento] pudesse ser derramada para dentro da mente como água para dentro de uma cisterna, que espera de forma passiva para receber tudo o que vem. O crescimento do conhecimento [assemelha-se] ao crescimento de uma fruta; independentemente do quanto efeitos externos possam, até certo ponto, cooperar, é o vigor interno e a virtude da árvore que fazem o sumo amadurecer e alcançar a maturidade".

Esses conceitos foram desenvolvidos por completo no trabalho do grande humanista Wilhelm von Humboldt, criador da moderna universidade de pesquisa. "O grande princípio condutor" para o qual seu trabalho "converge diretamente", ele explicou, "é o da importância absoluta e essencial do desenvolvimento humano em sua mais rica diversidade", palavras que John Stuart Mill adotou como epígrafe para seu clássico *Sobre a liberdade*. O ponto de vista de Humboldt sobre educação ilustra a mesma preocupação sobre o papel criativo do indivíduo. Ele argumenta que "uma boa instrução sem dúvida consiste em espalhar diante da pessoa a ser instruída várias soluções e então prepará-la para escolher a mais apropriada, ou melhor, inventar sua própria solução ao simplesmente organizar diante de si todas as dificuldades a serem superadas. [...] Todo desenvolvimento educacional tem sua origem na constituição psicológica interna dos seres humanos, e somente pode ser estimulado, jamais produzido por instituições externas. [...] A compreensão do ser humano, assim como todas as suas demais energias, é cultivada apenas pela própria atividade de cada ser humano, sua própria inventividade ou a utilização que faz das invenções de outras pessoas". Educação deveria fortalecer o instinto motriz de "investigação e criação".

As implicações para a prática da educação foram diretas. Ideias semelhantes foram desenvolvidas e colocadas em prática por John Dewey e outros na tradição da educação progressista que ele fundou, com muita eficiência, como aprendi por experiência própria em uma escola experimental da pedagogia de Dewey, depois através da prática de ensinar crianças e, por fim, na educação de pós-graduação em uma das instituições de pesquisa líderes, onde é norma. Um físico mundialmente renomado ficou famoso por dizer às turmas de disciplina introdutória que não importa o que o programa cobre, o que importa é o que você vai *descobrir*. Um amigo próximo, prêmio Nobel de Biologia, às vezes dava aulas sem anotações ou sem preparar demais sua exposição, explicava para a turma sua hipótese de como as coisas aconteceriam na área que eles estavam discutindo, depois desafiava os estudantes a investigar e descobrir se ele estava certo ou errado, e enquanto fizessem isso, descobrir e criar o ideal clássico.

É nesse contexto que é possível apreciar as contribuições distintas e originais de Paulo Freire.

Levando adiante a tradição, Freire condenava a ideia de que educandos são "receptáculos" a serem "preenchidos" por educadores. Freire ridicularizava essa abordagem dizendo que se tratava de uma "educação bancária", baseada em "projetar uma ignorância absoluta sobre os outros", sendo o conhecimento "um presente concedido" aos ignorantes por seus superiores — nas salas de aula, por educadores. Essa abordagem não apenas "nega a educação e o conhecimento como processos de busca", como também estabelece uma hierarquia de autoridade: o instrutor sabe-tudo e o "receptáculo" vazio para dentro do qual a "dádiva" do conhecimento é despejada. Como Freire compreendeu profundamente e explicou, esse conceito de educação bancária "satisfaz aos interesses dos opressores: para estes, o fundamental não é o desnudamento do mundo, a sua transformação".

Essa preocupação com o contexto mais amplo da educação é a característica distintiva das extensas inovações de Freire.

Na educação verdadeiramente libertadora que Freire elaborou, todos os envolvidos são "ambos, simultaneamente, educadores *e* educandos". Esse é um passo significativo, não apenas para além do modelo ridicularizado de preencher um recipiente vazio com água — ou, na linguagem popular de hoje, ensinar para a prova —, mas também para além do ideal clássico humanístico, ampliado no pensamento e na prática de Dewey e de outros progressistas, de que a educação deveria estar voltada para estimular a curiosidade natural e o impulso nato de "investigar e criar". Na expansão radical dessas ideias, proposta por Freire, a hierarquia se desmancha pelo fato de educador e educando se engajarem em uma busca comum.

Conforme Freire ressaltou em toda a sua obra, essa situação se estende para muito além da educação escolar. Para Dewey, a escolarização deveria ser preparo para a participação na democracia. Para Freire, a alfabetização e a educação, em geral, eram parte da tarefa mais abrangente de construir consciência como um preparo para a luta contra a opressão e para o engajamento nessa luta — objetivos com os quais talvez Dewey tivesse alguma afinidade.

O objetivo é a "humanização", conquistar a "plena humanidade" na qual valores humanos podem florescer. O oprimido deve se libertar do medo. Deve, mais ainda, se libertar da opressão sem se tornar um subopressor que usa sua liberdade recentemente conquistada para controlar outras pessoas que ainda estão no caminho da libertação.

Assim como na sala de aula, a muito ampla pedagogia do oprimido "tem de ser forjada *com* ele e não *para* ele, enquanto homens ou povos, na luta incessante de recuperação de sua humanidade". A "questão não está propriamente em explicar às massas, mas em dialogar com elas sobre a sua ação". Nós, os mais privilegiados, não estamos criando e apresentando a pedagogia do oprimido para os não desenvolvidos e sem informação. Ela "tem que ter nos próprios oprimidos, que se saibam ou comecem criticamente a saber-se oprimidos, um dos seus sujeitos".

De volta para os dias atuais e seus sintomas sinistros e mórbidos, quem está profundamente preocupado com a "infodemia", com o esforço consciente de impor a ignorância, não está mal orientado. Está certo de enxergar isso como ameaça letal, um bom motivo para adiantar o Relógio do Apocalipse para mais perto da meia-noite. A ameaça não será superada ao despejarmos conhecimento em um receptáculo. Esse é apenas mais um dispositivo para estabelecer a opressão, para transformar seres humanos em criaturas que não são apenas "estúpidas e ignorantes", mas também vítimas passivas de seus mestres. E também não será superada por meio do empreendimento verdadeiramente meritório — para lembrar ideias incisivas de Freire — de revigorar, desde a infância, "a própria atividade de cada ser humano, sua própria inventividade, ou sua própria utilização da invenção dos outros", nas palavras de Humboldt. Um processo que deveria continuar enquanto as crianças aspiram à "investigação e [à] criação", e por toda a vida adulta.

A única abordagem da qual realmente se pode esperar sucesso na busca por uma verdadeira humanização é aquela que Paulo Freire colocou diante de nós ao longo da vida e da obra, ambas admiráveis.

PAULO FREIRE, O HOMEM ATEMPORAL: REFLEXÕES SOBRE VERDADE E SENTIDO[*]

Peter McLaren

---
[*] Traduzido por Bhuvi Libanio.

Desde os anos 1970, capitalistas transnacionais são cada vez mais eficientes em suplantar a autoridade de governos nacionais com um tipo de federalismo competitivo no qual o capital disciplina governos nacionais através de uma abordagem multidimensional de regulamentação, contornando o controle democrático por meio de uma espécie de neofeudalismo, o que levou ao capitalismo da precariedade. O surgimento da classe capitalista transnacional por meio da integração de redes de produção globais foi responsável por uma devastação sem precedentes na história do mundo, deixando milhões de pessoas em estado de pobreza. O sonho do mutualismo cooperativo associado com regimes democráticos foi minado por um autoritarismo selvagem que infectou vários países no mundo, sepultando populações que ansiavam por liberdade dentro da sociedade disciplinada de Foucault, agora transformadas em cidades pandemizadas por uma praga, repletas pela visão e pelo som de tosses entrecortadas, catarro com manchas de sangue e o rangido dos dispensers de álcool em gel. Dentro dessas cidades contaminadas, testemunhamos o clamor da humanidade em sofrimento, um fardo desproporcional causado pelas mortes por Covid-19 nos grupos de minorias raciais e étnicas, sobretudo, entre hispânicos ou latinos, negros não hispânicos e indígenas americanos não hispânicos ou povos originários do Alasca. Disfarçados pelas duras campanhas publicitárias, pelo artifício ideológico implacável e pela fraude da irracionalidade, duas figuras surgiram neste cenário político tenebroso para oferecer forragem às pessoas que preferem habitar um mundo de ódio e vingança. Um deles foi recentemente tirado do poder por meio do voto (porém, permanece politicamente perigoso) e o outro continua no poder e ainda faz tudo o que pode para destruir o país dele. Refiro-me a Donald Trump, nos Estados Unidos, e a Jair Bolsonaro, no Brasil. Nenhum deles tentou abordar as desigualdades dos determinantes sociais de saúde que aumentam o risco de morte por Covid-19 entre as minorias raciais e étnicas. Ambos minimizaram a pandemia e assistiram ao sofrimento e à morte de seus cidadãos.

Diante desse ponto de inflexão na história moderna da humanidade, ergueu-se inabalável, acima da desordem, o espírito de outro homem, cuja filosofia e práxis política proporcionaram aos oprimidos do mundo inteiro conforto e esperança, um homem cujas contribuições para humanizar a civilização desafiou as forças da opressão, da dominação e da alienação em todos os setores da sociedade. Esse homem é Paulo Freire. Apesar de Freire não estar mais entre nós em carne, seu espírito está impregnado em todas as pessoas que sofrem e são marginalizadas, isso porque acadêmicos, intelectuais e grupos ativistas ainda seguem seus ensinamentos — essas pessoas são comprometidas com a justiça social. Apesar de Trump não ter mencionado o nome de Freire, ele acusou o segmento da esquerda ligado à educação de ser antipatriótico e culpou o "marxismo cultural" de criar o politicamente correto e as forças políticas que acusam homens brancos de racismo, sexismo e homofobia. De acordo com o governo de Trump, racismo, sexismo e homofobia são "memes" falsos criados por marxistas culturais com o propósito explícito de destruir valores tradicionais estadunidenses. O governo de Trump destacou um grupo de intelectuais judeus alemães conhecidos como Escola de Frankfurt como a mais perigosa reunião de marxistas culturais. Esse grupo fugiu da Alemanha nazista e veio para os Estados Unidos durante a Segunda Guerra Mundial. Sofrendo de uma típica amnésia histórica, o governo de Trump descreveu a Escola de Frankfurt como "quinta-coluna" e raiz do politicamente correto nos Estados Unidos. Essa é uma acusação evidentemente falsa, uma vez que os intelectuais estavam engajados, sobretudo, na análise cultural do autoritarismo, do racismo e do patriarcado. A figura principal desse grupo, Herbert Marcuse, por exemplo, estudou o impacto da tecnologia no desenvolvimento humano. Ainda assim, membros da Escola de Frankfurt são acusados de "fabricar" os conceitos de racismo, sexismo, misoginia, homofobia, transfobia usados pela esquerda para atacar a direita. Os ataques ao marxismo cultural não apenas isentam o público estadunidense de confrontar as realidades concretas e corroboradas do racismo, da homofobia, do sexismo e de outras relações de opressão estruturais corporificadas, como também são antissemitas manifestos e concebem o racismo e o politicamente correto como uma ideologia criada por um grupo de intelectuais judeus sinistros que infecta nossos estudantes universitários, a partir da ideia de judeus como "quinta-coluna", desmanchando o tecido de valores estadunidense. Portanto, para os apoiadores de Trump não há necessidade de lidar com racismo, sexismo e homofobia, afinal, isso não existe e foi produzido como armas ideológicas pela esquerda para atacar pessoas brancas conservadoras.

Esse tipo de política da pós-verdade é tão opressora que até mesmo nossos pressupostos mais básicos sobre o sentido da vida humana não consegue estar em conformidade com quaisquer referências a uma comunalidade que pode medir indivíduos de forma sensata. A turbulência ao navegar pelos detritos da política da pós-verdade persuadiu vários anglo-americanos a se renderem a uma política autoritária caracterizada por um nacionalismo étnico branco, além de escolher a política vil da supremacia branca em detrimento de alimentar relações recíprocas de respeito, compreensão e solidariedade com pessoas racializadas, além de relações interpessoais mais justas. Isso deu ainda mais importância ao trabalho de Freire. A expansão da obra de Freire através da paisagem midiática que define nossa vida coletiva nunca foi tão urgente, ao oferecer a práxis revolucionária como meio de mover as placas tectônicas de nossa paisagem política contemporânea que está ouvindo os sinos fúnebres badalarem para a democracia.

Nos Estados Unidos, a obra de Paulo Freire é usada em conjunto com os pensadores da Escola de Frankfurt como base para a pedagogia crítica, por isso, Freire é tido por apoiadores de Trump como um marxista cultural *de facto* e inimigo dos valores culturais americanos. Toda a área da pedagogia crítica, fundamentada na obra de Freire, é acusada de subversiva e perigosa para os jovens americanos por grupos conservadores. No Brasil, o nome de Paulo Freire está em destaque, porque ele é o patrono da educação brasileira. Bolsonaro lançou um ataque político massivo contra Freire, na esperança de adormecer os brasileiros em um estado de amnésia histórica em que esquecerão as substanciais contribuições de Freire para a educação, a alfabetização, a teologia, as ciências políticas e para inúmeros outros domínios. Freire é, para Bolsonaro, o que o marxismo cultural é para Trump, um bode expiatório conveniente para os males da nação, além de ser um meio para oferecer soluções simples para problemas políticos complexos. Jamais poderemos entregar o legado internacional de Paulo Freire para aqueles ultranacionalistas autoritários e vis comprovadamente desprovidos de pensamento crítico independente, ou aqueles fascistas que glorificavam a agressão em nome de uma violência redentora e da purificação racial. Freire, em *Pedagogia da autonomia*, observou que:

> Entre nós, em função mesma do nosso passado autoritário, contestado, nem sempre com segurança por uma modernidade ambígua, oscilamos entre formas autoritárias e formas licenciosas. Entre uma certa tirania da liberdade e o exacerbamento da autoridade ou ainda na combinação das duas hipóteses (Freire, 1998, p. 83).

Freire certamente revisaria essa afirmação se soubesse o tipo de tirano que seria eleito presidente.

Paulo Freire estabeleceu um novo tipo de humanismo dialógico através de seu envolvimento com a filosofia da práxis durante toda sua vida. A centralidade dessa práxis para Freire manifesta-se no cultivo consciente da natureza ontológica do ser humano como ponto de partida para justiça social, sem ao mesmo tempo ofuscar nem negar a importância do indivíduo espiritual, mais especificamente, o que Freire denominou "relações homens-mundo" (2018, p. 85) — está no domínio da práxis revolucionária de Freire que o ser espiritual e o ser humano convergem, talvez até mesmo coincidam em alguns momentos, atados por um amor oblativo, o que permite aos seres humanos viver a totalidade da história. É um humanismo protagonista que começa em ação ética, não em uma doutrina correta, e como tal, conforma-se aos princípios centrais do ensinamento católico de justiça social. É um humanismo enraizado em Eros, mas apurado em Logos, um humanismo que tem conhecimento consciente de suas situações limites e é capaz de transcendê-las. É um humanismo que começa na preferência pelo oprimido, um imperativo ético que se inicia na ação, no entanto, desenvolve conceitos heurísticos que permitem ao agente protagonista refletir sobre suas ações, a fim de nomear o mundo de formas diferentes e, assim, transcender a epistemologia exaurida da pedagogia crítica e da teoria social. Essa reflexão jamais acontece em isolamento, mas por meio do engajamento com o outro. Juntos descobrem que a estrutura da realidade nunca é permanente, porque jamais está acabada. Descobrem que as pessoas que refletem sobre essa realidade também fazem parte dela. Em suma, a realidade nunca é refletida, mas sempre é refratada. Não conseguimos conhecer totalmente a realidade, mas conseguimos conhecê-la parcialmente. Ao fazer isso, desafiamos aquelas relações sociais que servem à classe capitalista transnacional e provocamos a concretização histórica da política e da prática da libertação.

Para Freire, cujas raízes epistemológicas situam-se firmemente em Marx, a premissa da ação é a crença na capacidade do ser humano de ser bom e começa no agir eticamente. Marx nos lembra que seres humanos reveem seus pensamentos devido a várias mudanças em suas circunstâncias, e que educadores devem, eles mesmos, estar dispostos a se educar. A prática revolucionária, ou práxis, tem a ver com "a coincidência na mudança de circunstância e de atividade humana ou automudança" (Marx, 1845; *ver* Lebowitz, 2015). O conceito de práxis revolucionária de Paulo Freire surpreendentemente se assemelha à teoria marxista da origem da alienação ideológica. Como a ideia de libertação na obra de Freire funciona como um instante determinante da práxis? O próprio interesse constitutivo em servir ao pobre e as invocações retóricas dele para libertar tanto o oprimido quanto o opressor das forças e das relações de alienação e mistificação ideológica torna-se mais evidente para Freire quando ele descobre de forma heurística palavras adequadas a sua resposta para as exigências da pobreza, do sofrimento e da alienação. Esse é um processo que levou Freire (2018, p. 87) a comentar: "não há palavra verdadeira que não seja práxis. Daí que dizer a palavra verdadeira seja transformar o mundo." O que libertação pode vir a significar no processo da luta libertadora envolve, para Freire, compreender como ideologias separam ideias da materialidade da práxis social. Ideologias são sempre contraditórias e constituem relações sociais rotinizadas e sistemas de inteligibilidade que representam mal os processos sociais que os geram. Nos Estados Unidos, relações de poder assimétricas e privilégios que atendem aos interesses da classe dominante alimentaram modos de exploração que são fundamentalmente e sistematicamente racializados. As ameaças do capitalismo racializado ficaram mais evidentes durante a pandemia nas instâncias em que pessoas racializadas sofreram desproporcionalmente, em comparação com a população branca, e o lucro corporativo aumentou enquanto pessoas morriam de fome. Freire lutou por outro mundo, fora dos limites do acúmulo de valores, um mundo que refletisse as palavras do bispo Dom Helder Câmara, "ninguém é tão pobre que não tenha o que oferecer. Ninguém é tão rico que não precise de ajuda" (Boff, 2006, p. 85). Um mundo assim parecia impossível de ser alcançado, conforme a pandemia despia a democracia das raízes do capitalismo, expondo-a como uma nova modalidade de feudalismo que traz a austeridade massiva em seu rastro. Foi durante essa época que as forças do fascismo se tornaram notáveis. Trump assumiu a narrativa nacional usando a *Big Lie* [distorções grosseiras dos fatos] impregnada de pensamentos ingênuos e mágicos, produzindo fatalismo entre as massas. Incidentes terroristas domésticos aumentaram drasticamente nos Estados Unidos durante o governo de Trump, conduzidos, sobretudo, por supremacistas brancos, islamofóbicos e extremistas de direita contra o governo. As vítimas eram pessoas negras, judias, imigrantes, LGBTQ, asiáticas e outras racializadas.

Pouco depois de Trump reconhecer a pandemia, ficou evidente que ele não tomaria atitudes suficientes para ajudar a conter as mortes por Covid-19. Ele deixaria os americanos morrerem. Foi também nessa época que a masculinidade tóxica de Bolsonaro infectou e fortaleceu sua decisão de deixar o vírus multiplicar-se e se espalhar entre a população brasileira sem ter medidas científicas de contenção como adversárias.

Tanto Trump quanto Bolsonaro lançaram um ataque a intelectuais e educadores esquerdistas; Bolsonaro escolheu Paulo Freire como escada para seu humor rasteiro. Tanto Trump quanto Bolsonaro travaram uma guerra contra a verdade ao se valerem de uma lógica cruel, calculista e artificial inserida na era da política da pós-verdade. De acordo com William Reitz, estas são "verdades a partir de uma lógica desvencilhada de quaisquer fatos constatados ou de história social, que deslocam as conexões reais entre linguagem e mundo" (2016, p. 85). E segue dizendo que "nada resta a não ser a lógica como sistema dedutivo ou arranjo necessário de partes, uma vez que princípios tenham sido arbitrariamente determinados" (2016, pp. 85-86). Em outras palavras, um argumento pode ser formulado a partir da lógica dedutiva ou seguindo uma lógica artificial, cálculo sintático, mas isso não significa que seja um argumento *necessariamente convincente ou sólido*. Para isso, é necessário ter pensamento crítico. É aí que a obra de Paulo Freire torna-se tão importante não apenas para o Brasil e para os Estados Unidos, mas também para toda a humanidade. Por isso a obra de Freire, assim como a de Chomsky, é considerada tão perigosa. Paulo Freire é necessário, sobretudo, nestes tempos de amnésia histórica alimentada por líderes fascistas, quando as opiniões pessoais e a logorreia tóxica substituem o argumento, quando as pessoas fecham os olhos para a militarização da polícia, quando tecnologias de vigilância proliferam inabaláveis (Robinson, 2020), quando o acúmulo de capital é militarizado por meio da produção de armamento e venda de armas. Vivemos em uma era de esquecimento motivado, de confiança no pronunciamento de líderes autoritários acima do discernimento coletivo de nossas instituições democráticas. Freire nos revela que a verdade não é tanto sintática quanto é pedagógica, porque a educação está relacionada à formação da mente e para isso é necessário ter premissas comprovadas. Se olhamos ao redor e reconhecemos o sofrimento de 99% do mundo, observamos que não é coisa de outro mundo determinar quais premissas precisam ser comprovadas primeiro. Não é necessário ter uma lógica formal, porque o conhecimento não é apenas cálculo abstrato, mas conhecimento de alguma "realidade dinâmica", e a lógica formal tende a "separar a razão de seu substrato social e cultural real, e os conflitos que são percebidos como o próprio mecanismo da educação da razão humana" (Reitz, 2016, p. 88). Filosofia, portanto, a partir de Hegel, deve ser a *razão educada*, e de Dewey, deve ser considerada contígua a uma teoria geral da educação (Reitz, 2016).

O que Freire nos oferece é tanto uma razão educada quanto uma teoria geral da educação, uma razão ajustada pelas realidades e lutas de sua própria vida: sua prisão, seu trabalho na Guiné-Bissau, seu trabalho de apoio aos movimentos de guerrilha na América Latina, seu trabalho com professores e professoras em toda a América Latina e nos Estados Unidos, com quem desenvolveu profunda solidariedade. Freire constantemente testou suas ideias na própria vida e no próprio trabalho. Certamente, precisamos de bases comprovadas, conexões causais, declarações de valor e formas dedutivas e indutivas de inferência, no entanto, esse processo todo de discernir a verdade "precisa ser um processo voltado para a solução e fruto de conhecimento", mais ainda, é necessário que surja "de uma consideração cuidadosa acerca de um conteúdo específico e de um problema localizado" (Reitz,

2016, p. 90). A isso eu acrescentaria a exortação de Freire à necessidade de a razão educada ser problematizadora, o que ele mesmo descreveu como "futuridade revolucionária" que é profética e esperançosa, que corresponde à "condição dos homens como seres históricos" e que "se identifique com eles como seres mais além de si mesmos — como 'projetos' —, como seres que caminham para frente, que olham para frente; como seres a quem o imobilismo ameaça de morte; para quem o olhar para trás não deve ser uma forma nostálgica de querer voltar, mas um modo de melhor conhecer o que está sendo, para melhor construir o futuro". (2018, p. 84). E isso determina o engajamento em conflitos culturais e políticos contemporâneos, o que Freire certamente fez quando Mário Cabral o convidou a conduzir uma campanha de alfabetização na Guiné-Bissau, África Ocidental. O lendário Amílcar Cabral derrotou os colonizadores portugueses, mas depois foi assassinado. Freire compreendeu que em nosso papel como educadores críticos devemos levar em consideração "o histórico de justificativas antagonistas para a avaliação dos conhecimentos alegados e dos objetivos políticos" (Reitz, 2016, p. 91). E devemos fazer isso de forma crítica. Quais são as justificativas históricas? Quais são os contextos históricos, internacionais e multiculturais que devem ser considerados ao examinar os padrões existentes de crítica nos campos da ética, da epistemologia e da ontologia? Essas são as perguntas que filósofos contemporâneos fariam bem em considerar e educadores fariam bem em colocar em prática para criar uma esfera contrapública nestes tempos inseguros. Essa era a meta de Freire e sua equipe da Suíça na Guiné-Bissau — o Instituto de Ação Cultural (IDAC). As várias conquistas do Plano Nacional de Alfabetização de Paulo Freire e os resultados de seu trabalho com camponeses chilenos estavam prontos para disseminação na Guiné-Bissau (Freire, 2016). Em 1975, o Ministro da Educação Mário Cabral convidou Freire e a equipe do IDAC para conhecerem a Guiné-Bissau, e essa visita foi apoiada pelo Conselho Mundial de Igrejas. Português era a língua oficial, enquanto o crioulo era a língua nacional que fazia a conexão entre dialetos de aproximadamente quarenta grupos étnicos guineanos. Durante sua visita, Freire e a equipe do IDAC encontraram-se com os "homens grandes", os anciãos, funcionários do governo e militares que apoiavam a conduta política de Amílcar Cabral. Viajaram pelo país durante a temporada de chuvas, o alimento era limitado, não havia contato via rádio, abrigavam-se em ambientes apertados, em casas em ruínas, semidestruídas pelo exército colonizador português, e conversavam com os moradores locais, voavam entre povoados com pilotos russos que, certa vez, os deixaram por engano no lugar errado — com tudo isso, deve ter sido uma época difícil, mas ainda assim revigorante, para o jovem Freire. Havia essencialmente dois sistemas de educação na Guiné-Bissau quando Freire chegou: o sistema colonial, que usava a língua portuguesa falada por apenas 5% da população e que apagou a história dos africanos anterior à chegada dos conquistadores, buscava manter controle sobre Angola, Moçambique, São Tomé e desafricanizar estudantes. O outro sistema estava ainda sentindo as dores do parto, depois da guerra pela independência, e consistia de escolas fundamentadas na sobrevivência e resistência diária. Essas escolas da resistência foram construídas em meio aos conflitos diários da guerra, se tornando espaços de proteção e produção de alimentos. Freire foi rápido em perceber que durante esse período seria difícil construir um sistema completamente novo. Mas era possível mediar vários dos piores efeitos do sistema colonial. O ministro adotou prontamente a abordagem de Freire à transitividade crítica, à conexão da ação à produção sustentável, à construção de solidariedade comunitária, à criação de uma sociedade transitória, à melhoria da vida dos moradores locais, à criação de um comportamento crítico para a vida diária, à introdução da problematização como abordagem que permite aos membros da comunidade aprofundar a compreensão de sua realidade vivida. Esforços comunais para a consciência crítica foram levados à frente com o entendimento de que eles deveriam ser dialógicos e interativos, de tal forma que houvesse unidade dialógica entre ação e reflexão. "Escola ao campo", por exemplo, foi uma experiência para unir as áreas campestre e urbana.

A educação cointencional criada por Freire envolvia análise colaborativa e síntese dos projetos assumidos pela equipe do IDAC e o povo local, criando sua nova realidade a partir da base. O processo e o resultado se tornaram um: consciência crítica. A consciência crítica não serviu como condição prévia para a ação, mas foi resultado de ação e reflexão. Avaliações críticas aconteceram com frequência para que se pudesse enxergar o que funcionava, o que não funcionava e o que era necessário para ampliar os objetivos de transformação em participantes conscientes dos atos políticos.

Não é possível haver qualquer noção fundamentalmente concreta de libertação em sua instância mais pura até que as forças e os relacionamentos de opressão sejam superados. Há apenas a demanda radical por uma liberdade cuja forma concreta não pode ser totalmente imaginada, mas apenas revisada, repetidas vezes, enquanto as circunstâncias e a automudança atuam na arena da luta revolucionária e enquanto as condições que inibem tais demandas por liberdade forem identificadas. Isso forma a base de uma leitura freireana da palavra e do mundo, que é cointencional, protagonista e dialógico. Freire compreende que agentes protagonistas ou revolucionários não são natos, mas sim, produzidos dialeticamente por circunstâncias. Para revolucionar a sociedade é necessário revolucionar o pensamento. Mas, ao mesmo tempo, para revolucionar o pensamento é necessário revolucionar a sociedade. Todo o desenvolvimento humano (incluindo pensamento e discurso) é atividade social e tem sua raiz no trabalho coletivo. Freire (1985, p. 27) observa que "um sistema particular ou modo de viver equivale a uma forma de linguagem pensamento particular". A pedagogia freireana permite-nos viver no momento histórico como sujeito da história e, como o *Anjo da história* de Walter Benjamin, para ver que o "progresso" humano deixou o mundo devastado por violência e destruição. Quando conectamos nossa própria história às lutas de grupos oprimidos, esse processo não é simplesmente um efeito da linguagem, mas dá atenção a formas extralinguísticas de saber, formas de sentido corpóreo e praxiológico, todos associados à produção de ideologia.

Conhecimento significativo não é apenas a propriedade das propriedades formais da linguagem, mas é encarnado — é senciente, é vivido em e através de nosso corpo, é o aspecto material de nosso ser. Não é ultracognitivista nem tradicionalmente intelectualista. Conhecimento significativo, em outras palavras, está incorporado no modo como lemos o mundo e a palavra simultaneamente em nossas ações com e contra outros seres humanos, e paralelamente a eles. Não é possível transformarmos a história somente em nossa mente! Mas podemos transformar a realidade ao estarmos totalmente presentes no mundo e, conforme Freire observa, com o mundo. Ele chama atenção para o fato de não ser possível percorrer a jornada em direção à libertação dentro da consciência ou "simplesmente dentro do seu ser"; ela deve ser percorrida "na história" (1985, p. 128). Trata-se de um processo que acena coletivamente e panfraternalmente. Freire viveu a antítese do esforço subjugador do Estado, criando em sua vida uma esfera contrapública, um espaço de ação e reflexão, de práxis revolucionária. Desde os anos 1980 até o presente, o exemplo da pedagogia freireana serviu como uma contraforça crítica para as forças de dominação e de opressão, colocando-se como um julgamento da conexão entre a verdade e uma mera afirmação da verdade. A obra de Freire foi muito influenciada pela teologia da libertação, uma abordagem à igreja profética do evangelho social que foi duramente criticada pelo governo de Reagan nos anos 1980, assim como pelo papado de João Paulo II.

A tarefa de libertar a hierarquia da Igreja Católica das predisposições ideológicas, a partir das quais sua existência é regulada por hábito, é um processo extremamente lento cujo prólogo se iniciou, a sério, nos anos 1950, quando o papa João XXIII inaugurou uma nova era eclesiástica na qual as diretrizes da igreja para servir aos pobres passou por progressiva legitimação. Foi durante essa época que as autoridades da igreja começaram a dissipar o nimbo de desatenção contínua à violência criada pelo capitalismo sobre os pobres e a reparar a fundação da doutrina da igreja e seus trabalhos catequísticos, que desabaram tão fatalmente sob o peso das próprias pretensões morais. Ao reconhecer a necessidade urgente de a Igreja Católica participar em arenas mais amplas de justiça social fora do catecismo tradicional, e empenhado em desafiar o recrudescimento da frouxidão moral em questões de injustiça econômica que se tornou um princípio de ordenamento central do mundo da igreja e uma relativização radical de sua missão declarada de ajudar os pobres, o papa João XXIII desafiou a igreja a abandonar sua preferência discreta por fortalecer o *status quo* e defender os pobres e oprimidos por meio de sua liderança no Concílio Vaticano II (notoriamente conhecido como Vaticano II; 1962-1965). Ao reconhecer as alianças históricas que a igreja estabelecera com as potências coloniais e seus impérios de pilhagem e saque, papa João XXIII, por meio do Concílio Vaticano II, tentou recuperar as primeiras raízes da igreja; afinal, a Igreja dos trezentos anos anteriores era reconhecida como "igreja perseguidora". A Igreja funcionou historicamente como uma instituição de opressão alinhada com as Cruzadas e a Inquisição espanhola e, dizia-se, foi cúmplice ao ajudar os nazistas a escaparem para a América Latina após a Segunda Guerra Mundial. Historicamente, está evidente que a Igreja Católica participou da legitimação dos regimes colonial e fascista, ainda que com intenção seguramente banal, principalmente por meio do Partido Democrata Cristão da Itália, que era pouco mais do que uma variante do movimento pró-imperialista da Falange do ditador fascista espanhol Franco.

A Conferência Geral do Episcopado Latino-Americano, ocorrida em 1968 em Medellín, Colômbia, marcou o início de uma mudança sísmica na Igreja Católica. Foi aí que bispos de toda a América Latina concordaram que a igreja deveria dar "preferência aos pobres" enquanto desenvolve um catequismo da libertação amparado nos ensinamentos de Jesus, de modo que os pobres pudessem se libertar da "violência institucionalizada" da pobreza, da exploração capitalista e de outras formas de injustiça. A filosofia que apoia a teologia da libertação, que combinou cristianismo com uma crítica marxista à economia política, começou a ser elaborada durante uma reunião de teólogos latino-americanos organizada por Gustavo Gutierrez, no Rio de Janeiro, Brasil, em 1964. Pouco depois, as "comunidades de base" cristãs, inspiradas pela teologia da libertação, começaram a aparecer por todo o Brasil rural e em outros países da América Latina, seguindo reuniões pioneiras entre teólogos e padres em Havana, Cuba, em Bogotá, Colômbia, e em Cuernavaca, México, em junho e julho de 1965. Hoje, a teologia da libertação tem vários formatos: teologia da libertação chicana; teologia da libertação latinx; teologia da libertação nativo-americana; teologia da libertação afro-americana. Teólogos da libertação argumentam que política e religião com frequência são diferenciadas de forma injustificada e artificial. Ademais, ajudam a determinar quando e onde o dualismo hermenêutico entre as estruturas do pecado e do capitalismo e as relações de exploração se aplicam, criando um pacto mais autenticamente cristão entre ensinamentos católicos e os pobres.

A teologia da libertação ganhou atenção internacional depois do assassinato pelo governo de seus acadêmicos jesuítas, a empregada doméstica e sua filha, em 16 de novembro de 1989, no campus da Universidad Centroamericana (UCA), em San Salvador, El Salvador. Esses padres jesuítas, que desafiaram a autoridade eclesiástica apoiando a teologia da libertação foram mortos a tiros por soldados, porque haviam pressionado por negociações entre o governo e rebeldes de esquerda. Entre os assassinados estavam o reitor da Universidade, Ignacio Ellacuría, teólogo da libertação reconhecido internacionalmente; Segundo Montes, decano do Departamento de Sociologia e diretor do Instituto Universitário de Direitos Humanos; Ignacio Martín Baro, chefe do departamento de psicologia; os professores de teologia Juan Ramón Moreno e Amando López; e Joaquin López y López, que chefiava a rede Fe y Alegría de escolas para os pobres. Julia Elba Ramos, esposa do zelador da UCA e sua filha Celina também foram mortas. Hoje, em toda a América do Norte, a pedagogia crítica tem renovado interesse na teologia da libertação e no envolvimento de Freire com a Igreja Católica (McLaren, 2015). Freire reacendeu o interesse pela teologia da libertação, que é necessária hoje mais do que nunca, já que as forças do fascismo e da supremacia branca foram bem acolhidas por grupos evangélicos nacionalistas cristãos, que desaprenderam o significado dos ensinamentos de Cristo.

Nos Estados Unidos, o interesse por Freire vem crescendo desde o lançamento da *Pedagogia do oprimido* em inglês, em 1970, e atingiu seu pico nas décadas de 1980 e 1990, situação que se sustenta até os dias de hoje. Com o apoio de Henry Giroux (1985), que se tornou um dos mais importantes defensores de Freire, e por meio da publicação da obra de Freire em colaboração com três proeminentes educadores americanos, Ira Shor (Freire e Shor, 1987), Donaldo Macedo (Freire e Macedo, 1987) e Myles Horton (Horton e Freire, 1990), um frenesi com o trabalho de Freire entre os estudiosos da crítica persiste intenso, sem sinais de diminuir (*ver* Darder, 2002, 2015; Mayo, 2004; McLaren, 1986; McLaren e Leonard, 1993; McLaren e Lankshear, 1994; Kirylo e Boyd, 2017; Kirylo, 2020; Lake e Kress, 2013). É virtualmente impossível homenagear o trabalho de todos os estudiosos que nos legaram percepções sábias acerca da obra desse grande líder revolucionário. Como resultado do impacto de Freire, grupos e movimentos cresceram em torno da pedagogia crítica, com intenção de questionar o reinado contemporâneo de capitalismo racializado, bem como sexismo, homofobia, misoginia e misologia racializados, além do legado do colonialismo com sua participação em genocídios, ecocídios e epistemicídios. Muitas pessoas chegaram a reconhecer que muitos esforços para reformar o capitalismo inevitavelmente reproduzem em proporções maiores as próprias relações sociais de exploração que pretendiam eliminar. Uma quantidade grande demais de revolucionários falharam na tentativa de reconhecer que "quando superamos nossas estimadas simplificações deturpadoras, torna-se evidente, embora doloroso admitir, que o capitalismo, que beneficia apenas uma minoria privilegiada, não teria durado se não tivesse convencido até mesmo a maioria explorada de sua bondade. A fim de alcançar seu objetivo, o capitalismo precisou envenenar a maioria, de dentro para fora, por meio do próprio critério de bom e ruim do qual a maioria se tornou cúmplice." (Miranda, 1977, p. 5) Esse é um importante reconhecimento de Miranda. Denunciamos o capitalismo e, ainda assim, ornamentamos a vida com bens de consumo. Mas, ao mesmo tempo, não vamos confundir a visão de Miranda com o perene argumento conservador de que as pessoas precisam mudar ou ser convertidas antes que a verdadeira revolução possa ocorrer, porque esse, na realidade, é um argumento para o adiamento indefinido da revolução. Freire enfatiza uma abordagem dialética à libertação, que não é reforma nem revolução, mas sim, reforma e revolução. Não estamos diante de uma escolha do tipo ou/ou, mas de uma do tipo ambas/as. Miranda (1977, pp. 21-22) observa que: "O verdadeiro revolucionário abjura os paliativos reformistas, porque eles desvirtuam os esforços das pessoas mais capazes de fomentar a rebelião contra o sistema burguês em rejuvenescer e renovar; tais paliativos constituem, portanto, a melhor defesa do sistema. Um outro lado dessa mesma moeda é que o revolucionário deve considerar qualquer mudança no sistema socioeconômico a priori inadequada, se essa mudança não envolver uma revolução radical no comportamento das pessoas em relação umas às outras." A crítica moral do capitalismo pelos marxistas consiste na exigência "de que ele realize sua própria verdade na prática; que estabeleça igualdade genuína perante a lei e de acesso a ela; que abrigue, vista e alimente adequadamente toda a população, sem discriminação; crie igualdade de acesso à educação que seja boa da mesma forma para todos e, acima de tudo, democratize em todos os níveis, de modo crucial nas relações sociais de produção. O capitalismo não fará isso, porque não consegue fazer isso e sobreviver como capitalismo. Ainda assim, é o capitalismo que torna compulsória a linguagem por meio da qual é possível formular essas demandas. O capitalismo deve viver sua própria moralidade ideologicamente, isto é, pode sustentar suas convicções morais apenas como forma de não reconhecer o fato de que instala as próprias condições sob as quais essas convicções são irrealizáveis. Não pode abandonar a linguagem moral sob a qual não consegue viver" (Turner, 1983, p. 151).

Sem dúvida, Freire concordaria com essa crítica ao capitalismo, uma vez que ela é essencialmente práxis, "uma práxis de fazer emergir as condições sob as quais as ambiguidades do capitalismo podem ser resolvidas..." (Turner, 1983, p. 150).

Freire incorporou a totalidade de suas energias de forma exemplar, ampliando a esfera da libertação e criando caminhos a partir de múltiplas arenas de luta. Seu papel histórico como ponto de referência fundamental em tempos de caos e incerteza marcou Paulo Freire como o homem arquetípico, um homem intemporal, um símbolo liminar que deve ser reinterpretado e adaptado para se adequar aos tempos e locais de luta. Ele nos estabilizou em períodos históricos difíceis, segurando uma lanterna na escuridão, proporcionando-nos alívio, muito necessário enquanto cuidamos de nossas feridas durante as derrotas e realinhamos nossas energias e reconsideramos nossas estratégias durante as vitórias. Os espaços da possibilidade, que geram sua pedagogia, mantêm vivas as chamas da esperança.

Referências bibliográficas

Boff, Leonardo. *Francis of Assisi*. Maryknoll, Nova York: Orbis Books, 2006. [Ed. bras.: *São Francisco de Assis, ternura e vigor: Uma leitura a partir dos pobres*. Petrópolis: Vozes, ed. 13, 2012.]

Darder, Antonia. *Freire and Education*. Nova York: Routledge, 2015.

_____. *Reinventing Paulo Freire: A Pedagogy of Love*. Boulder Colorado: Westview Books, 2002.

Freire, Paulo. *The politics of Education: Culture, Power, and Liberation*. Massachusetts: Bergin & Garvey Publishers, 1985. [Ed. bras.: *Política e educação*. Organização de Ana Maria de Araújo Freire. Rio de Janeiro: Paz e Terra, 2014.]

Freire, P. *Pedagogy of Hope: Reliving Pedagogy of the Oppressed*. Nova York, Continuum. 1996. [Ed. bras.: *Pedagogia da esperança: Um reencontro com a pedagogia do oprimido*. Rio de Janeiro: Paz e Terra, ed. 29, 2020.]

_____. *Pedagogy of Freedom: Ethics, Democracy and Civic Courage*. Tradução de Patrick Clarke. Lanham e Nova York: Rowman & Littlefield Publishers, Inc., 1998. [Ed. bras.: *Pedagogia da autonomia: saberes necessários à prática educativa*. Rio de Janeiro: Paz e Terra, ed. especial de centenário, 2021.]

_____. *Pedagogy in Process: The Letters to Guinea-Bissau*. Tradução de Carman St. John Hunter. Londres e Nova York: Bloomsbury, 2016. [Ed. bras.: *Cartas à Guiné-Bissau: registro de uma experiência em processo*. Rio de Janeiro: Paz e Terra, ed. 8, 2021.]

_____. *Pedagogy of the Oppressed: 50th Anniversary Edition*. Londres e Nova York: Bloomsbury, 2018. [Ed. bras.: *Pedagogia do oprimido*. Rio de Janeiro: Paz e Terra, ed. especial de centenário, 2021.]

Freire, Paulo e Macedo, Donaldo. *Literacy: Reading the Word and the World*. South Hadley: Bergin & Garvey, 1987. [Ed. bras.: *Alfabetização: leitura do mundo, leitura da palavra*. Tradução de Lólio Lourenço de Oliveira. Rio de Janeiro: Paz e Terra, ed. 9, 2021.]

Freire, Paulo e Shor, Ira. *A Pedagogy of Liberation: Dialogues on Transforming Education*. Westport: Bergin and Garvey, 1987. [Ed. bras.: *Medo e ousadia: o cotidiano do professor*. Tradução de

Adriana Lopes. Revisão técnica de Lólio Lourenço de Oliveira. Rio de Janeiro: Paz e Terra, ed. 14, 2021.]

Freire, Paulo e Horton, Myles. *We Make the Road by Walking*. Organização de Brenda Bell, John Gaventa e John Peters. Filadélfia: Temple University Press, 1990. [Ed. bras.: *Caminho se faz caminhando: Conversas sobre educação e mudança social*. Tradução de Vera Lúcia Mello Josceline. Petrópolis: Vozes, ed. 6, 2011.]

Kirylo, James. D. e Boyd, Drick. *Paulo Freire: His Faith, Spirituality, and Theology*. Roterdã: Sense, 2017.

Kirylo, James D. (org.). *Reinventing Pedagogy of the Oppressed: Contemporary Critical Perspectives*. Londres: Bloomsbury, 2020.

Lake, Robert e Kress, Tricia. *Paulo Freire's Intellectual Roots: Toward Historicity in Praxis*. Londres: Bloomsbury, 2013.

Lebowitz, Michael. *The Choice is Still Socialism or Barbarism*. University of the Left, 2013. Disponível em: http://ouleft.sp.mesolite.tilted.net/?p=1217.

Marx, Karl. Theses on Feuerbach. In: Marx, Karl e Engels, Frederick. *Collected Works*, Londres: Lawrence and Wishart, vol. 5, 1976.

Mayo, Peter. *Liberating Praxis: Paulo Freire's Legacy for Radical Education and Politics*. Praeger: Westport CT, 2004.

McLaren, Peter. Postmodernity and the Death of Politics: A Brazilian Reprieve. *Educational Theory*, vol. 36, n. 4, 1986, pp. 389-401.

_____. *Pedagogy of Insurrection: From Resurrection to Revolution*. Nova York: Peter Lang, 2015.

McLaren, Peter e Lankshear, Colin. *Politics of Liberation: Paths from Freire*. Londres & Nova York: Routledge, 1994.

McLaren, Peter e Leonard, Peter. *Paulo Freire: A Critical Encounter*. Londres & Nova York: Routledge, 1993.

Miranda, Jose Porfirio. *Being and the Messiah: The Message of St. John*. Tradução de John Eagleson. Maryknoll: Orbis Books, 1977.

Reitz, Charles. *Philosophy and Critical Pedagogy: Insurrection and Commonwealth*. Nova York: Peter Lang Publishers, 2016.

Robinson, William. Post-COVID economy may have more robots, fewer jobs and intensified surveillance. 2020. Disponível em: https://truthout.org/articles/post-covid-economy-may-have-more-robots-fewer-jobs-and-intensified-surveillance/.

Turner, Denys. *Marxism and Christianity*. Basil Blackwell: Oxford, 1983.

ROUSSEAU,
PAULO FREIRE E A DEMOCRACIA

Renato Janine Ribeiro

Talvez a principal qualidade dos grandes educadores seja que, para eles, a educação está estreitamente conectada com a vida das pessoas. Para eles, a educação vai muito além da dicotomia entre conteúdos e competências, que recentemente foi apontada na discussão pública brasileira como a distinção que representaria uma oposição entre uma educação tradicional, conteudista portanto, e uma mais avançada, a qual promoveria competências dos educandos. Aliás, algumas pessoas até empregam o anglicismo "habilidades" para falar em competência, esquecendo que, em português, *habilidade* expressa algo como um dom praticamente natural, ao passo que *abilities*, em inglês, se refere a competências ou capacidades passíveis de serem aprendidas (e, em consequência, ensinadas). Mas o que quero dizer é que essa oposição entre conteúdos e competências é secundária e ilusória, se considerarmos o que é educação de qualidade.

É neste ponto que me parece adequado aproximar Jean-Jacques Rousseau e Paulo Freire. Todos conhecem o *Emílio, ou da Educação* (1762), obra notável porque saiu da esfera dos conteúdos, da instrução, da crença em que o conhecimento seria transmitido a alguém que, por sua vez, seria apenas como uma tábula rasa, um papel em branco — e, em vez disso, contribuiu para a compreensão da psique da criança e, depois, do adolescente.[1] Não é fortuito que objetos mecânicos e eletrônicos venham hoje com um manual de instrução. Instruir alguém, na linguagem corrente, significa explicar dando ordens. Há o elemento cognitivo — a explicação —, mas também o fator de poder: a ordem que se dá, quando se instrui alguém a fazer alguma coisa. A instrução é hierárquica e aplica-se muito melhor a coisas do que a pessoas. Está para a educação como o treinamento está para a formação. Ensina a tratar de um objeto, aquilo que Sartre chamaria de *prático--inerte*, mas não de gente. A instrução é unilateral. Mas lidar com pessoas sempre é recíproco.

O *Emílio*, inteiro, se baseia na ideia de que só se ensina quando a matéria pode ser compreendida pela criança. Somente se ensina quando se educa. Compreender, na verdade, ainda é pouco: porque se trata de uma verdadeira assimilação do conhecimento. Ele precisa fazer sentido para quem aprende, precisa ser incluído em sua vida.

Um dos melhores exemplos, embora em nosso tempo possa parecer um pouco deslocado, é em que momento se deve falar de Deus ao aluno. A resposta de Rousseau para essa questão é: apenas quando o adolescente experimenta o desejo sexual. O filósofo explica: somente quando a pessoa se dá conta de sua finitude é que pode aprender e compreender o que é a transcendência divina. Outro exemplo é quando se ensina à criança, obviamente antes da sexualidade, no que consiste a propriedade: explica-se a ela como plantar um grão de feijão num copo para que germine; a propriedade será fruto do seu trabalho.

---

[1] Notemos, aliás, que demorou mais de um século, na França, entre a criação do Ministério da Instrução Pública, em 1828, e sua transformação em Ministério da Educação Nacional, em 1932.

Com certeza podemos questionar as escolhas de Rousseau (ou as escolhas que eu mesmo fiz em seu belo e grande livro); será possível apontar certo viés conservador, com Deus servindo para domesticar e conter o desejo sexual quando ele irrompe ou com a justificação dada para a propriedade (que o mesmo Rousseau, no *Discurso sobre a origem e os fundamentos da desigualdade entre os homens* (1755), criticava em termos veementes); mas não é este o ponto principal aqui.

O que enfatizamos é que se chega ao conhecimento partindo-se de experiências de vida, e que a matéria ensinada visa melhorar a vida da pessoa. Há um pressuposto nesse ponto, que até poderia ser traduzido no modelo introduzido pela ideia de retórica, desde a Antiguidade: tão importante, ou mesmo mais, do que aquilo que se diz, do que o conteúdo da comunicação, é sua pertinência para o ouvinte, o destinatário, o receptor. O melhor conteúdo em tese será vão se não for apreendido pelo aprendiz.

Não podemos esquecer, tampouco, que a retórica sempre é tributária de uma psicologia. São as paixões da alma, a psique, que ligam ou desligam a recepção da mensagem enviada. Precisamos conhecer a psique se quisermos ensinar. Não é fortuito que o professor precise entender de psicologia. A psique da criança ou mesmo do adolescente não é igual à de quem o educa. A ideia, ainda poderosa nos séculos XVII e XVIII, de que a criança é um adulto em miniatura não resistiu aos golpes desferidos por Rousseau em *Emílio*. Vale a pena lembrar o que nos conta Philippe Ariès, em seu notável livro sobre a criança e a vida de família no Antigo Regime:[2] até o século XVIII, a

---

[2] Philippe Ariès, *História social da criança e da família*. Rio de Janeiro: Editora Guanabara, 1978.

criança era vista como um adulto em miniatura; somente então se começa a entender — graças a Rousseau, mais do que a qualquer outro autor — que seu modo de ser, de sentir, de pensar é inteiramente distinto daquele que terá o adulto.

Sustento que o trabalho de Paulo Freire vive inspiração análoga à de Rousseau, pelas razões que já expus. Evidentemente, a distância temporal, as mudanças históricas e políticas nos três séculos que separam o nascimento de um e outro geram diferenças significativas. Para Freire, a emancipação é crucial. Não por acaso, chama seu livro mais conhecido de *Pedagogia do oprimido* — uma obra cuja influência no meio pedagógico, em nosso tempo, faz lembrar a do *Emílio* no século XVIII. A palavra "pedagogia" nos recorda Rousseau, no entanto, a palavra "opressão" e o verbo "oprimir" aparecem treze vezes no *Discurso sobre a origem e os fundamentos da desigualdade* e onze vezes no *Emílio*, mas "pedagogo" apenas duas, e "pedagogia", nenhuma.

Embora Rousseau tenha sido um dos grandes filósofos da política, e o principal teórico da democracia de seu tempo, esse último tema está praticamente ausente de sua pedagogia. Podemos e devemos, claro, reconhecer que a educação que ele propõe é muito mais adequada para o desenvolvimento do ser humano do que aquilo que na época se fazia. Com a Revolução Francesa, muitos tentarão unir as várias lições de Rousseau, a democrática, a pedagógica, a do amor, a dos cuidados com os filhos, até mesmo a do repúdio à propriedade privada. Mas, conforme comentou Robert Dérathé em seu artigo sobre a unidade do pensamento de Rousseau,[3]

---

[3] L'unité de la pensée de Jean-Jacques Rousseau, in. Samuel Baud-Bovy, Robert Derathé, Robert Dottrens *et al.*, *Jean-Jacques Rousseau*. Neuchâtel: La Baconnière, 1962, pp. 203-218.

tal unidade se dá na inspiração mais do que na ponta. Por exemplo, a democracia do *Contrato social* (1762) é incompatível com a educação individualizada oferecida no *Emílio*. Da mesma forma como a descrição da degradação humana desde que se saiu do estado de natureza é contraditória à proposta de um Estado radicalmente novo no *Contrato* e, o que já comentamos, a condenação da propriedade no *Discurso sobre a origem e os fundamentos da desigualdade* discrepa de sua justificação no *Emílio*. O que Dérathé propõe, como resposta a essa aparente contradição, é que haveria pontos de partida comuns, como o da própria deterioração das relações humanas, que encontram soluções incompatíveis simultaneamente, mas todas elas compatíveis com os princípios de Rousseau. Exemplo disso é o confronto das propostas práticas de governo para a Polônia e a Córsega, com o *Contrato*: um equilíbrio entre o ideal e o possível, como sustentou Luiz Roberto Salinas Fortes.[4]

Mas nossa questão é que, com todo o respeito a Rousseau, a democracia não faz parte do que ele entende por educação. Por mais revolucionárias que tenham sido suas ideias pedagógicas, elas ficam separadas de sua política. É verdade que a obra de Rousseau dá voz a uma verdadeira revolução em todas as áreas da ação, do sentimento e do conhecimento em sua época: novas formas de amor se reconhecem na *Nova Heloísa*, novas ideias de educação no *Emílio*, novas ideias políticas no *Contrato social* e no *Discurso sobre a origem e os fundamentos da desigualdade*. Mas o que chama certa atenção

---

[4] Luis Roberto Salinas Fortes, *Rousseau: da teoria à prática*, São Paulo: Ática, 1976.

é que, precisamente, a política dos dois livros mencionados e a educação do célebre tratado permanecem estranhas uma à outra.

Penso que vale a pena contrastar duas cenas, ou melhor, tipos de cena, de nossos dois autores. Começamos pelo *Emílio*. O preceptor se coloca perante o menino, a quem explica — não em palavras, mas em atos, em experiências e vivências — o que é a propriedade; alguns anos depois, ensina o que são Deus, a finitude e a transcendência. Mais adiante, será o vigário saboiano que chamará o adolescente para lhe expor sua singular profissão de fé, religiosa e filosófica. Rousseau tem o senso do cenário. É inimigo do teatro, que acusa na *Carta a d'Alembert* (1758) de fraudar, enganar, desviar as pessoas, em suma, de seduzi-las. Mas sabe, como poucos, montar um palco. Exploremos o começo da "Profissão de fé *do* vigário saboiano", a passagem mais famosa do *Emílio*. O vigário chama o então jovem Emílio a ir com ele fora da cidade, ao amanhecer. Subiram uma colina elevada, abaixo da qual passava o rio Pó;

> ao longe, a enorme cadeia dos Alpes coroava a paisagem; os raios do sol nascente já iluminavam as planícies, [...] enriqueciam de mil efeitos de luz o mais belo quadro que possa impressionar o olho humano. Dir-se-ia que a natureza desdobrava a nossos olhos toda a sua magnificência para oferecer sua leitura a nossos diálogos. Foi ali que, depois de contemplar esses objetos em silêncio por algum tempo, o homem de paz falou-me assim.

O vigário construiu uma cena. Expôs um quadro, "o mais belo", que impressionou o olho (que aparece duas vezes: *oeil*, *regards*). A natureza se converteu em texto, desdobrando-se em paisagem. O silêncio da contemplação autoriza a aparecer no *Emílio* o discurso mais decisivo sobre Deus, o ser, a humanidade. Há uma grandeza, mas que não é a da solenidade trivial. O vigário, por sinal, não fala *ex cathedra*. Ele está fora de qualquer instituição. Uma aventura de juventude o deixou mal com a Igreja, da qual só espera que possa receber um cargo em alguma paróquia remota.

Não tem poder nenhum, a não ser o que vão lhe conferir as verdades que agora enunciará — as quais, aliás, têm por critério o simples assentimento do coração, no silêncio das paixões. É a beleza natural que, emanando de Deus, coroa seu discurso, sua filosofia, sua ética e, acessoriamente, sua teoria do conhecimento, quem sabe, sua ciência.

Um Jacques-Bénigne Bossuet, se fosse educar o herdeiro do trono, o faria num cenário solene, rico, talvez o de uma catedral. Tudo recenderia a ouro, a poder. Já Rousseau faz questão de despojar seu vigário de toda riqueza, mais que isso: de todo artifício. Contudo, para o leitor atual, o ambiente natural que ele elege faz todo o sentido de um cenário, ainda que diferente. É precisamente seu caráter livre de toda artificialidade que lhe confere sua potência. Inclusive, jogando com a palavra *poder*: se o vigário não tem nenhuma *potestas*, nenhum poder sobre outrem, ele tem muita *potentia*, no caso, vigor, energia, até mesmo influência. Ela é uma das cenas inaugurais da educação moderna — mas notemos que ela coloca, frente a frente, dois indivíduos apenas, um que educa, outro que aprende.

Há um paradoxo nesta cena. Ela é construída de forma admirável, porém toda a sua qualidade, bem como todo o seu sucesso de público, deriva justamente de parecer natural. Evidentemente, o melhor cenário é sempre o mais discreto, aquele que, em vez de manipular as pessoas, permite que cheguem ao resultado mais adequado a elas.

E agora, a cena de Angicos, o célebre episódio em que, ao longo de uns quarenta dias e usando de quarenta horas, Paulo Freire alfabetizou trezentos trabalhadores daquele município do Rio Grande do Norte, em 1963. Tomemos o pequeno documentário de Luiz Lobo que aparece na internet sob o nome de *Alfabetização de Adultos I Angicos*, dividido em duas partes.[5] O vídeo, da própria época, que descreve o aprendizado, filma os alunos em sala de aula, explica que não devem vender o voto, faz até duas vezes uma cortesia à Aliança para o Progresso (numa baldada tentativa de impedir o golpe que o governo norte-americano patrocinaria no ano seguinte). A enorme diferença em relação a Rousseau é que aqui o apren-

---

[5] Encontra-se dividido em duas partes, em http://youtube.com/watch?v=-2QG1UhHClqc&t=49s e http://youtube.com/watch?v=G48P5UP4Sag. É digno de nota que o curta-metragem fala da alfabetização como uma revolução; diz que "o analfabetismo [é] o problema básico do Estado"; explica que a alfabetização permite adquirir "um conhecimento básico para poder enfrentar os outros problemas"; acrescenta que o grande problema não é a falta d'água, mas a ignorância, o analfabetismo que, uma vez vencidos, permitirão vencer até a seca; diz que a vinda dos 15 voluntários, universitários, de Natal para a iniciativa pretendia "salvar o Brasil com honestidade". Além disso, elogia a Aliança para o Progresso, o programa criado por John Kennedy para enfrentar mediante políticas sociais o desafio da Revolução Cubana no subcontinente latino-americano, afirmando que a alfabetização "é a verdadeira Aliança para o Progresso". É nítida a preocupação em não colidir com o conservadorismo, procurando um solo que permita a alfabetização sem assustar os, em breve, golpistas. Esta não é uma crítica: é a percepção de que os documentaristas anteviam o golpe e pretendiam evitá-lo.

dizado é coletivo. Não apenas pelo fato de que são vários os alunos, numa sala de aula ainda que improvisada, mas pelo fato mais essencial que se está constituindo um sujeito coletivo, um povo; veja-se a frase que aparece no documentário de 1963:

> Quem vende o voto é a massa, povo vota com consciência.

Dez minutos de vídeo, hoje borrados, em preto e branco, nos trazem a eloquência simples de homens e mulheres sentados em uma sala, aprendendo a escrever as palavras decisivas que vêm de suas vidas — como "belota", hoje em desuso, mas também "tijolo", "trabalho" — que depois organizam numa compreensão mais ampla do mundo, discutindo quem gera a riqueza, por que não votam, por que não devem vender o voto, por que deve mudar o mundo. A organização aqui é muito mais singela que a de Rousseau; os angicanos não saíram de seu habitat (à diferença de Emílio, que deixou a cidade em busca de um cenário, ainda que — paradoxalmente — o da natureza), estão numa sala fechada (ao contrário do amplo espaço aberto), construída por gente como eles (e não na natureza), simples (em vez de belíssima) e, finalmente: falam de suas condições de vida e de como superá-las, melhorá-las, não de metafísica e de Deus.

Rousseau, embora inimigo da sedução, compôs um cenário como um retórico o faria. Não havia melhor cenário do que a paisagem sobre o rio Pó para "impressionar" o pupilo com verdades que remetem a Deus. Já o cenário da escola improvisada — fechada, sem beleza — é imanente e não transcendente: quero dizer com isso que, se a natureza no *Emílio* em última análise foi criada por Deus, a sala foi construída com os tijolos que vemos serem sobrepostos um ao outro numa das sequências do vídeo.

Esses poucos segundos resumem a proposta: mostrar aos analfabetos que este mundo em que vivem, o qual é constantemente expropriado deles — pois são destituídos até do direito ao voto —, é obra sua. Eles construíram a sala, eles constroem o mundo. Se Rousseau escolhe a natureza para recusar a hierarquia — os poderes, sejam os do altar, sejam os do trono — a experiência de Angicos radicaliza o viés democrático. E isso porque, estranhamente, o autor do *Emílio* escreveu este belo livro como se não fosse o autor do *Contrato social*, o grande pensador democrático, talvez o mais radical nas décadas que precedem a Revolução Francesa. Ele rejeita o mundo da corte, da aristocracia, do alto clero e da monarquia, mas só consegue oferecer, em contrapartida, o espaço do indivíduo. Esse indivíduo não é o liberal, nem é apenas ou centralmente racional; é um homem em que o coração prevalece. Para Rousseau, o tema, frequente em seu tempo, do silêncio das paixões significa simplesmente dar voz ao coração, uma vez excluídos os excessos, os *pathos*. Coração não é paixão. Escutar o próprio coração, já argumentei no artigo "Volonté génerele et vérité du coer" [Vontade geral e a verdade do coração], obedece à mesma lógica que ouvir a vontade geral.[6] Seja o "selvagem feito para viver nas cidades", que é Emílio, seja o cidadão da democracia do *Contrato social*, o que ele escuta é

---

[6] Renato Janine Ribeiro, Volonté génerale et vérité du coeur chez Rousseau, in: Robert Thiéry (org.), *Jean-Jacques Rousseau, politique et nation. Actes du IIe Colloque international de Montmorency*, Paris: Honoré Champion, 20 pp. 305-313.

a verdade. Num caso ela está no coração, no outro, na voz do povo quando este deixa de ser multidão, quando o que exprime é a vontade geral e não sua contrafação, a vontade de todos. Mas, perguntarão, onde está a diferença?

Antes de responder, e para nutrir um diálogo entre os dois grandes educadores, volto ao filme de Angicos e a uma frase crucial sobre o voto, então associado à alfabetização, pois analfabetos não votavam — ou seja, talvez metade da população seja privada desse direito —, voltemos à frase: "Quem vende o voto é a massa, povo vota com consciência".[7]

Temos aqui um contraste usual na filosofia política, que frequentemente opõe o *povo* à multidão, à *massa*, a tudo o que é informe ou tomado pelos egoísmos. Já o povo, *populus*, *demos*, é algo mais nobre. O significado dado a povo pode ser muito diferente entre Hobbes, Espinosa e Rousseau, mas, assim como em Angicos, há sempre a ideia de que povo *é mais*.

No caso de Rousseau, isso aparece na diferença entre vontade de todos e vontade geral. A vontade de todos é a simples soma de vontades individuais: a massa. Alguém pode conseguir apoio da maioria tão somente prometendo a cada um, a cada grupo, vantagens que em nada melhoram a vida coletiva. Na verdade, mesmo em nossas democracias, isso é o mais frequente. Já a vontade geral ultrapassaria essa soma de particularidades para se alçar ao que Hegel chamará, mais tarde, a dimensão do universal. Mas como distinguir a expressão da vontade de todos e a da vontade geral?

---

[7] No documentário *40 horas na memória*, meio século mais tarde, uma aluna de Freire diz que sua mãe escreveu uma carta dizendo: "Agora eu não sou massa, sou povo". Falaremos do documentário logo adiante.

Não há mistério nisso — pelo menos em tese. Rousseau explica que para aferir a vontade geral se contam os votos, abatem-se os que se contradizem: os restantes definem o que é a vontade geral. Nada de diferente de uma eleição usual. Parece tão simples que fica difícil distingui-la da somatória que é a vontade de todos. Para enfrentar essa dificuldade, sustentei, no artigo que mencionei antes, a hipótese de que *jamais* a diferença entre a vontade geral e os votos derrotados é pequena. A vitória da vontade geral — daquilo que na coletividade é análogo ao coração no indivíduo Emílio — só pode ser esmagadora. Contudo, argumentei que, para conseguir tal feito, é preciso que não haja facções, as quais são sempre fortemente criticadas por Rousseau. Porém, o que é facção (a expressão que precede, no século XVIII, o que mais tarde assumirá o nome de partido: *partido*, a coisa *dividida*)? Facção é falarem uns poucos, entre si, do que diz respeito a todos. Há facção quando *eu* falo a um *tu* sobre *todos*, quando alguns *eus* falam a alguns *tus* sobre *todos*. Isso é errado.

O certo — o que sustentei que é certo para Rousseau — é *todos* falarem *a todos*, e isso *sobre todos*. O certo é a primeira, a segunda e a terceira pessoas coincidirem plenamente. Esse encontro se produz apenas na assembleia, quando estão reunidos — *presencialmente*, é óbvio, mas essencial — todos os cidadãos.[8] Eles dizem a todos o que sentem e pensam, o que querem, e desta forma — sem prévio conchavo, sem mani-

---

[8] De todos os pensadores que celebraram a superioridade da presença sobre a representação, Rousseau foi certamente o mais enfático — ver Jacques Derrida, *Gramatologia*, São Paulo: Perspectiva, 1973. Derrida realça, em especial, o grande débito que Claude Lévi-Strauss teria em relação a Rousseau.

pulação, sem o que mais tarde se tornará o político profissional — conseguem exprimir uma vontade que não é a soma de interesses particulares, mas o acesso ao coletivo. Sim, há também aqui uma cena. Talvez nenhuma experiência humana poderosa se realize sem ser construído seu cenário. Curiosamente, essa cena é a da mais intensa e poderosa *presença* que possa haver.

Posso haver passado a impressão de que opus a cena simples de Angicos à esplêndida cenografia — ainda que natural — das colinas sobre o rio Pó. Convém esclarecer esse ponto. Também as salas de aula são um cenário. São bem mais singelas do que a natureza italiana, mas não deixam de ser um espaço organizado para favorecer um determinado resultado — no caso, a emancipação das pessoas pelo acesso ao conhecimento. A sala foi, ela própria, construída por trabalhadores que agora estão aprendendo a escrever *tijolo*, entre outras palavras. Estão tomando consciência do que fizeram. Partiu-se do fazer para se chegar à consciência. Eles compreendem o próprio espaço em que estão.

É possível que não haja experiência humana importante sem certa organização, por vezes espontânea, do cenário. Você lembra, talvez, seu primeiro beijo? É provável que o espaço em que você estava tenha se constituído, na sua memória, *a posteriori*, como um cenário. Teatralizar uma experiência relevante é uma forma de gerá-la ou de evocá-la. Estamos talvez mais acostumados a pensar a cena como meio de recordar o importante. Não por acaso, dentre as técnicas mnemônicas praticadas durante a Renascença, uma das mais eficazes era a construção de "palácios da memória", em que a cada sala, a cada parede, a cada móvel correspondia determinada ideia, fato ou pessoa a rememorar:[9] sempre, cenários. A questão, portanto, não é o cenário versus a naturalidade, mas como se organiza, espacialmente, cada experiência humana relevante. A sala de aula de Angicos, assim como a montanha de Rousseau, não tem pompa ou luxo — mas, diferente do cenário rousseauísta, é um espaço coletivo e, principalmente, o lugar em que os trabalhadores aprendem a tirar todas as consequências do fato de que *eles próprios* construíram a sala: é uma forma de romper a alienação do trabalho, de propor o *homo faber* como sujeito da História, de se apropriarem os pobres do que deles foi esbulhado. Não foi fortuito que o golpe de Estado, poucos meses depois, visse em Paulo Freire uma ameaça ao Brasil injusto que seus promotores queriam manter e reforçar.

Cinquenta anos depois, a Universidade Federal Rural do Semi-Árido (Ufersa) realizava o documentário *40 horas na memória*, do qual são protagonistas os dezenove ex-alunos de Paulo Freire que, ao longo de pouco mais que trinta minutos, evocam a experiência. Recolho alguns de seus depoimentos,[10]

---

[9] Jonathan D. Spence, *O palácio da memória de Matteo Ricci*. São Paulo: Companhia das Letras, 1986.
[10] O título completo deste documentário é *40 horas na memória: resgate da experiência dos alunos de Paulo Freire em Angico/RN*. As entrevistas foram realizadas durante os meses de fevereiro e março de 2013. O curta foi dirigido por Passos Júnior e encontra-se disponível em: http://youtube.com/watch?-v=PkN97kOriJc.

> [O curso] desenvolveu muita gente que antes não votava, mas hoje vota, e [que] aprendeu [a ler, condição para ser eleitor, mas também para muitas outras atividades] na escola de Paulo Freire.

Diz outra:

> Aprendi a não ter medo das coisas.

Ou ainda:

> Não existe coisa mais importante do que a pessoa saber.
>
> A gente era tudo matuto [repete], [ri], mas a gente aprendeu que a gente podia ser gente também como os outros eram.

Podemos dizer que Paulo Freire promove a síntese entre o projeto educacional e o projeto propriamente político de Rousseau? É plausível esta tese. Porque para Freire não se trata apenas de formar indivíduos ou pessoas singulares, mas pessoas conscientes de sua vida coletiva. Esse movimento confere à democracia e à educação um sentido mais forte, mais intenso. Para Rousseau, a democracia e a educação ficam relativamente estanques. Sua democracia está na cidade, sua educação, no espaço do indivíduo. Já para Paulo Freire, nada se constrói se não for coletivamente. O educador brasileiro terá conseguido entrosar intrinsecamente dois campos do conhecimento e da ação que Rousseau sem dúvida desbravou, mas cujas potencialidades não desenvolveu mais, justamente por mantê-los separados. Uma educação que tivesse por modelo o aprendizado pelo indivíduo não conseguiria ser realmente emancipadora.[11]

Mas, de todo modo, uma educação que se dirija à pessoa singular não elabora todas as potencialidades quer da própria educação, quer da democracia. Quero concluir desenvolvendo esta observação. Em várias ocasiões, chamei o conceito de *democracia* de um significante-ímã, querendo dizer que ele atrai para si várias experiências ou propostas que, não sendo democráticas no sentido preciso do termo, são, porém, positivas. Fala-se de pai, de professor e mesmo de patrão democráticos, embora nenhuma destas posições seja preenchida pelo voto da maioria. O que o uso dessa expressão almeja é que tais figuras seriam abertas ao diálogo, respeitosos do outro, capazes de se corrigirem, ou seja, vários traços da boa educação ou da boa sociabilidade foram anexados pelo significante-ímã

---

[11] Há toda uma vertente de estudiosos marxistas que se consagrou a mostrar que Rousseau prefigurou Marx, mas que não chegou a ser Marx por algo que lhe faltou; sempre discordei dessa linha de reflexão, porque são dois autores diferentes, cada um com uma riqueza que de forma alguma se esgota na relação com o outro; por isso mesmo, não repetirei essa prática de uma crítica a Rousseau para legitimar e embasar um projeto de esquerda. Seria fácil, talvez sedutor, mas inútil. Os melhores trabalhos — talvez brilhantes — nessa vertente são "Sur le *Contrat social*", de Louis Althusser, publicado nos *Cahiers pour l'analyse*, n. 8 (Paris, 1968), pp. 5-42, disponível em http://cahiers.kingston. ac.uk/pdf/cpa8.1.althusser.pdf, o número se dedica ao *Impensé de Jean-Jacques Rousseau*; e Gaevano Della Volpe, *Rousseau e Marx: a liberdade igualitária* (Lisboa, Edições 70, 1982). Contudo, em que pese a alta qualidade deles, me pergunto de que adianta assinalar a relação entre Marx e Rousseau sob a forma da carência rousseauísta.

"democracia".[12] Este fenômeno atesta a vitalidade da palavra em questão.

O que sustento é que tanto educação quanto democracia são conceitos *em expansão*, os quais vão anexando novas práticas, novas imagens aos seus sentidos. Assim, da ideia de democracia como procedimento estritamente político, no âmbito das instituições do Estado, passa-se à proposta de democratização da sociedade, que em boa medida é formada por relações afetivas e de trabalho, ou, por outra: a democracia moderna, em seu nascedouro, se liga ao capitalismo. Ela e ele se articulam na derrubada dos poderes feudais, senhoriais, monárquicos. Todavia, a partir de certo momento, a democracia entra em choque com o capitalismo. Não fossem os movimentos reivindicatórios e mesmo revolucionários, alguns deles fortemente anticapitalistas, o capitalismo não teria reconhecido direitos sociais, trabalhistas, ambientais. O capitalismo tem limites à democracia, embora seja flexível o bastante para integrar, parcialmente, as reivindicações que o contestam. É essa a potência intrínseca à democracia.

Já a educação também tem sido marcada por um constante avanço desde a obra liminar de Rousseau. Se o filósofo de Genebra teve em comum com Paulo Freire o empenho em articular a educação com a vida, em romper com uma visão

---

[12] Interessante notar que, assim que, no documentário *40 horas na memória*, os antigos alunos e alunas de Paulo Freire em Angicos mencionam sua chegada à cidade, em 1963, a primeira observação que fazem a seu respeito — seu primeiro olhar sobre ele — é para dizer que era *muito educado*, cumprimentando todos, apertando-lhes a mão: "A educação que ele tinha, dele mesmo, ele passava para o professor e o professor passava para a gente". É notável como, na sua recordação, os ex-alunos associam à educação enquanto bons modos, forma de respeito ao outro, à educação enquanto formação das pessoas, transmissão e aprendizado.

pobre que reduz aquela a mera instrução, a acúmulo de informações e protocolos práticos, o grande educador brasileiro conseguiu ligar educação e democracia de forma exemplar. Esta mútua relação entre as duas faz que suas lições continuem a mostrar seu vigor.

PAULO FREIRE:
REFERÊNCIA DA EDUCAÇÃO NO MUNDO

Silke Weber

Convidada a fazer um depoimento sobre Paulo Freire para a edição deste livro, que constitui parte das homenagens na celebração do Centenário do Patrono da Educação Brasileira, decidi trazer aspectos da troca epistolar que mantivemos entre 1964 e 1965, em torno do processo da publicação de *Educação como prática de liberdade*, na França, e tecer considerações sobre o livro *Pedagogia do oprimido*, um dos textos mais citados no campo das ciências humanas no Brasil e no mundo.

Rememoro que essa interlocução foi alimentada pelas leituras a que estava me expondo durante esse período em Paris, dentre as quais as obras de Franz Fanon e de Albert Memmi, influentes pensadores sobre o colonialismo. Comentei na ocasião com Almeri Bezerra de Melo, colaborador de Paulo Freire no SEC/Universidade do Recife, sobre a importância da leitura de tais textos por Freire, especialmente, os *Condenados da Terra* e o *Retrato do colonizado precedido do retrato do colonizador*, e combinamos partilhar os custos dos livros e de seu envio ao Chile, onde Paulo se encontrava.

Ao ter contato com as obras, Paulo Freire se entusiasmou pelo que lera, embora não tenha aprofundado a sua reação aos textos nas cartas que continuava a escrever e nas quais contava sobre convites, cursos e iniciativas tomadas, e revelava crescente entusiasmo pela recepção do que naquele momento ainda denominava "método de alfabetização de adultos". Para ilustrar esse entusiasmo, compartilho um relato feito por ele em 3 de fevereiro de 1967, sobre sua participação na

> [...] preparação de pessoal para alcançar a meta de ou até mais de seiscentos Círculos de Cultura em etapa de pós-alfabetização, [isso] somente em uma das instituições que usam o método. Além destes cinco cursos, darei em Santiago mais um, capacitando técnicos agrícolas e agrônomos para uma experiência controlada do método, no campo da educação técnica. Faremos sessenta círculos em quinze áreas do país discutindo o problema da erosão do solo, enquanto com outros, sem possibilidade de "contágio" com estas, se aplicará em sessenta grupos uma metodologia tradicional com o mesmo objetivo — erosão. Faremos então uma avaliação e publicaremos os resultados.

Nessa mesma missiva, demonstrava a sua alegria em ter o "Ministério de Educação publicado 35 mil coleções lindas, com todo o programa de alfabetização para o Chile — as dezessete palavras geradoras, dentro de suas respectivas situações e mais as fichas de cultura. Publicou também um manual do método, está importando 4.000 projetores".

O que desejo ressaltar é que *Pedagogia do oprimido* foi escrito nesse contexto e, ao ser publicado, em 1970, em língua inglesa, tornou-se referência internacional no debate sobre a importância da educação na construção da democracia e da cidadania. Trago algumas reflexões a respeito desse livro formuladas em dois contrapontos: um implícito, em *Educação como prática de liberdade,* e outro explícito, em *Pedagogia da esperança* —, livro que pode ser entendido como tentativa de esclarecer posturas e reafirmar posições, em especial a sua certeza de que a dimensão política está necessariamente contida em qualquer ação educacional ou pedagógica.

Vale lembrar que *Pedagogia do oprimido* foi publicado no âmbito de debate sobre a dimensão reprodutora da educação, alimentado em particular pelas contribuições de Bourdieu e Passeron, de Althusser e de Bowless e Gintis e respectivos seguidores e críticos.

Parece-me, aliás, sem me envolver diretamente nessa discussão, que *Pedagogia do oprimido* também pode ser visto como crítica ao livro *Educação como prática de liberdade* escrito sob a égide do debate intelectual com a psicossociologia, o desenvolvimentismo e a sociologia da mudança. E tem como referência a sua própria práxis educativa, entendida como reflexão e ação sobre o mundo para transformá-lo, indicando a influência da crítica à sociedade industrial e ao sistema colonial europeu.

Em *Pedagogia do oprimido*, Paulo Freire aprofunda a sua visão do ser humano como ser ativo, cognoscente, em reiterada relação de subjetividade, e com a sociedade, cuja produção social estaria sob o controle da propriedade privada, passível de ser superada pela destruição da sociedade que engendrou essa forma de relação social.

Ao mostrar o que caracteriza o oprimido em sua relação com o opressor, e de como o oprimido "hospeda" o opressor, Paulo Freire se preocupa em desvendar o motivo pelo qual isso acontece e quais as possibilidades de transformação dessa situação. Supera, assim, a perspectiva psicossocial marcante em *Educação como prática de liberdade*, procurando a inteligibilidade do processo social na própria história das sociedades que, segundo a sua concepção, não poderia ser elaborada por opressores, posto que constitui um dos instrumentos para a descoberta crítica dos oprimidos. É nessa perspectiva que ganham relevo os três momentos desse processo que denomina *imersão*, quando os oprimidos não podem divisar a ordem que serve aos opressores e que vive neles; *emersão*, quando há a descoberta do opressor e há o engajamento na luta organizada para a sua libertação; e *inserção crítica*, ação que requer o diálogo.

O processo de comunicação torna-se central no pensamento pedagógico de Paulo Freire, ponto de partida para repensar a relação pedagógica como situação de comunicação em que emissores e receptores, como interlocutores e enunciadores, trocam e constroem significados. Nessa troca, haveria o vínculo com o contexto e a história na construção e antecipação de um futuro que critica o passado e o presente.

No ato pedagógico como comunicação, portanto, não caberia a imposição de significados, o que elucida a sua crítica à educação bancária e crença na força do diálogo, conceito que desenvolve ao longo de sua práxis pedagógica. O material básico do diálogo teria que ser fornecido pelo educando, com base, no caso da alfabetização de adultos, nos resultados da pesquisa prévia do universo vocabular que, promovendo o contato intersubjetivo, despertaria o que chamava tecnicamente de "apetência para a alfabetização".

Paulo Freire aprofunda, assim, a sua concepção de pedagogia, a qual ganha outras dimensões conforme novos elementos são destacados pela realidade social que alimentam a sua reflexão. Dessa forma, sua noção de pedagogia passa do desenvolvimento à transformação e à construção de uma nova sociedade, e à crítica do neoliberalismo, postura que se acentua com a queda do muro de Berlim.

Em *Pedagogia da esperança*, publicado nos anos 1990, busca responder às inúmeras críticas que foram feitas, especialmente ao *Pedagogia do oprimido*, e faz uma autobiografia reflexiva, localizando experiências que o fizeram apreender a importância da leitura do mundo que vêm fazendo os grupos populares.

A rememoração que faz dos diversos momentos pelos quais sua compreensão da prática político-educativa passou leva-o a enfatizar "a relação entre a clareza política na leitura do mundo e os níveis de engajamento no processo de mobilização da justiça", pois considera a luta uma categoria histórica e social que implica acertos e acordos entre partes antagônicas.

Assim, discute não somente conteúdos de ensino, conscientização, o que significa aprender e qual é o papel do professor, mas também apresenta o que são as classes sociais e a ideia de história como possibilidade, além de "a utopia da liberdade embutida na vocação para a humanização", sonho cuja concretização é vista como processo que somente ganha significação quando se alcança a transformação da sociedade.

Pedagogia do oprimido continua a atrair atenção e a provocar celeuma porque nesse livro é reconhecida a importância da consciência, a relevância do indivíduo, a compreensão da história, a defesa de posições humanistas, o gosto pela luta permanente que gera esperança, esperança essa de ver superado o mundo de opressão pela própria ação dos homens que entenderam e interferiram nas relações sociais existentes, na perspectiva de sua libertação.

Concorde-se ou não com a visão freireana, é forçoso admitir a sua contribuição para o desvelamento da dimensão política da ação educativa e do próprio conhecimento que, segundo Paulo Freire, não é libertador em si, mas precisa estar associado a um compromisso político em favor dos marginalizados e dos excluídos.

As ideias e ações de Freire continuam a suscitar polêmica, mas é inegável a sua influência tanto na educação de adultos como na educação de maneira geral, inclusive na definição de políticas educacionais e na profissionalização do docente. Tais aspectos constituem, por certo, um dos desdobramentos para a reflexão crítica da prática pedagógica e de seu consequente redirecionamento em favor da construção da cidadania e da democracia.

Paulo Freire é, portanto, referência obrigatória para todos aqueles que entendem a educação como direito social básico conquistado com muita dificuldade ao longo da luta pela democracia.

Referências bibliográficas

Freire, Paulo. *Educação como prática de liberdade*. Rio de Janeiro: Paz e Terra, 1967.

_____. *Pedagogia do oprimido*. Rio de Janeiro: Paz e Terra, 1974.

_____. *Pedagogia da esperança: um reencontro com a Pedagogia do oprimido*. Rio de Janeiro: Paz e Terra, 1992.

PAULO FREIRE
E SEU MÉTODO

Tarso Genro

A época de Paulo Freire é de dramáticas transformações econômicas e sociais em nosso país. Em 1961, quando Freire foi nomeado chefe do Departamento de Extensões Culturais da Universidade do Recife, o Brasil fervilhava na luta pelas "reformas de base". Lembro os protagonistas destas lutas pelas reformas — Julião, Brizola, Arraes, João Goulart — enfrentando e compondo com o poder oligárquico que hegemonizava o país, de sul a norte. É neste contexto — heroico e fracassado — que são cultivadas as sementes do "método" Paulo Freire e dos seus principais enunciados pedagógicos. Freire olha mais adiante e introduz a questão do saber como um elemento revolucionário nesta luta desigual.

Nesse contexto histórico, o Brasil transitava para a modernidade tardia, com suas classes dominantes predominantemente rurais (ou de origens rurais), como a burguesia cafeeira, crescendo como burguesia industrial sobre os escombros da pobreza e do analfabetismo urbano e rural. Os caminhos da tomada de consciência proposta por Freire, todavia, foram bloqueados pelo golpe de 64, que mobilizou — através das elites políticos-militares do país — toda a força política da Casa-Grande em rebelião contra as reformas de base.

As lutas sindicais e camponesas e a formação de núcleos de pensamento político desenvolvimentista moviam as cabeças sedentas de mudanças em todo o território. Submetidos às pressões de classe, os brasileiros excluídos da palavra e da consciência da sua própria história esperavam, na sua passividade controlada pela força das oligarquias locais, a oportunidade de lutar. E é a eles que Paulo Freire se dirige.

Assim, Paulo Freire vai ser tratado pela ditadura como um poderoso inimigo que se propunha a decifrar com os pobres o mundo das letras e da liberdade. "É preciso que a leitura seja um *ato de amor*", dizia Paulo Freire, apontando este ato como elemento de uma "teoria do conhecimento" e lembrando que "a educação, qualquer que seja, é sempre uma *teoria de conhecimento* posta em prática".

Diferentemente da aproximação com as emoções de um texto poético a aproximação com o humano, incluído na dialética do aprendizado, tem uma teleologia: educar, educando, para também educar-se.

A fruição estética da poesia não visa aproximar o leitor de um conceito, pois o poema não busca o conceito, mas afirma um sentimento do mundo composto por emoções que pela palavra ligam-se ao universo misterioso da arte. Poesia e filosofia convivem, mas elas não se dissolvem num novo discurso, pois tanto a verdade como a poesia contida num verso podem aproximar-se pelo sentimento e pela razão, como também podem repelir-se mantendo as suas respectivas integridades.

A filosofia não despeja sentimentos, mas, indaga: indaga o mundo, perscruta-o; quer entendê-lo e explicá-lo. A poesia e a filosofia em conjunto, contudo — pela intuição e pela técnica de dizer —, quando roçam certos limites, farejam juntas, embora de forma paralela, a verdade e a emoção universal, pois estas, que não se repelem, podem ser buscadas tanto pelo amor como pelo conhecimento.

A filosofia o faz pela via de *explicar* e a poesia pelo caminho da *intuição sensível*, como subjetividade que expande um sentimento do mundo. Ambas as vias constroem um passo adiante para a edificação do humano, agregando algo para a nossa compreensão sobre nós mesmos.

Recordo que a poesia tem como desígnio o sentido definido por Dylan Thomas, ela é "orgânica", estruturante das relações humanas como é o ato de amor físico: separando e unindo, sendo pessoal, mas não particular; dissolvendo o indivíduo na massa e a massa no indivíduo. Tanto o poeta como o pedagogo podem dizer que "a poesia e a alfabetização [devem] trabalhar a partir das palavras, da *substância* das palavras e do *ritmo* de palavras", sendo "[...] uma mediação da emoção, não só um estigma expandido pela consciência sobre o papel [...]".[1] O conhecimento alcançado pela filosofia é uma condição para o entendimento da vida, e o sentimento alcançado pela poesia amorosa é a supressão de um estigma, que não precisa explicar-se racionalmente.

Muito já foi escrito sobre o "complexo sistema" da pedagogia de Paulo Freire, mas, incontestavelmente, nas conclusões desse debate — que promoveria uma pedagogia não escolástica, mas sim uma teoria peculiar de uma dialética amorosa — surgem *dois vetores* do pensamento crítico.

Estes vetores são assumidos, ao mesmo tempo, como *convergentes e paralelos*, para a celebração poética e realista do aprendizado. "Tudo o que importa é o eterno movimento o que há por trás dela [a palavra] a vasta corrente subterrânea

---

[1] T. S. Eliot, Charles Baudelaire e Dylan Thomas, *Três visões da modernidade*, organização de Ivan Junqueira, Rio de Janeiro: Record, 2000, p. 174.

da dor, da loucura, pretensão da exaltação ou da ignorância humanas, por mais sublime que seja a intenção do poema". Do método de Paulo Freire, pode-se dizer que o aprender é prazer: "[...] é [como] a função da poesia: [...] é a celebração do Homem, que é também a celebração de Deus".[2]

O *primeiro* destes dois movimentos, que está situado entre a *inteligência* e a *emoção*, é o da *preocupação*[3] do educador com o educando, pois armado dela — a ocupação anterior à presença pessoal do outro sujeito, naquele sentido que empresta aos termos Karel Kosik — *o educador, compreendendo o educando, ama-o*: não somente o vê como um *sujeito dialógico possível*, mas o trata através de uma aproximação sensível e propõe-se a *viver a teoria pedagógica como mandato de uma afetividade*. Assim, a aproximação pessoal torna-se histórica e revela no educando o *portador de um saber* válido da vida comum.

Com esta proximidade, emerge o *segundo* movimento, que trata da construção de uma técnica da pedagogia. A *preocupação* que vem do afeto condiciona então o sujeito a uma práxis transformadora, que é expressa racionalmente em um *método: a técnica* para *transformação recíproca entre sujeitos*, então, não é considerada por esta via uma mera interação entre *sujeito* e *objeto*, mas uma complementariedade

---

[2] *Ibidem*, p. 199.
[3] "A preocupação é o mundo no sujeito. O indivíduo não é apenas aquilo que ele próprio crê nem que o mundo crê; é também algo mais: é parte de uma conexão que ele desempenha um papel objetivo, supraindividual, no qual não se dá conta necessariamente". Karel Kosik, *Dialética do concreto*, tradução de Célia Neves e Alderico Toríbico. Rio de Janeiro, Paz e Terra, 1976, p. 63.

dialética a partir da sensibilidade amorosa que funde racionalidade e método.[4]

Paulo Freire, gigante do humanismo democrático, só poderia ser (e foi) um socialista, cuja principal ideia revolucionária está contida naquela incursão do sujeito, pela qual a consciência humana recupera o saber radical de que este mundo social — que tanto liberta como escraviza — é criação dos seres humanos. Li em algum lugar que um antropólogo perguntou a um camponês pobre o que teria nascido primeiro, o homem ou o mundo, ao que ele respondeu, o homem veio primeiro, pois "sem o homem dizer este é o mundo, o mundo não existiria."

---

[4] "[...] O indivíduo se move em um sistema formado de aparelhos e equipamentos que ele próprio determinou e pelos quais é determinado, mas já há muito tempo perdeu a consciência que este mundo é criação do homem." *Ibidem*, p. 62.

COMUNICAÇÃO
LIBERTADORA

Venício A. de Lima

Justifica-se hoje a discussão do conceito de *comunicação* articulado por Paulo Freire, pela primeira vez, há mais de cinquenta anos? Afinal, Freire tem alguma contribuição a oferecer ao campo de estudos da comunicação em nossos dias?

I.

Para tentar responder a essas perguntas, vamos iniciar retomando sucintamente a formulação original do conceito de *comunicação*. A única oportunidade em que Freire discutiu a noção de *comunicação* foi num pequeno ensaio escrito para o Instituto de Capacitación e Investigación en Reforma Agraria (ICIRA), no Chile, em 1968. *Extensão ou comunicação?* constitui uma crítica radical à tradição "difusionista" estadunidense que, na época, tinha grande penetração na América Latina.

Contrapondo a *comunicação* à *transmissão*, Freire argumenta que *comunicação* é "a coparticipação dos sujeitos no ato de conhecer" e que *extensão* implica transmissão, transferência, invasão e não *comunicação*. Apoiado na discussão do filósofo espanhol-mexicano Eduardo Nicol (1965), Freire desenvolve o argumento sobre a natureza do conhecimento (e da comunicação) da seguinte forma:

> O sujeito pensante não pode pensar sozinho. Não pode pensar acerca dos objetos sem a coparticipação de outro sujeito. Não existe um "eu penso", mas sim um "nós pensamos". É o "nós pensamos" que estabelece o "eu penso" e não o oposto. Esta coparticipação dos sujeitos no ato de pensar se dá na comunicação. [...] A comunicação implica uma reciprocidade que não pode ser rompida. Portanto, não é possível compreender o pensamento sem referência à sua dupla função: cognitiva e comunicativa. [...] O que caracteriza a comunicação enquanto este comunicar comunicando-se é que ela é diálogo, assim como o diálogo é comunicativo. A educação é comunicação, é diálogo, na medida em que não é transferência de saber, mas encontro de sujeitos interlocutores que buscam a significação dos significados.[1]

Em outra passagem, Freire é ainda mais incisivo e exclui a possibilidade da existência da comunicação (e do conhecimento) quando o modelo é transmissivo. Diz ele que "sem a relação de comunicação entre sujeitos cognoscentes, com referência a um objeto cognoscível, o ato de conhecer não existiria".[2] Desta forma:

> O objeto, [...] como conteúdo da comunicação, não pode ser comunicado de um sujeito a outro. Se o objeto do pensamento fosse um puro comunicado, não seria um significado significante mediador dos sujeitos. Se o sujeito "A" não pode ter no objeto o termo de seu pensamento,

---

[1] Paulo Freire, *Extensão ou comunicação?* Rio de Janeiro: Paz e Terra, 2021, p. 87-91.
[2] *Ibidem*, p. 86.

uma vez que este é a mediação entre ele e o sujeito "B", em comunicação, não pode igualmente transformar o sujeito "B" em incidência depositária do conteúdo do objeto sobre o qual pensa. Se assim fosse — e quando assim é — não haveria nem há comunicação.[3]

Embora em sua obra os conceitos de comunicação e diálogo sejam empregados indistintamente, para Freire "apenas o diálogo comunica realmente". Ele insiste neste ponto afirmando:

> Dialogar não significa invadir, manipular, ou "fazer slogans". Trata-se, isto sim, de um devotamento permanente à causa da transformação da realidade. Esta é a razão pela qual, sendo o diálogo o conteúdo da forma de ser própria à existência humana, está excluído de toda relação na qual alguns homens sejam transformados em "seres para o outro" por homens que são falsos "seres para si". É que o diálogo não pode travar-se numa relação antagônica. O diálogo é o encontro amoroso dos homens que, mediatizados pelo mundo, o "pronunciam", isto é, o transformam e, transformando-o, o humanizam para a humanização de todos.[4]

Portanto, Freire considera crucial que o princípio filosófico do diálogo ao nível do ato de conhecer seja realizado no plano social. Inicialmente, ele reafirma que "o verdadeiro ato de conhecer é sempre um ato de engajamento". Em seguida, sugere

---
[3] *Ibidem*, p. 88.
[4] *Ibidem*, p. 58.

que a comunicação não apenas supõe coparticipação e reciprocidade, mas, acima de tudo, constitui um processo significativo que é compartilhado por sujeitos, iguais entre si, numa relação também de igualdade. A comunicação deve ser vivida por nós como vocação humana. Em outras palavras, a comunicação deve ser experienciada em sua dimensão política.

A mais candente defesa da dimensão política da comunicação é feita na *Pedagogia do oprimido*, no contexto do que é chamado de ação cultural.[5] A comunicação é definida como sendo um "encontro entre homens, mediados pela palavra, a fim de dar nome ao mundo".

Ao analisar o diálogo como fenômeno humano, *a palavra* surge como "essência do próprio diálogo", porém, sustenta Freire, a palavra é algo mais que um instrumento que torna possível o diálogo. Buscando os elementos constitutivos de uma palavra, ele encontra duas dimensões — a reflexão e a ação — "numa interação tão profunda que se uma é sacrificada, ainda que em parte, a outra sofre imediatamente". As consequências são, então, o *verbalismo* — o sacrifício da ação — ou o *ativismo* — o sacrifício da reflexão. Freire prossegue afirmando que "não há palavra verdadeira que não seja ao mesmo tempo práxis. Assim, dizer a palavra verdadeira é transformar o mundo".[6]

No ensaio, originalmente publicado em inglês, *Cultural Action for Freedom*[7], Freire apresenta de forma ainda mais

---

[5] Em sua obra maior, Freire discute em detalhe o *diálogo* e também o conceito de *ação cultural* cf. Paulo Freire, *Pedagogia do oprimido*, Rio de Janeiro: Paz e Terra, capítulo 3, 2021.

[6] *Ibidem*, p. 107.

[7] Paulo Freire, "Cultural Action for Freedom", Harvard Educational Review e Centre for the Study of Development and Social Change; Monograph Series n. 1, Cambridge, 1970, p. 12. [Ed. bras.: *Ação cultural para a liberdade e outros escritos*. Rio de Janeiro: Paz e Terra, 2020.]

explícita o significado que atribui à ideia de "dar nome ao mundo" e a de "dizer a palavra" como "direito humano primordial":

> Aprender a ler e escrever deve se constituir numa oportunidade para que os homens conheçam o verdadeiro significado da expressão dizer a palavra: um ato humano que implica reflexão e ação. Como tal, trata-se de um direito humano primordial, e não privilégio de uns poucos. Dizer a palavra não é um ato verdadeiro a menos que esteja simultaneamente associado ao direito de autoexpressão e expressão do mundo, de criar e recriar, de decidir e escolher e, em última análise, de participar do processo histórico da sociedade.[8]

Ao afirmar que a comunicação significa coparticipação dos sujeitos no ato de pensar; que o conhecimento é construído através das relações entre os seres humanos e o mundo; que o objeto de conhecimento não pode se constituir no termo exclusivo do pensamento, mas, de fato, é seu mediador; que a comunicação é uma interação entre sujeitos, iguais e criativos e que essa interação deve necessariamente estar fundada no *diálogo* e que, por sua vez, a palavra constitui a essência do diálogo e que a palavra verdadeira é práxis comprometida com a justiça e a transformação social, Freire define a comunicação como a situação social em que as pessoas criam conhecimento *juntas*, transformando e humanizando o mundo, isto é, a

---

[8] *Ibidem*, p. 49. Esta é uma tradução do texto original em inglês. Na versão brasileira, a parte final do mesmo texto está ligeiramente modificada.

verdadeira comunicação será sempre uma comunicação libertadora.

Na feliz síntese de Ana Maria Freire:

> Partindo [...] da análise semântica das palavras, dialogando com elas, [Paulo] entendeu, na contramão da história, que extensão implicando transmissão, transferência, invasão e manipulação era não só diferente, mas antagônica da comunicação. Esta é coparticipação dos sujeitos em torno do objeto que buscam conhecer, quando buscam humanizar-se. A extensão está dentro dos padrões autoritários da verticalidade do mando, enquanto a comunicação se caracteriza pela horizontalidade do diálogo amoroso epistemológico. Uma ordena de cima para baixo, anulando a capacidade de pensar e de decidir de quem fica obrigado(a) a simplesmente obedecer. A outra chama ao diálogo e ao entendimento da relação de equidade entre quem está envolvido(a) na questão, possibilitando o pensar, o decidir e o aprender. Uma arranca a humanidade do outro e da outra, assim impossibilitando que se façam sujeitos transformadores do mundo eticamente feio e injusto. A outra dá margem à inventividade, à recriação, à humanização. Uma despolitiza. A outra politiza. Uma trabalha pela incomunicabilidade, pela mudez, pela opressão e pela dominação. A outra reforça a relação social de igualdade de oportunidades e de direitos, não esquecendo os deveres. Uma oprime. A outra liberta.[9]

---

[9] Ana Maria Araújo Freire, "Prefácio à nova edição". In: Venício A. Lima, *Comunicação e cultura: as ideias de Paulo Freire*, Brasília: Editora Universidade de Brasília/Editora Fundação Perseu Abramo, 2015, p. 13.

II.

Identificado qual é o conceito de comunicação em Freire, indicamos a seguir pelo menos quatro áreas do campo de estudos de comunicação para as quais certamente Freire teria algo relevante a dizer.

Comunicação como diálogo

Freire é o principal representante contemporâneo da tradição teórica da *comunicação como diálogo*. É o que sustenta Clifford Christians, um dos mais importantes pesquisadores dessa tradição nos Estados Unidos.[10]

Ainda em 2001 escrevi:

> se até recentemente esse modelo parecia inadequado para qualquer tipo de aplicação no contexto da chamada "comunicação de massa", unidirecional e centralizada, hoje a nova mídia reabre as possibilidades de um processo dialógico mediado pela tecnologia. [...] O modelo *ético-normativo* construído por Freire ganha atualidade e passa a servir de ideal para a realização plena da comunicação humana em todos os seus níveis.[11]

---

[10] Clifford Christians, "Paulo Freire's Emancipatory Strategy", In: Joseph C. Pitt and Elena Lugo (orgs.), *The Technology of Discovery and the Discovery of Technology*, Blacksburg, 1991; e Clifford Christians, "Dialogic Communication Theory and Cultural Studies", In: Norman Denzin (org.), *Studies in Symbolic Interaction*, JAI Press, 1988.

[11] Venício A. Lima, *Mídia: Teoria e Política*, Editora Fundação Perseu Abramo, 2012, p. 53.

A tradição da *comunicação como diálogo* ganha renovada importância diante da possibilidade de interação permanente e on-line no ato mesmo da comunicação. Freire teorizou a comunicação interativa libertadora antes da revolução digital, vale dizer, antes da internet e de suas redes sociais. Como ele mesmo indicou, devemos nos remeter às suas reflexões sobre a teoria do conhecimento, base do conceito de comunicação como diálogo.[12] Lá encontraremos uma referência ética e normativa revitalizada, criativa e desafiadora de imensa valia para pensar as novas tecnologias de comunicação e as políticas públicas necessárias e adequadas para sua complexa regulação democrática.

Comunicação e liberdade (libertação)

A concepção implícita de liberdade na definição dialógica de comunicação libertadora elaborada por Freire é constitutiva de uma cidadania ativa que equaciona autogoverno com participação política, contrariamente à liberdade negativa do liberalismo clássico. A liberdade não antecede à política, mas se constrói a partir dela. A comunicação (educação) deve ser uma prática da liberdade. Ter voz e manifestá-la publicamente, em igualdade de condições com qualquer outra cidadã ou cidadão, é condição necessária ao processo democrático. O sujeito-cidadão constitui o eixo principal da vida pública democrática.

---

[12] Paulo Freire e Sérgio Guimarães, *Sobre educação: diálogos*, Coleção Educação e Comunicação, Rio de Janeiro: Paz e Terra, 1984, p. 40; Paulo Freire e Sérgio Guimarães, *Educar com a mídia*, Rio de Janeiro: Paz e Terra, 2012.

Falando em seminário sobre alfabetização e cidadania, realizado em Maceió, Sergipe, em novembro de 1990, Freire afirmou: "Ser cidadão passa pela participação popular, pela voz. Quando digo voz não é abrir a boca e falar, recitar. A voz é um direito de perguntar, criticar, de sugerir. Ter voz é isso. Ter voz é ser presença crítica na história. Ter voz é estar presente, não ser presente".[13]

Esse aspecto "republicano" do pensamento de Freire não passou despercebido ao renomado historiador da imprensa, Michael Schudson. Em seu famoso *Descobrindo a notícia: uma história social dos jornais nos Estados Unidos*, ao discutir as explicações correntes sobre a "revolução" ocorrida no jornalismo estadunidense a partir da década de 1830, Schudson recorre a Freire para contestar "o argumento da alfabetização".[14]

Apesar de admitir, por óbvio, que sem a alfabetização os jornais seriam inviáveis, ele questiona se o aumento da alfabetização seria em si um estímulo para a circulação dos jornais e afirma que existem boas razões para se duvidar disso. Schudson cita uma passagem de *Cultural Action for Freedom*, em que Freire termina afirmando:

> Dizer a palavra não é um ato verdadeiro a menos que esteja simultaneamente associado ao direito de autoexpressão e expressão do mundo, de criar e recriar, de decidir e

---

[13] Paulo Freire, *Pedagogia dos sonhos possíveis*, Rio de Janeiro: Paz e Terra, 2020, pp. 159-160.
[14] Michael Schudson, *Descobrindo a notícia: uma história social dos jornais nos Estados Unidos*. Petrópolis: Vozes, 2010, pp. 48-52. Agradeço ao professor Murilo C. Ramos (UnB) por ter chamado minha atenção para a citação de Freire por Schudson.

escolher e, em última análise, de participar do processo histórico da sociedade.[15]

Schudson continua argumentando:

> o que explicaria um aumento na alfabetização em uma sociedade letrada, seria uma extensão dos diretos políticos e econômicos ou, de modo mais amplo, uma extensão, a um número maior de indivíduos, da consciência de que eles são atores da história [...].[16]

Para, em seguida, acrescentar ainda a importância de "toda a gama de mudanças sociais, muitas delas políticas, que possibilitam às pessoas emergir daquilo que Freire denomina a 'cultura do silêncio'",[17] para, então, concluir que "a alfabetização é uma condição necessária, mas insuficiente, para o crescimento da circulação de jornais".[18]

Comunicação e direitos humanos

As ideias de Freire constituem a base teórica para a positivação da *comunicação como direito humano fundamental*.

O direito à comunicação perpassa as três dimensões da cidadania definidas por T. H. Marshall, em seu clássico

---

[15] Paulo Freire, "Cultural Action for Freedom", *op. cit.*, p. 12.
[16] Michael Schudson, *Descobrindo a notícia: uma história social dos jornais nos Estados Unidos*, *op. cit.*, p. 50.
[17] *Ibidem*, p. 52.
[18] *Ibidem*.

"Cidadania e classe social", cada uma delas fundada em um princípio e uma base institucional distintos, que permanecem aplicáveis às circunstâncias do mundo contemporâneo. O direito à comunicação se constitui, ao mesmo tempo, em direito *civil* — liberdade individual de expressão; em direito *político* — através do direito à informação; e em direito *social* — através do direito a uma política pública garantidora do acesso do cidadão às diferentes formas de comunicação mediadas tecnologicamente.

Na verdade, a necessidade do desenvolvimento e da positivação de um direito à comunicação foi identificada há mais de cinquenta anos pelo francês Jean D'Arcy, quando diretor de serviços audiovisuais e de rádio do Departamento de Informações Públicas das Nações Unidas, em 1969. Naquela época, ele afirmava:

> Virá o tempo em que a Declaração Universal dos Direitos Humanos terá de abarcar um direito mais amplo que o direito humano à informação, estabelecido pela primeira vez 21 anos atrás no Artigo 19. Trata-se do direito do homem de se comunicar.[19]

Onze anos depois, o famoso Relatório MacBride, publicado pela Unesco (1980; 1983, pp. 287-291), reconhecia pioneiramente o direito à comunicação. Diz o relatório:

---

[19] Desmond Fisher, *O direito de comunicar: expressão, informação e liberdade*, Rio de Janeiro: Brasiliense, 1984, p. 26.

> Hoje em dia se considera que a comunicação é um aspecto dos direitos humanos. Mas esse direito é cada vez mais concebido como o direito de comunicar, passando-se por cima do direito de receber comunicação ou de ser informado. Acredita-se que a comunicação seja um processo bidirecional, cujos participantes — individuais ou coletivos — mantêm um diálogo democrático e equilibrado. Essa ideia de diálogo, contraposta à de monólogo, é a própria base de muitas das ideias atuais que levam ao reconhecimento de novos direitos humanos. O direito à comunicação constitui um prolongamento lógico do progresso constante em direção à liberdade e à democracia.

Tanto a proposta de D'Arcy como o Relatório MacBride, na verdade, assumiam e consagravam a perspectiva "dialógica" da comunicação que já havia sido elaborada por Freire, do ponto de vista conceitual, em *Extensão ou comunicação?*. A comunicação como característica da natureza humana, coparticipação de sujeitos iguais que se relacionam dialogicamente em torno do objeto que querem conhecer e, ao mesmo tempo, transformam o mundo no contexto da ação cultural libertadora.

Desde o final da década de 1960, Freire afirmava que dizer a palavra, ter voz, se autoexpressar constituía um "direito humano primordial".[20] A comunicação libertadora é necessariamente dialógica, de "mão dupla", abrigando, ao mesmo tempo, os direitos de informar e ser informado e o direito de acesso aos meios tecnológicos necessários à plena liberdade de expressão.[21]

---

[20] Paulo Freire, "Cultural Action for Freedom", *op. cit.*, p. 12.
[21] A perspectiva freireana é descrita e elaborada por Pedrinho Guareschi, 2013.

Comunicação e cultura do silêncio

Existe um enorme potencial analítico em conceitos elaborados por Freire que não foram ainda plenamente explorados. Um exemplo eloquente é o conceito de "cultura do silêncio" — a cultura que hospeda aqueles que não têm voz — e seu corolário *políticas de silenciamento*.

A relação entre comunicação e cultura se dá em Freire de maneira bastante simples: não há possibilidade de comunicação na "cultura do silêncio". Nela predomina o mutismo da opressão. A ação cultural, isto é, o processo consciente de luta pela libertação humana, assumido por mulheres e homens que são sujeitos de sua própria história, é o espaço da comunicação dialógica libertadora, geradora de conhecimento novo e de transformação social.[22]

Referências bibliográficas

Christians, Clifford. "Paulo Freire's Emancipatory Strategy". In. Pitt, Joseph C. e Lugo, Elena (orgs.). *The Technology of Discovery and the Discovery of Technology*. Blacksburg: The Society for Philosophy and Technology, 1991.

_____. "Dialogic Communication Theory and Cultural Studies". In: Denzin, Norman (org.). *Studies in Symbolic Interaction*. JAI Press, vol. 9, 1988.

---

[22] Aos eventuais interessados e interessadas, tomo a liberdade de sugerir a leitura de dois textos meus: "Sobre a cultura do silêncio", *Carta Maior*, 12 dez. 2017; e "Para além da Alfabetização: Cultura do Silêncio e os 50 anos da *Pedagogia do oprimido*", *Carta Maior*, 27 mai. 2018.

Fisher, Desmond. *O direito de comunicar: expressão, informação e liberdade*. Rio de Janeiro: Brasiliense, 1984.

Freire, Ana Maria Araújo. "Prefácio à nova edição". In: Lima, Venício A. *Comunicação e cultura: as ideias de Paulo Freire*. Brasília: Editora Universidade de Brasília/ Editora Fundação Perseu Abramo, 2015.

FREIRE, Paulo. "Cultural Action for Freedom". *Harvard Educational Review* e *Centre for the Study of Development and Social Change*; Monograph Series, n. 1. Cambridge, 1970.

_____. *Cultural Action: Dialectic Analysis*. CIDOC; Cuaderno n. 1004. Cuernavaca, México, 1970b. [Ed. bras.: *Ação cultural para a liberdade e outros escritos*. Rio de Janeiro: Paz e Terra, ed. 17, 2021.]

_____. *Educação como prática da liberdade*. Rio de Janeiro: Paz e Terra, ed. 50, 2019.

_____. *Pedagogia do oprimido*. Rio de Janeiro: Paz e Terra, ed. 78, 2019.

_____. *Pedagogia dos sonhos possíveis*. Organização de Ana Maria Araújo Freire. Rio de Janeiro, Paz e Terra, ed. 3, 2020.

_____. *Extensão ou comunicação?* Rio de Janeiro: Paz e Terra, ed. 23, 2021.

_____. *Ação cultural para a liberdade e outros ensaios*. Rio de Janeiro: Paz e Terra, ed. 17, 2021.

Freire, Paulo e Guimarães, Sérgio. *Sobre educação: diálogos*. Coleção Educação e Comunicação. Rio de Janeiro: Paz e Terra, 1984.

_____. *Educar com a mídia*, Rio de Janeiro: Paz e Terra, ed. 1, 2012.

Guareschi, Pedrinho. *O direito humano à comunicação: pela democratização da mídia*. Vozes, 2013.

Lima, Venício A. *Mídia: teoria e política*. São Paulo: Editora Fundação Perseu Abramo, 2012.

_____. "Sobre a cultura do silêncio". *Carta Maior*, 12 dez. 2017.

_____. "Para além da alfabetização: cultura do silêncio e os 50 anos da *Pedagogia do oprimido*". Portal *Carta Maior*. 27 de maio.

Marshall, Thomas Humphrey. *Cidadania, classe social e status*. Rio de Janeiro: Zahar, 1967.

Nicol, Eduardo. *Los principios de la ciencia*. Fundo de Cultura Económica, México, 1965.

Schudson, Michael. *Descobrindo a notícia: uma história social dos jornais nos Estados Unidos*. Petrópolis: Vozes, 2010.

Unesco (Relatório MacBride). *Um mundo e muitas vozes: comunicação e informação na nossa época*. Rio de Janeiro: Editora da Fundação Getulio Vargas, 1983.

SOBRE OS AUTORES

Aloizio Mercadante
Foi deputado federal (1999-1995), senador da República (2003-2011), ministro da Ciência, Tecnologia e Inovação (2011-2012), ministro da Educação (2012-2014 e 2015-2016) e ministro-chefe da Casa Civil (2014-2015).

Ana Mae Barbosa
Educadora, precursora da arte-educação no Brasil e criadora da abordagem triangular. É professora na Universidade Anhembi Morumbi e professora aposentada da USP.

Antonia Darder
Educadora especialista em Paulo Freire. É professora titular de ética e liderança moral na Universidade Loyola Marymount, professora visitante na Univerdade de Joanesburgo

e professora emérita na Universidade de Illinois (Urbana--Champaign).

Balduino Antonio Andreola
Professor emérito da UFRGS, onde foi professor e diretor da Faculdade de Educação (1988-1992).

Celso Amorim
Foi diplomata de carreira, com serviços prestados ao Itamaraty, à ONU, à OMC, entre outras importantes organizações. É o ministro das Relações Exteriores mais longevo da história do Brasil (1993-1994 e 2003-2010); foi também ministro da Defesa (2011-2014).

Claudius Ceccon
Cartunista e quadrinista. Foi um dos fundadores do lendário semanário *O Pasquim* (1969-1991).

Donaldo Macedo
Professor emérito e distinto catedrático em Belas-Artes e Pedagogia na Universidade de Massachusetts (Boston), onde fundou o Departamento de Linguística Aplicada. Publicou em coautoria com Paulo Freire os livros *Alfabetização: leitura do mundo, leitura da palavra* (originalmente publicado como *Literacy: Reading the Word and the World*) e *Ideology Matters*.

Eduardo Matarazzo Suplicy
Vereador na cidade de São Paulo. Foi senador da República por 24 anos (1991-2015), autor da lei que institui a Renda

Básica de Cidadania e copresidente de honra da Basic Income Earth Network (BIEN), além de ser presidente de honra da Frente Parlamentar Mista em Defesa da Renda Básica e da Rede Brasileira da Renda Básica.

Emir Sader
Formado em filosofia pela USP, onde fez mestrado e doutorado, foi presidente da Associação Latino-americana de Sociologia (Alas) e secretário executivo do Conselho Latino-americano de Ciências Sociais (Clacso). Atualmente coordena o Laboratório de Políticas Públicas da Uerj.

Fátima Bezerra
Professora e governadora do estado do Rio Grande do Norte (desde 2019). Foi senadora da República (2015-2018) e deputada federal (2003-2015).

Federico Mayor Zaragoza
Foi ministro de Educação da Espanha (1981-1982) e diretor geral da Unesco (1987-1999).

Felipe Camarão
Secretário de Educação do estado do Maranhão, procurador federal e presidente da Fundação da Memória Republicana Brasileira.

Flávio Dino
Governador do estado do Maranhão (desde 2015) e professor de direito constitucional da UFMA. Foi juiz federal e deputado federal (2007-2011).

Frei Betto
Escritor e assessor de movimentos sociais. Foi assessor especial da Presidência da República (2003-2004) e coordenador do programa Fome Zero. Sobre educação, publicou *Essa escola chamada vida*, com Paulo Freire e Ricardo Kotscho, entre outros.

Henry A. Giroux
Professor titular de educação na Universidade McMaster. Especialista em Paulo Freire, foi um dos primeiros norte-americanos a teorizar sobre a pedagogia crítica.

Isabela Camini
Doutora em educação pela UFRGS, pesquisadora e militante do MST.

João Pedro Stedile
Economista e um dos coordenadores nacionais do MST.

José Eduardo Cardozo
Professor de direito constitucional da PUC-SP e da Uniceub-DF, advogado e palestrante. Foi deputado federal (2003-2011), ministro da Justiça (2011-2016) e advogado-geral da União (2016).

José Geraldo de Sousa Junior
Professor de direito da UnB, onde foi reitor (2008-2012). Coordena o projeto Direito Achado na Rua, que desenvolve práticas de ensino, pesquisa e extensão na área jurídica dos direitos humanos.

SOBRE OS AUTORES

Leonardo Boff
Teólogo, filósofo, escritor e membro na Iniciativa Internacional da Carta da Terra.

Luiz Inácio Lula da Silva
Fundador do PT, foi presidente da República (2003-2010) e deputado federal constituinte (1987-1991). Foi metalúrgico, líder sindical e um dos principais nomes do processo de redemocratização do Brasil.

Luiza Erundina
Deputada federal (desde 1999), foi prefeita de São Paulo (1989-1993) e ministra-chefe da Secretaria da Administração Federal (1993).

Marcelo Barros
Monge beneditino, teólogo da libertação e assessor de pastorais sociais e movimentos sociais, especialmente do MST.

Marcos Guerra (mjguerraadv@gmail.com)
Jornalista e advogado. Foi professor de direito da UFRN e consultor em diversas organizações internacionais, como ONU, FAO, OIT. Foi indicado por Paulo Freire para ser o coordenador dos trabalhos de alfabetização de Angicos.

Mario Sergio Cortella
Comunicador e professor da Fundação Dom Cabral e da FGV-SP. Foi professor da PUC-SP e secretário de Educação da cidade de São Paulo (1991-1992).

Mayra Cardozo
Professora de direito da Uniceub-DF. É especialista em direitos humanos, integrante da Comissão Nacional de Direitos Humanos da OAB e do Comitê Nacional de Combate à Tortura indicada pela OAB.

Cardeal Michael Czerny S.J.
Subsecretário da Seção de Migrantes e Refugiados do Dicastério do Vaticano para a Promoção do Desenvolvimento Humano Integral, na qual contribuiu para o desenvolvimento e a justiça social na América Latina, na África, no Canadá e em Roma. O prefácio que integra este livro foi solicitado diretamente a ele pelo papa Francisco.

Noam Chomsky
Linguista, filósofo e ativista político, é um dos intelectuais mais influentes do mundo. É professor emérito em linguística no MIT.

Peter McLaren
Professor de estudos críticos na Chapman University e professor emérito de educação na Universidade da Califórnia (Los Angeles). Tem livros e estudos sobre Paulo Freire.

Renato Janine Ribeiro
Professor titular de ética e filosofia política na USP e presidente da Sociedade Brasileira para o Progresso da Ciência (SBPC). Foi ministro da Educação (2015).

Silke Weber
Professora titular e emérita da UFPE. Foi secretária de Educação do estado de Pernambuco, 1987-1990 e 1995-1998).

SOBRE OS AUTORES

Tarso Genro
Foi prefeito de Porto Alegre (1993-1997 e 2001-2002), governador do estado do Rio Grande do Sul (2011-2015), ministro da Educação (2004-2005), ministro das Relações Institucionais (2006-2007) e ministro da Justiça (2007-2010).

Venício A. de Lima
Professor titular e emérito da UnB e autor de *Comunicação e cultura: as ideias de Paulo Freire* e *Paulo Freire: a prática da liberdade para além da alfabetização*.

ENCARTE ESPECIAL
DE CLAUDIUS CECCON

ENCONTRANDO PAULO FREIRE

Claudius Ceccon

Ouvi falar do Método Paulo Freire no início dos anos 1960, quando cursava a Escola Superior de Desenho Industrial, a ESDI, no Rio de Janeiro. Nosso professor de português, Zuenir Ventura, nos descreveu a sequência das imagens, que me impressionaram tanto que ficaram gravadas na minha memória, como se as tivesse visto. Só mais tarde pude comparar o que eu havia imaginado com o que o talentoso artista Brennand criou, partindo da realidade nordestina, para aquela primeira experiência do que ficou conhecido como o "Método Paulo Freire". Quando o sucesso da experiência de Angicos ficou conhecido pelas notícias dos jornais, o governo João Goulart decidiu que o projeto deveria ser estendido a todo o país.

Esse mesmo professor passou a fazer parte da equipe de coordenação da Campanha Nacional de Alfabetização, então sediada no Ministério da Educação e Cultura, o atual Palácio Capanema. Ele me convidou para criar as novas imagens, utilizadas na Região Sudeste, num contexto sociocultural inteiramente distinto. Era uma honra e uma tremenda responsabilidade, e eu comecei a pesquisar quais imagens criar. Mas, antes que eu pudesse me entusiasmar pelo trabalho, o golpe de 1964 aconteceu. O primeiro Ato Institucional editado pela ditadura levou a assinatura do general Castelo Branco, extinguindo a Campanha Nacional de Alfabetização.

Entre tantas frustrações que o golpe me proporcionou, havia a de não ter conhecido Paulo Freire naquela ocasião. Passaram-se muitos anos e a vida fez com que nossos caminhos acabassem se cruzando.

Em 1970 eu estava morando e trabalhando em Genebra, Suíça, e amigos me escreveram, dando a notícia de que Paulo Freire havia sido convidado para fazer parte da equipe do Departamento de Educação do Conselho Mundial de Igrejas, sediado naquela cidade. Pediam que o recebesse com carinho pois, diziam nas cartas, Paulo ia estranhar muito o clima da Suíça e o jeito de ser daquele povo. Preconceitos à parte, que missão fantástica me era confiada!

Paulo chegou, com Elza, filhos e filhas. Era muito fácil gostar daquela turma. Ficamos amigos.

Muita coisa aconteceu nos anos seguintes. A criação do IDAC, Instituto de Ação Cultural, onde Paulo tinha uma equipe com quem discutir e refletir sobre suas experiências ao redor do mundo; a ação do IDAC em terras europeias; a experiência em Guiné-Bissau, Cabo Verde e São Tomé e Príncipe. Na volta ao Brasil, o trabalho de assessoria a D. Paulo Evaristo Arns, de estímulo à ação das Comunidades de Base nas Assembleias Arquidiocesanas. E no Rio de Janeiro, assessoria a D. Adriano Hipólito, bispo de Nova Iguaçu. E, mais tarde, a criação do Cecip, Centro de Criação de Imagem Popular, que promoveu a última fala pública de Paulo Freire, na Uerj, Universidade do Estado do Rio de Janeiro, num anfiteatro lotado de estudantes, durante o Seminário de Comunicação e Educação que realizamos em 1996.

Anos antes, em 1981 a editora alemã Rowohlt publicou um livro, *Der Lehrer ist Politiker und Künstler*, sobre o trabalho de Paulo Freire. O editor me pediu que contribuísse com uma história em quadrinhos sobre educação e escola.

Quando Nita Freire me convidou para escrever um artigo para este livro, sugeri que minha contribuição poderia ser visual: reproduzir aquela história, com pequenas atualizações. É o que vocês vão ver a seguir.

DO JEITO QUE O MUNDO ESTÁ, NASCER REQUER CORAGEM.

TODOS NASCEM IGUAIS PERANTE A LEI,
MAS ALGUNS NASCEM MAIS IGUAIS QUE OUTROS.

A PIRÂMIDE DA POPULAÇÃO TEM CADA VEZ MAIS GENTE EM SUA BASE.

E HÁ INSTITUIÇÕES QUE FUNCIONAM PARA "NORMALIZAR" ESSA SITUAÇÃO, OBEDECENDO A UM MODELO PREESTABELECIDO...

... E OUTRAS COMPLETAM A TAREFA, PRODUZINDO OS QUE TRABALHAM PARA MANTER O SISTEMA. ESSA É A "UNIVERSIDADE PARA POUCOS".

OS FORMADOS POR ESSE SISTEMA ACABAM REPRODUZINDO O QUE APRENDERAM.

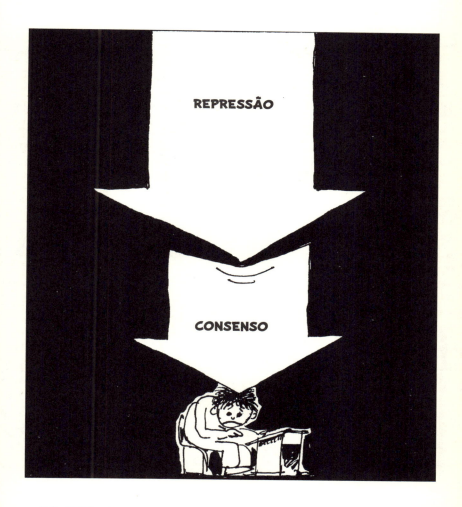

UM SISTEMA IMPOSTO DE CIMA, COM LEIS REPRESSIVAS, ACABA CRIANDO UM CONSENSO NA SOCIEDADE CIVIL.

O SISTEMA SOCIOECONÔMICO GLOBAL É UMA IMENSA ENGRENAGEM, NA QUAL A ESCOLA (OU A FALTA DELA) É UMA PEÇA FUNDAMENTAL.

O MOTOR DO SISTEMA NEM SEMPRE É VISÍVEL, MAS SEUS EFEITOS SÃO SENTIDOS POR TODOS...

... EFEITOS NA RELAÇÃO PROFESSOR-ALUNO,
NOS CRITÉRIOS DE SELEÇÃO...

... EFEITOS NOS MÉTODOS DE ENSINO, NOS CURRÍCULOS, NA ALIENAÇÃO DA SALA DE AULA.

APESAR DE TUDO ISSO, DESCOBRIU-SE QUE HAVIA ESPAÇOS DE LIBERDADE, DE AUTONOMIA, NESSA ENGRENAGEM.

A QUESTÃO É: COMO EXPANDIR ESSES ESPAÇOS? COMO CONQUISTAR MAIS AUTONOMIA DENTRO DOS LIMITES DA VIDA ESCOLAR?

A TOMADA DE CONSCIÊNCIA É O PRIMEIRO PASSO PARA LIBERTAR-SE DO QUE TOLHE OS MOVIMENTOS: A FORMAÇÃO, AS IDEIAS INTROJETADAS PELA ALIENAÇÃO, AS FAKE NEWS...

NESSE PROCESSO, QUEM SE LIBERTA ABRE ESPAÇO PARA A CRIATIVIDADE DE SEUS ALUNOS.

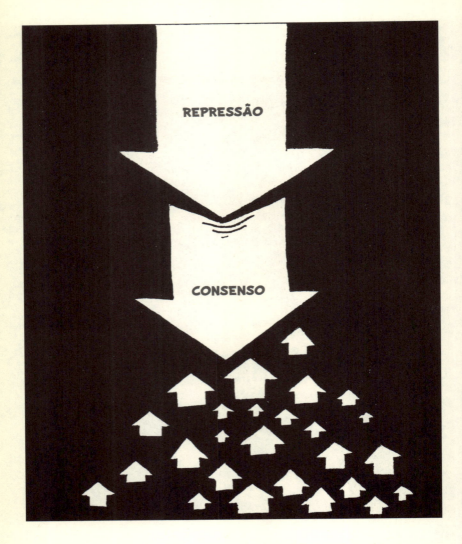

E ASSIM, POUCO A POUCO, BROTAM EXPERIÊNCIAS DIVERSAS EM SALA DE AULA, CUJO POTENCIAL VAI MUITO ALÉM DAS PAREDES DA ESCOLA, MESMO QUE A REPRESSÃO E O CONSENSO IMPOSTOS AINDA FAÇAM A LEI.

PEQUENOS EXEMPLOS E EXPERIÊNCIAS INOVADORAS DENTRO DO ESPAÇO ESCOLAR ACABAM INSPIRANDO OUTRAS INOVAÇÕES, REALIZADAS PELOS MOVIMENTOS SOCIAIS, EM ESPAÇOS MAIORES, ABRANGENDO MULTIDÕES.

COM ISSO É FEITA A LIGAÇÃO ESCOLA-VIDA.

O NOVO SISTEMA QUE ESTAMOS GERANDO COM ESSE PROCESSO COLETIVO LEVARÁ À CONSTRUÇÃO DE UMA SOCIEDADE MAIS JUSTA, MAIS FELIZ, BASEADA EM LAÇOS DE SOLIDARIEDADE.

Essa imagem mostra a volta de Paulo Freire do exílio, requisitado por muitos, trazendo a esperança que todos necessitávamos naquele período em que, cinco anos mais tarde, terminariam os 21 anos de ditadura.

Nos momentos que anteciparam o pesadelo que atualmente vivemos, houve manifestações de direita, numa das quais havia uma faixa dizendo: "Chega de Paulo Freire." Eu diria que, ao contrário, precisamos de muito mais Paulo Freire. Os princípios em que se baseiam sua pedagogia, o diálogo e a descoberta como frutos de trabalho em equipe e a busca de soluções que possam ser implementadas para a transformação da realidade são temas contemporâneos, absolutamente atuais.

O que posso dizer é que só nos resta citar Chico Buarque: o pesadelo que estamos vivendo vai passar.